新时代教师培训丛书

罗滨　主编

中小学骨干教师研修指南

申军红 等 著

教育科学出版社
·北京·

丛书编委会

丛书序一

新时代需要建设好两支教师队伍

《中共中央 国务院关于全面深化新时代教师队伍建设改革的意见》(简称《意见》)是新中国成立以来党中央出台的第一个专门面向教师队伍建设的里程碑式政策文件。出台《意见》，是以习近平同志为核心的党中央高瞻远瞩、审时度势，立足新时代做出的重大战略决策，将教育和教师工作提到了前所未有的政治高度。

过去我们只提培养合格的教师，这次《意见》中提出要培养造就高素质、专业化、创新型教师。这是新时代对教师提出的高标准、新要求。当前，中国特色社会主义进入了新时代，开启了全面建设社会主义现代化国家的新征程。面对新方位、新征程、新使命，教师的思想政治素质和师德水平需要提升，专业化水平需要提高。高素质，就是如习近平总书记讲的，要有理想信念、道德情操、扎实学识、仁爱之心。专业化，就是要掌握教育规律和青少年儿童成长发展规律，因材施教，为学生提供适合的教育。创新型，就是要求教师有创新精神，勇于改革，在教育教学改革中创造新的经验，培养创新人才。

培养高素质、专业化、创新型教师，无疑首先是师范院校的任务，但光有高质量的职前教师教育还不够，必须同时加强在职教师的继续教育。师范生不可能一毕业就成为一名成熟的教师，他需要在教育实践中不断反思、不断学习、不断提高。

中国有两支教师队伍，一支队伍是在一线从事教育教学的教师，还有一支队伍是教研机构的教研员。教研员队伍是一支很重要的队伍。新中国成立以后，我们国家学习苏联，在各省成立了教育学院，在各县成立了教师进修学校。目前，全国的教研机构已经有近十万的教研员。教研员大都来自一线，具有很丰富的经验，很多是特级教师，对教育质量的提高起到了非常重要的作用，对帮助教师特别是青年教师的成长起到了非常重要的作用。上海的 PISA（Program for International Student Assessment，国际学生评估项目）测试一直名列前茅。外国人总结其中的成功经验，有一条就是有教研室、有教研员来帮助教师成长。新时期，国家要更加重视教研队伍建设，用相应的政策和机制促进教研员队伍发展；教研员自身也要不断提高水平，适应时代的要求。

中国教育学会成立教师专业发展研究中心是非常必要的。只有不断推进教师专业发展的理论研究和实践探索，探究教师专业发展规律，分享教师专业发展经验，创新教师研修模式，才能为教师专业发展提供方向引领和专业支持，从而为两支教师队伍的建设提供丰富的养料。

北京市海淀区的基础教育在全国处于领先地位，北京市海淀区教师进修学校在教师教育领域也做了很多引领性、示范性的工作。作为中国教育学会教师专业发展研究中心的秘书处单位，北京市海淀区教师进修学校与教育科学出版社合作，牵头组织编写和出版"新时代教师培训丛书"，是非常有长远眼光的基础性工作。

我期待，丛书的出版能够很好地支持到新时代的教师队伍建设，使两支教师队伍都能够发展壮大，把中国的教育质量提升一个台阶，真正迈向教育的现代化！

顾明远

（中国教育学会名誉会长，北京师范大学资深教授）

新时代教师培训：提升教师课程育人能力

百年大计，教育为本。党的十九大报告指出，"建设教育强国是中华民族伟大复兴的基础工程"，这是党中央发出的建设教育强国的动员令，也是新时代社会主义教育事业发展的重要指南。教育大计，教师为本。《中共中央 国务院关于全面深化新时代教师队伍建设改革的意见》强调："造就党和人民满意的高素质专业化创新型教师队伍"，"开展中小学教师全员培训，促进教师终身学习和专业发展"，"建立健全地方教师发展机构和专业培训者队伍"。这是新中国成立以来党中央出台的第一个专门面向教师队伍建设的里程碑式政策文件。

教师的地位，是一个国家文明的标志之一。新时代，教师质量关乎国家战略。国家宏伟目标的实现，关键在人才，基础在教育，根本就在教师。面向未来，社会经济的高速发展、科学技术的迭代进步，都对基础教育提出了巨大的挑战。在基础教育领域，对教师素养有了新的要求，对教师的职后发展有了新的定位。

面向学生的未来，提高育人质量，教师发展就要从研究"课堂教学"转向研究"教育教学全要素"。2018年1月颁布的《普通高中课程方案（2017年版）》和普通高中各学科课程标准（2017年版），凝练了学科核心素养，优化了学科教学内容，补充了学业质量要求，增强了教—学—评的一致性指导。那么，学校课程供给如何转型升级？学生学习方式如何丰富多样？学生学业水平如何测试评价？学生学习环境如何满足需求？教师学科教学如何顺应改革？教研如何为新时代教师服务？这些问题就成为教师专业发展的主要问题。

教师素养要从提升"教学技能"转向提升"课程育人的能力"。课堂是教师成长的主要场所，是育人的主阵地。培养学生的核心素养，就是培育学生适应终身发展和社会发展需要的正确价值观念、必备品格和关键能力。课程育人能力是一种实践性很强的学术能力，是教师在教学实践中表现出来的素质，是促进学生学科核心素养发展的学术能力。教师的教学具有现场性、独特性、不确定性、主观性等特征，教师的工作场所个性化，是具有创造性的工作。教师要通过学习和研究，在课堂教学实践中不断改进教学，以此来获得课程育人能力的提升，这是解决问题的能力，是带得走的能力。

新时期，教育领域的深化综合改革，为区域教研带来新要求、新挑战，这就需要教研员这支专业队伍站出来，通过教研创新、教研转型来做好专业服务。教研员就是国家课程方案和课程标准的解读者、细化者、执行者，是学校和教师工作的问题发现者、指导者、解决者，是学校和教师实践经验的发现者、总结者、推广者。他们是教师群体中的"关键少数"。

要通过研修转型提升教师的课程育人能力。在教学理念上，从"学科教学"转向"课程育人"；在教学目标上，从"知识获得"转向"素养发展"；在教学内容上，从"教师的教"转向"学生的学"；在教学方式上，从"认真倾听"转向"深度互动"；在教学改进上，从"基于经验"转向"基于证据"。

教师研修要以满足需求、引领需求和创造需求为目标，凸显现场性、生成性、体验性和研究性，是教研员和教师团队学习、研究、实践、改进等解决问题的过程，帮助教师在基于实践的体验感悟中建构起新的学科课程育人的理解，找到新的策略，实现专业发展。这也是教研员与教师共同实现专业成长的过程。

本丛书立足北京市海淀区教师队伍建设的鲜活经验和理论探索，并对全国教研和教师培训同行的智力成果保持开放，努力呈现新时代中国教师专业发展和教师培训的最新理论成果与实践经验。丛书由北京市海淀区教师进修学校组织编写，与教育科学出版社合作出版。

北京市海淀区教师进修学校作为海淀区的课程指导中心、教学研究中心、质量评价中心、资源建设中心和教师发展中心，服务教育行政决策，助力一线学校课程供给的转型升级，支持学生学习方式的转变和丰富，帮助教师基于评价改进教学，实现教育资源的共建共享，构建研修课程体系，引领不同发展阶段教师的专业需求，是保障海淀基础教育质量不可或缺的专业机构。

中国教育学会教师专业发展研究中心（简称"中心"）秘书处设立在北京市海淀区教师进修学校。中心顺应时代发展、教育改革对教师素养提出的新要求，采用公益性、学术性、协作性的组织形态，凝聚专家和一线研修机构、学校力量，研究教师专业发展的基本规律，构建教师专业发展课程，创新教师研修模式，探索教师教育资源建设机制，致力于解决教师专业发展面临的重点问题和难点问题，为全国教师专业发展提供方向引领和专业支持，是全国教师专业发展的研究平台、交流平台、成果推广平台和服务平台。中心自2017年1月成立以来，成功举办了两届全国教师专业发展学术会议、两届教师专业发展专家研讨会，还举办了系列核心素养与学科教育论坛，深入研讨、分享交流教师专业发展领域的新观点、新实践、新成果、新预见，充分发挥了中心对于全国教师专业发展的引领和辐射作用。

本丛书拟分为三个子系列：一是教师专业发展的理论、政策类，如《教师研修2.0：理念、路径与方法》和基于全国教师专业发展学术会议的研究成果集等；二是教师培训的策略、方法与工具、技能类，如培训需求调研、培训课程设计、培训成效评估等主题的图书；三是针对特定教师群体的理论与实践相结合的教师培训研究成果类，如《中小学新任教师培训指南》《中小学骨干教师研修指南》及工作坊坊主研修等方面的图书。

我们衷心地希望，教师教育领域的同行能为丛书献计献策，并将自己的研究与实践成果通过丛书进行传播。我们期待，丛书对于增进大家的深度交流、合作，分享教师专业发展的成功经验和实践研究成果，促进全国各地教师的专业发展，发挥重要的作用；期待通过多方基于实践的研究、累积，逐步形成中国特色的学术概念和分析框架，推动中国教师教育研究的范式转型，为国际贡献中国教师教育的知识与经验。

　　新时代，教师教育面临新挑战，担负新使命，相信在我们大家的共同努力下，必将有新突破、新发展！

罗　滨

（中国教育学会教师专业发展研究中心主任，

北京市海淀区教师进修学校校长）

CONTENTS 目 录

引　言

　　骨干教师是教师队伍的核心力量，是学校教育与区域教育发展的中流砥柱。在教师队伍建设和教育综合改革进程中，骨干教师发挥着引领、辐射和带动作用。近年来，特别是"十三五"以来，深化教育领域综合改革的目标与任务、新技术与混合式学习的蓬勃发展，对骨干教师的发展提出了新的挑战和要求。就其自身而言，骨干教师在持续发展过程中，又常常会遭遇瓶颈，如不够明确的发展规划、较为狭窄的教育视野、亟待更新的专业知识、有待提升的教育情怀与教科研能力、潜滋暗长的职业倦怠……。承担培养和促进骨干教师持续发展重任的区域教师研修机构、各地名师工作室、中小学校，以及负责教师队伍建设的教育行政部门，面临着压力与考验。

　　本书是继《中小学新任教师培训指南》之后又一本实践指向的指南类图书。全书围绕"中小学骨干教师研修"这一主题，聚焦经教育行政主管部门评选的地市级学科带头人和骨干教师这一特定范围内的骨干教师群体，系统介绍了北京市海淀区教师进修学校十余年来的相关研究与实践成果。书中提出的实践取向的教师专业发展六级进阶模型、选培管用一体化队伍建设思路，为客观把握骨干教师成长规律及提升区域骨干教师队伍建设与管理水平厘清了方向，具有一定的理论与制度研究创新意义；基于区域样本调查研究所得到的骨干教师专业发展现状与需求、经过多轮实践检验并不断完善的骨干教师区级研修课程体系与模式、骨干教师校本研修与自主研修的路径原则与策略方法、分学段分学科骨干教师研修实践案例等内容，则又富有较强的实践指导价值。

全书共分六章，第一章从教师专业发展理论出发，主要梳理了骨干教师专业发展的相关理论，并在此基础上建构了实践取向的教师专业发展六级进阶模型，为准确把握骨干教师成长规律，确立骨干教师研修的理念、原则与机制奠定了理论基础。

第二章从区域教育行政管理视角，探讨了骨干教师选培管用一体化队伍建设思路，具体就骨干教师的选拔、培养、使用、管理与评价进行了全面的分析，并从实践层面给出了相应的策略与方法。

第三章基于文献研究结果，遵循"以教师专业标准为依托建构骨干教师素质特征—依据素质特征开发调研工具—实施调研—进行数据分析—得出结果和结论"的一般路径，对海淀区骨干教师专业发展的实际现状与发展需求进行了细致的分析和把握，并得出了相关结论，为研修课程体系的建构与研修模式的探索奠定了基础。

第四章从区域教师研修机构视角，系统构建了三大类别、五种模式的骨干教师区级研修课程体系，为读者展示了海淀区骨干教师研修课程体系与研修模式创新的全貌。

第五章基于骨干教师的特点，对持续支撑骨干教师发展的校本研修与自主研修进行了分析探讨，介绍了相关的路径原则与策略方法，进一步丰富和拓展了骨干教师研修体系。

第六章向读者展示了区域和学校层面有代表性的分学段、分学科骨干教师研修实践案例。案例包含小学、初中、高中三个学段七个不同学科，以及一所学校的校本研修实践，具体包括背景介绍与调研分析、课程设计、课程实施、效果评估、反思改进等几个方面。

本书的写作编排仍然遵循《中小学新任教师培训指南》的风格，注重与读者的交互，体现读者友好：

1. 在每章开头设置"本章关键问题"，在结尾设置"我们的思考"和"你的思考"。本章关键问题一般为 3~4 个小问题，问题聚焦所属章节所要阐明的内容，即告诉读者在本章会讨论哪些问题。结尾处"我们的思考"则是对章首关键问题的回应；"你的思考"处留白，供读者读后做更深层次的思考和研究。

2. 在正文部分的旁侧设置文本框，其中的文字是对正文中主要内容的凝练、概括，也是作者提醒读者需要特别注意的章节核心观点。

3. 在正文中穿插设置资料链接、工具链接。文中有些内容需要通过呈现相关资料或研究工具作为支撑材料，以增强可读性。资料链接或工具链接可以通过扫描相应的二维码获得。

第一章
教师专业发展的实践建模

1. 教师专业发展有哪些阶段？各类理论对于骨干教师研修的启示是什么？

2. 教师专业发展范式的转变对不同发展阶段教师的培训有哪些启示？

3. 如何基于不同阶段教师的发展特征把握骨干教师发展的关键点？

第一节　教师专业发展理论概述

百年大计，教育为本；教育大计，教师为本。《中共中央 国务院关于全面深化新时代教师队伍建设改革的意见》明确提出要大力振兴教师教育，不断提升教师专业素质能力。文件中强调："全面提高中小学教师质量，建设一支高素质专业化的教师队伍。""开展中小学教师全员培训，促进教师终身学习和专业发展。"教师能否经历持续、高效的专业发展过程关乎教师队伍建设的质量，更关乎学生学习的质量，关乎国家和民族的未来。骨干教师作为教师队伍中的核心力量，在教师队伍建设和教育综合改革中一直发挥着引领、辐射和带动作用。但什么样的教师是骨干教师？他们的专业发展现状、特征如何？他们需要哪些进一步的专业支持和帮助？等等。这些问题都应引起教育研究者和我们教师进修人的关注。

因此，在聚焦"骨干教师研修"这一主题之前，我们有必要厘清教师专业发展的内涵，梳理教师专业发展阶段理论，精准定位骨干教师所处的专业发展阶段，探寻骨干教师专业成长的规律，为有针对性地向骨干教师提供高质量的研修课程奠定基础。

一、教师专业发展的内涵

传统上，教育者对教师专业发展的理解相当狭隘。许多教师和学校管理人员把专业发展看作一学年当中仅仅局限于 3 到 4 天的特殊事件 [1]，或者说专业发展是一系列不相关的短期工作坊和讲座，例如，参加几天学科会议、听

---

[1] Guskey. 教师专业发展评价 [M]. 方乐，张英，等译. 北京：中国轻工业出版社，2005：11.

一场报告或参加几天工作坊培训……。还有一些教师和学校管理人员认为，专业发展就是提高学历水平或参加学位课程班学习、攻读在职教育硕士，他们很少把专业发展纳入教师职业生涯规划。[①]

当前，教育者越来越倾向于以新的观点来看待专业发展。例如，国外学者古斯基奇（T. R. Guskey）将专业发展定义为增进教育者专业知识、技能和态度的过程和活动。他认为教师的专业发展是一个有意识的过程，一个持续的过程，一个系统的过程。[②]

国内学者叶澜认为，教师的专业成长或教师内在专业结构不断更新、演进和丰富的过程就是教师专业发展。[③]刘万海认为，教师专业发展即以教师专业自觉意识为动力，以教师教育为主要辅助途径，教师的专业知能素质和信念系统不断完善、提升的动态发展过程。[④]殷凤认为，教师的专业发展是一个渐进的、动态的过程，呈现一定的阶段性、连续性、终身性等特征。她认为，教师专业发展指的是教师个体专业不断发展的历程，是教师在教育教学实践中不断学习专业知识、增长专业技能的过程，是教师的职业理想、职业道德、职业情操不断成熟、升华的过程。[⑤]

综合不同学者对教师专业发展给出的定义，我们认为应该从三个角度界定教师专业发展的内涵：第一，教师是发展中的专业人员，教师的专业发展是持续的、动态的、终身的；第二，教师专业发展是教师在专业理念与师德、专业知识和专业能力等方面不断提升的过程；第三，要想获得持续发展，不仅需要教师自我的主动与自觉，还需要外部环境的支

> 要想获得持续发展，不仅需要教师自我的主动与自觉，还需要外部环境的支持和帮助，促进教师专业发展是教师、学校、培训机构等多方的共同责任。

---

① 连榕. 教师专业发展 [M]. 北京：高等教育出版社，2007：7.

② Guskey. 教师专业发展评价 [M]. 方乐，张英，等译. 北京：中国轻工业出版社，2005：12.

③ 叶澜，白益民，王枬，等. 教师角色与教师发展新探 [M]. 北京：教育科学出版社，2001：199-345.

④ 刘万海. 教师专业发展：内涵、问题与趋向 [J]. 教育探索，2003（12）：103-105.

⑤ 殷凤. 教师专业发展阶段研究及实践推进 [J]. 教育研究与评论（中学教育教学），2014（5）：19-23.

持和帮助，促进教师专业发展是教师、学校、培训机构等多方的共同责任。

二、教师专业发展阶段的理论概述

国外针对教师专业发展阶段的研究起步较早，在 20 世纪 60 年代业已开始，富勒（F. Fuller）开辟了这一新研究领域，为后继研究奠定了基础。20 世纪 70 至 80 年代是教师专业发展阶段研究的黄金时代，出现了由卡茨（L. Kartz）、伯登（P. Burden）、费斯勒（R. Fessler）、休伯曼（M. Huberman）、斯蒂菲（B. Steff）、伯林纳（D. Berliner）和本纳（P. Benner）等多位研究者提出的教师专业发展阶段理论。20 世纪 90 年代开始，随着美国 PDS 政策（Professional Development Schools，即建立教师专业发展学校、促进教师专业发展的政策）的推行，关于教师专业发展的研究重心转移到探索教师专业发展途径上。[①]

我国对教师专业发展阶段的研究起步较晚，始于 20 世纪八九十年代。研究者们大多通过借鉴国外已有的研究成果，从多个维度研究。总体来看，教师专业发展阶段理论经历了由一维线性到多维动态，再到关注个体能动性的研究过程。

（一）一维线性发展时期：静态关注单一内容

一维线性是指研究者仅从一个角度来探讨教师的专业发展，将教师的专业发展看成一个静态的、有规律的过程。例如，按照时间路径，以教师的自然年龄或教学年龄为依据进行教师专业发展阶段的划分，代表学者有彼得森（A. Peterson）、纽曼（K. Newman）、伯登等。或按照教师专业成熟的路径进行研究，代表学者有富勒、格雷戈里克（A. Gregoric）、麦克唐纳（F. McDonald）等。美国学者富勒是教师专业发展阶段研究的先驱，其代表

---

① 罗晓杰. 国内外教师专业发展阶段研究述评 [J]. 教育科学研究，2006（7）：53-56.

性的相关理论为关注水平阶段理论。

1. 富勒的关注水平阶段理论

美国学者富勒编制了著名的《教师关注问卷》（*Teacher Concerns Questionnaire*）。通过问卷调查与研究，她认为师范生在成为教师的过程中，呈现如下的发展阶段：

（1）教学前关注（pre-teaching concerns）。此阶段是职前培养时期，职前的教师还扮演着学生角色，对教师角色仅凭想象，他们没有教学经验，因此只关注自己。对于任教的教师常抱有观察、批判的态度。

（2）早期生存关注（early concerns about survival）。此阶段是初次接触教学的实习阶段。教师所关注的是自己的教学、班级控制、教学内容的熟练程度以及上级的视察评价等生存问题。因此，教师在此阶段都表现出明显的焦虑与紧张情绪，感觉压力相当大。

（3）教学情境关注（teaching situation concerns）。此阶段既包括生存关注，同时也会关注教学上的种种需要或限制以及挫折。教师关注较多的是自己的教学表现，如关注教学所需的知识、能力与技巧以及尽其所能将其所学运用于教学情境之中，仍不是学生的学习。

（4）关注学生（concerns about students），虽然许多教师在实习阶段就表达出对学生的关注，但他们通常要在学会应付自己的生存需要后才能对学生的需要做出反应。在这个阶段，教师开始把学生作为关注的核心，关注学生的学习、社会和情感需要，以及如何通过教学更好地影响学生的成绩和表现。[1]

2. 给我们的启示

从富勒的关注水平阶段理论来看，骨干教师群体大致处于最后一个阶段，即关注学生阶段。骨干教师是"业务能力和学术水平较高，在教育、教

---

[1] 连榕. 教师专业发展 [M]. 北京：高等教育出版社，2007：179-180.

学和科研工作中起核心作用的教师"①，因此，他们已经度过了教学前关注阶段、早期生存关注阶段，不再为自己是否能够"站稳讲台"而焦虑。"教学所需的知识、能力与技巧"也不属于骨干教师所重点关注的内容，因为骨干教师已经积累了丰富的教学经验，具备扎实的教学功底。因此，骨干教师会明显关注"学生的学习、社会和情感需要，以及如何通过教学更好地影响学生的成绩和表现"。

富勒的关注水平阶段理论将教师的关注内容作为教师专业发展成熟的标准，认为教师要经历关注自身、关注教学任务，最后才关注到学生的学习以及自身对学生的影响这样的发展阶段。显然，富勒的研究并没有囊括教师发展的方方面面，只是从教师所关注事物的变化这一个维度来探讨教师的专业发展。

（二）多维动态发展时期：给予由内而外的关怀

众多的研究表明，教师的专业发展受到多种因素的影响，包括教师的个人因素，也包括环境的支持等因素。因此，20 世纪 80 年代，对教师专业发展的研究进入了多维动态的阶段。其中具有代表性的是费斯勒提出的教师生涯循环论。

1. 费斯勒的教师生涯循环论

美国学者费斯勒基于对教师大量的观察、访谈，在综合各类相关理论和借鉴先期研究成果的基础上，提出了动态的教师生涯循环理论（the teacher career cycle）。费斯勒将教师的职业周期分为八个阶段：职前阶段（pre-service）、入门阶段（introduction）、能力形成阶段（competency building）、热心和成长阶段（enthusiastic and growing）、生涯挫折阶段（career frustration）、稳定和停滞阶段（stable and stagnant）、生涯低落阶段（career wind down）、生涯退出阶段（career exit）。②

---

① 顾明远.教育大辞典[M].增订合编本.上海：上海教育出版社，1998：463.

② 连榕.教师专业发展[M].北京：高等教育出版社，2007：182.

该理论认为，教师职业发展不是纯粹生命周期的翻版，而是作为发展中的人的教师与个人环境和组织环境交互作用的结果。个人环境包括家庭、生活阶段、业余爱好、个性、危机、积极事件等因素，组织环境包括专业组织、社会期望、公众信任、管理方式、规章、工会等因素。费斯勒认为，教师在应对来自个人环境和组织环境影响的过程中，其生涯发展会在各阶段中来回转换。

2. 给我们的启示

从费斯勒提出的动态的教师生涯循环理论中可以看出，骨干教师大致处于"热心和成长阶段"，"这一阶段的教师都已经具有了较高的教学能力，同时，他们会积极追求其专业形象的建立，继续热衷于专业成长，热爱教学工作，不断寻找新的方法来丰富其教学活动。热心成长与高度的工作满足感是这一阶段的要素"。但由于受各种因素的影响，一些骨干教师也有可能已经进入了"生涯挫折阶段"或"稳定和停止阶段"，即容易发生或已经发生职业倦怠。因此，必须在深入了解骨干教师发展现状的基础上，给予适当的激励或干预，以帮助骨干教师获得更快更好的发展，或是帮助其更快度过低潮期而继续追求专业成长。

费斯勒等人也针对每一发展阶段提出了相应的激励和支持措施。例如，针对处于"热心和成长阶段"的教师，可给予"更多深造进修的机会"，如"大学或学院的研究者对其指导或合作进行研究与写作的机会"。针对处于倦怠期的教师，可鼓励其"参加各种工作坊，与其他同事讨论"，学校应该"对教师的教学给予反馈和表扬，让教师参加学校和学区、社区举办的活动等"。[①]

（三）关注个体能动性时期：开始关注教师反思

关注个体能动性是指研究者强调教师个体的自我反思、自我实现等因素

---

① 朱旭东.教师专业发展理论研究[M].北京：北京师范大学出版社，2011：312.

在教师专业发展阶段中的重要作用。较早关注教师个体能动性的是人文心理学派的斯蒂菲。他认为，领导者必须了解教师的自我作用，并关注教师的外显行为。与以往观点的根本差异是，斯蒂菲指出了教师的专业发展并不必然走向停滞和衰退，而是在一定条件下可以走上"正反馈循环"，逐渐成长为专家和杰出教师。

1.斯蒂菲的教师生涯发展六阶段论

斯蒂菲结合梅齐罗（J. Mezirow）的转化学习理论，提出了教师生涯发展模型。梅齐罗认为，成人的行动、希望、对事物的满意度、情感的健康度和行为表现等，不在于发生了什么，而在于成人对这些事件的理解和解释。教师生涯发展中，教师要批评反思、实践、重新定义假设和信念并强化自我价值，这样就会不断地发展，出现一直正向的发展。（见图1-1-1）部分教师也可能脱离工作环境，而逐渐进入专业退缩阶段。进入哪种发展方向，依赖于教师是否具有批评反思精神。基于此，斯蒂菲将教师生涯发展分为六阶段：新手阶段、实习阶段、专业阶段、专家阶段、杰出阶段、荣誉退休阶段。[①]

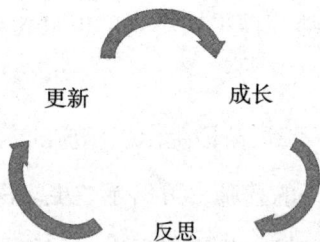

更新　　　　成长

反思

图1-1-1　斯蒂菲教师生涯发展模型

根据上述模型，大部分骨干教师应该处于斯蒂菲提出的专业阶段，即"教学方面更为自信，学生的反馈在其中起重要作用。学生对教师的尊重和教师对学生的尊重在这个时期建立得非常牢固"。按照斯蒂菲提出的六个阶

---

① 朱旭东.教师专业发展理论研究[M].北京：北京师范大学出版社，2011：314.

段，教师在不断进行自我成长和自我实现，不会因年龄、教龄或环境等因素的影响而出现停滞现象。对于骨干教师，只有他们能够不断进行自我批评反思，强化自我价值，才会进入一个正向的发展轨道，进而进入专家阶段、杰出阶段直至荣誉退休阶段。

2. 国内学者的观点

与斯蒂菲的观点相似的是，我国一些学者也关注在教师发展过程中自我批评反思所起的作用。白益民提出了"自我更新"取向阶段论，将教师生涯发展划分为非关注阶段、虚拟关注阶段、生存关注阶段、任务关注阶段和自我更新关注阶段。[①] 申继亮认为教师生涯发展可以分为学徒或熟悉教学阶段、成长或个人经验积累阶段、反思和理论认识期、学者期等。[②]

值得关注的是，我国学者钟祖荣等人在 2000 年时提出了四阶段理论，即准备期、适应期、发展期和创造期，到达每个阶段的终点的教师可以分别称为新任教师、合格教师、骨干教师、专家教师。这是根据每个时期的教师素质特点、水平及其成果综合划分的。2012 年，钟祖荣等人对 194 名北京市骨干教师就教师专业发展阶段的划分及特点进行了调查研究，并根据调查的结果，提出了根据素质、能力表现并结合教龄，将教师发展阶段划分为五个阶段：适应期（工作的第 1 年）、熟练期（工作的第 3—5 年）、探索期（工作的第 10 年左右）、成熟期（工作的第 15 年左右）、专家期（工作的第 20 年左右）。每个阶段遇到的困难不同，有不同的特点和需要，应发展的关键素质不同。基于此，钟祖荣还提出应深化教师职后培训研究，细致分析培训需求，研究学

钟祖荣：不同阶段教师
应达到的任务

① 连榕.教师专业发展[M].北京：高等教育出版社，2007：186.
② 申继亮，费广洪，李黎.关于中学教师成长阶段的研究[J].天津师范大学学报（基础教育版），2002（3）：1-4.

科教学知识，创新培训模式。[①]

钟祖荣等人提出的阶段论的最大特点是基于对教师的客观调查而提出，这对开展教师培训工作具有宝贵的参考价值。

（四）各类教师发展阶段理论给我们的启示

> 教师的专业发展是一个漫长的、动态变化的过程。教师发展是遵循一定规律的，不可能一蹴而就。同时，教师发展也是可以干预和促进的，在把握规律的前提下，适当地设计每一阶段的发展目标并提供专业支持，可以促使教师更好地成长发展。

综合以上各类教师发展阶段理论，我们可以发现，教师的专业发展是一个漫长的、动态变化的过程。教师发展是遵循一定规律的，不可能一蹴而就。同时，教师发展也是可以干预和促进的，在把握规律的前提下，适当地设计每一阶段的发展目标并提供专业支持，可以促使教师更好地成长发展。

具体操作层面就需要关注教师发展的影响因素。教师的专业发展受到多种因素的影响，尤其是个体主观能动性，包括教师个体的自我反思、自我实现等因素。不可忽略的是，教师所处的组织环境也对教师的专业发展影响深远。因此，为促进教师专业发展的不断进阶，一方面需要教师发挥个体的主观能动性，另一方面也需要教师所处的组织环境给予专业的支持与激励。

诸多教师专业发展阶段理论均指出，教师在职业生涯发展历程中可能存在发展的"挫折"或"停滞"阶段。通常，在教师入职后的几年里，大部分教师都有较强的发展意愿和学习能力，成长速度较快。随着教龄的增长，经验也在不断地累积，发展主动性强的教师善于从经验反思中吸取教益，逐渐成长为骨干教师。可以说，骨干教师是教师职业生涯中的第一个发展高峰。有的骨干教师在此阶段能够继续保持强烈的发展动力，不断超越自我。但有的骨干教师专业发展的速度会逐渐放缓，甚至出现停滞和倒退。

---

① 钟祖荣，张莉娜. 教师专业发展阶段的调查研究及其对职后教师教育的启示 [J]. 教师教育研究，2012（6）: 20-25，40.

如何避免骨干教师陷入专业发展的"停滞"阶段，促使骨干教师保持持续发展的活力，是当前学校以及教师研修机构面临的重要挑战。在强调骨干教师不断增强自我反思、自我更新的同时，学校以及区域负责教师研修的机构也应重新思考如何开展骨干教师研修，以帮助骨干教师获得专业发展的动力和必要的专业素养。

> 如何避免骨干教师陷入专业发展的"停滞"阶段，促使骨干教师保持持续发展的活力，是当前学校以及教师研修机构面临的重要挑战。

为此，培训者需要从多个可能影响骨干教师主动性和自我反思的因素上着手。例如，深入了解骨干教师的需求，营造开放、合作的研修氛围，设置有吸引力的研修内容和驱动性任务等，通过研修的设计和实施为骨干教师注入持续发展的动力。而要做到这些，需要转变培训者的整体培训理念，重新思考骨干教师、专家和培训者的关系和角色。

三、教师专业发展范式及转变概述

培训理念的转变不能"赶时髦"，不能简单地照搬当下流行的主张，而是需要了解这些主张背后的核心价值观及其产生的背景和缘由。最好还能了解所谓"传统理念"是如何产生，又是为何被争议和批判的。"教师专业发展范式"的研究能够帮我们对理论主张及其演变过程进行更全面的认识。

"范式"一词是由当代著名科学哲学家托马斯·库恩（T. S. Kuhn）提出的，其意指"一个特定共同体的成员所共有的信念、价值、技术等构成的整体"[①]。后来，范式一词的使用范围被扩展到科学哲学以外的领域，通常被理解为人们看待与处理特定领域内的现象和一系列问题的基本原理，也可以被认为是某一研究群体公认的"理论模型"或"研究框架"。库恩指出，在不同的范式之间缺乏共同的交集，"不可通约性"是范式的基本特征。科学革

---

① 库恩. 科学革命的结构 [M]. 金吾伦，胡新和，译. 北京：北京大学出版社，2003：157.

命的实质是范式的转化与更替，新范式取代旧范式，某一学科的理论、定量和基本观念也随之发生改变。

> 教师研修的范式转变可以揭示一个时代的人们对教师专业发展认识的变化。

教师研修的范式转变可以揭示一个时代的人们对教师专业发展认识的变化。传统范式中，人们非常推崇教育理论的"科学化"，认为教育理论就是"教育规律"，具有超越时空的稳定性和普适性。只有专家才能解读和讲授这些理论，以防止"误读"和"误解"。而教师作为理论的实际使用者，往往居于被动地位，成为理论的"接受者"。新范式中，教育理论仅仅是对教育规律的一种解读和解释，教师需要在学习理论的同时对理论进行反思，并进行自主的意义理解与建构。专家、同伴以及教师自身能够共同面对教育问题进行讨论，专家不再具有唯一的"解释权"，而是变成一方的"意见提供者"。典型的教师发展范式包括"知识本位""能力本位""标准本位"等。

（一）典型的教师专业发展范式

1.知识本位，以传递为中心的范式

受到"理性主义"和书本知识教学传统的影响，早期的教师专业发展范式可以概括为"以知识为本位，以传递为中心"[①]。这里所说的"知识"是指教师需要的通识知识、基础知识（主要是文学和算术）和教学知识（pedagogical knowledge，PK）。知识本位的范式下，教师被视为"知识的容器"。赫尔巴特曾把教育视为"外塑"的过程，认为人的心灵就是接纳外界一切印象的容器。人们经常说"要给学生一碗水，教师需要有一桶水"，就是这种范式影响下的形象比喻。

知识本位的范式认为，教师知识和技能的缺乏是教育失败的原因，因此需要通过学习进行补充。当时的教师学习和培训活动，普遍遵循"从理论到

① 余德英，王爱玲.教师教育课程范式变革及其启示[J].教育理论与实践，2018（1）：43.

实践"的路径，重视自上而下的教育理论知识传递，并需要专家的解读，避免对理论知识产生偏差的理解。有研究者将这种培养模式称为"补缺模式"（deficit model）[1]。

这种范式的特点，首先是强调理论知识和专家的地位。人们认为，只有专家通过科学的研究方法才能获得"客观的知识"。教师要系统学习和理解这些权威的理论知识，掌握这些知识后，即可应对教育教学中的各种问题。其次，这种范式重视知识传递而忽视教师体验。人们认为理论知识具有"客观性""普适性"和"中立性"的特点，而教师教育就是知识传递和积累的过程。

2. 能力本位，以训练为中心的范式

自 20 世纪六七十年代以来，受到行为主义和技术主义的影响，对教师能力的研究逐渐成为热点。人们逐渐认识到，教师不仅要有丰富的知识，更重要的是具备综合能力。要有把知识表达出来、传递出去并教会学生的能力；要有与学生进行沟通、共同处理课堂事务的能力。教师被视为"传递知识的角色"，因此需要掌握传递知识所需要的专业知识和技能。这种"将学科知识有效教给学生"的知识——学科教学知识（pedagogical content knowledge，PCK），从学科知识（content knowledge，CK）和教学知识（PK）中独立出来，成为教师区别于学科专家和教育学专家的特有知识。能力本位（competency-based teacher education，CBTE）的专业发展范式也应运而生，其重视对教学技能进行拆解和概括，强调对外显的教学技术或能力进行训练。

美国极力推行"能力本位"教育，早在 1972 年，就已经有 17 个州根据 CBTE 原则制定出教师职业资格的审核标准。法国国民教育部将教师的职业能力概括为四方面：①对所教的学科知识的掌握；②组织、分析教学情境的

[1] HUBERMAN M, GUSKEY T R. The Diversities of Professional Development[M]//GUSKEY T R, HUBERMAN M. Professional Development in Education: New Paradigms and Practice. New York: Teachers College Press, 1995: 269-270.

能力；③控制课堂行为以及了解学生差异的能力；④职业道德。1994 年，我国教育部颁发《高等师范学校学生的教师职业技能训练大纲（试行）》，将教师职业技能概括为讲普通话和口语表达技能、书写规范汉字和书面表达技能、教学工作技能、班主任工作技能四大类。①

"能力本位，训练为中心"的范式注重对被分解的、标准化的教学技能进行训练。著名的"微格教学"训练法就是这一时期由斯坦福大学创立的，其通过创设各种教学情境，组织和引导教师开展职业技能的模拟化训练。

在能力本位的专业发展范式下，教师经验和教学技能均受到了重视，但教师依然处于某种"被动状态"。培训的目标是被拆解的教学技能，而不是真正的、复杂多变的教学问题。教师和专家的关系也没有发生根本性的改变。教师自身的思考和实践依然未被关注，培训活动的目标往往是让教师成为"他人希望他成为的样子"。

3. 标准本位，实践为中心的范式

20 世纪 90 年代，标准本位的专业发展范式开始出现。人们越来越坚信教师的培养应该像培养医生和律师一样，依据严格的职业标准进行培养、训练和考核。②美国制定了全国通用的教师职前、入职和在职的三级标准体系，并于 2011 年颁发了修订的《核心教学标准（征求意见稿）》。英国在 2002 年颁布的《英国合格教师专业标准与教师职前培训要求》基础上，制定了合格教师、入职教师、成熟教师、优秀教师和专家教师这五类教师专业标准。澳大利亚于 2011 年也颁布了新的《全国教师专业标准》。我国也于 2012 年颁布了《幼儿园教师专业标准（试行）》《小学教师专业标准（试行）》和《中学教师专业标准（试行）》。

标准代表着优秀教师应拥有的知识、技能和态度，体现的是教师职业的

① 余德英，王爱玲. 教师教育课程范式变革及其启示 [J]. 教育理论与实践，2018（1）：43-46.
② 同①.

专业化倾向——将教师视为专业人员（类似于医生、律师），而不是教学工匠。专业人员不应"被迫"学习，也不应"被告知"学习什么和用什么方式学习，而应出于对工作的责任感，针对工作中的问题和关键事件，主动地在实践中进行学习。可见，标准本位的专业发展范式下，教师的地位和自主空间将进一步得到提升。

专业标准只规定了预期目标，而没有规定达成目标的路径（事实上，也不可能有唯一、固定的路径）。因此，在培训活动中，教师就可以主动提出个人的观点，分享交流自己的实践经验。在标准本位的范式中，实践效果是唯一的准绳，各种理论和实践经验开始"竞争"，专家理论和教师实践具有了同等的地位。此外，由于专业标准中包含对专业信念和态度的要求，教师的体验和感受也成为培训活动设计者考虑的目标。激发教师的主动性和内驱力成为教师专业发展的重要目标之一。同时，随着教育改革的深入，校本课程设计、多元学习评价、学生学业规划等新的教育教学任务不断出现，对教师提出了新的要求。关注实践需求成为教师专业发展的另一重要特点。

4. 给我们的启示

纵观知识本位、能力本位和标准本位的教师专业发展范式，可以看到相关研究与实践者对"如何看待教师""如何看待教师的发展"以及"如何促进教师的发展"等基本问题的认识发生了重大的变化。（见表 1-1-1）

表 1-1-1　典型教师专业发展范式的比较

基本问题	知识本位	能力本位	标准本位
如何看待教师	科学和教育理论知识的容器	科学知识的传递者，掌握教学技术的熟练工匠	拥有专业知识、专业规范和专业追求的专业工作者
如何看待教师的发展	不断补充和积累知识	熟练掌握和使用有效的教学技能	不断追求专业化，实现专业理念、能力与追求的统一

续表

基本问题	知识本位	能力本位	标准本位
如何促进教师的发展	标准化、程序化的知识灌输	发现有效的教学技能，并在模拟情境中训练	在实践中学习、体验和反思

此外，标准本位的专业发展范式也不会是终点。有研究者指出，预设标准作为教师教育的组织原则并不能满足 21 世纪教师成长的需要，因为教师工作已经打破了传统教育的边界，预设的标准容易导致缺乏活力和僵化实施。应当进一步重视教师的主动参与、专业交流和实践性知识。[①]

对于骨干教师而言，他们具有丰富的实践经验和应对具体教学问题的能力，传统的教师培训通常体现的是知识本位和能力本位的范式，明显不适用于骨干教师这一群体，因此需要关注和研究新的范式，并且关注新范式下教师专业发展工作和要求的新变化。

（二）教师专业发展范式转变的维度

这种范式转变必然带来实践层面多方面的变化。斯坦（M. Stein）[②]、斯帕克斯（D. Sparks）和赫什（S. Hirsh）[③] 等国外研究者，分别从教师发展的方式、内容、组织与团队、目标与关注点等方面概括了新的教师专业发展范式的特征或带来的变化。周成海在此基础上将国际范围内教师专业发展范式的转变概括为八个方面。（见表 1-1-2）

---

① 何菊玲. 教师教育范式研究 [D]. 西安: 陕西师范大学, 2008: 101-102.

② STEIN M K, SMITH M S, SILVER E A. The Development of Professional Developers: Learning to Assist Teachers in New Settings in New Ways [J]. Harvard Educational Review, 1999, 69（3）: 237-270.

③ SPARKS D, HIRSH S. A New Vision for Staff Development [M]. Alexandria: Association for Supervision and Curriculum Development, 1997: 108.

表 1-1-2 教师专业发展范式转变的八个方面

传统范式	当前范式
以实证主义和结构主义哲学、结构功能论社会学、行为主义心理学为基础	以解释学和后现代主义哲学、符号互动论社会学、建构主义心理学为基础
外在规范的教师专业发展观，教师专业发展是为塑造符合外部标准和期待的教师角色	内部建构的教师专业发展观，专业发展是为引导教师生成独特的专业自我
着力发展教师的技术理性或工具理性	着力发展教师的实践理性或反思理性
要求教师接受、验证普遍的教育规律	尊重教师个人实践知识的地位和价值
强调教育理论指导、教育实践规范，以抽象的专家理论为主要学习资源	强调教师自主建构意义与理解，以自身经验和伙伴间对话为专业资源
认为教师发展只是教师个人的事情	重视"我—你"互动、交往、对话的价值
大学为教师专业发展提供支持	教师专业发展主要是在学校中完成
教师在发展中处于"失权"状态	强调以"教师赋权"促进教师发展

可见，尽管具体主张和表述不同，研究者普遍认为新的教师专业发展范式应当更加关注教师的主体性和专业发展共同体的建构，强调重新认识教师和实践的价值，为教师"赋权"。这些新范式的特征特别值得骨干教师研修的设

> 尽管具体主张和表述不同，研究者普遍认为新的教师专业发展范式应当更加关注教师的主体性和专业发展共同体的建构，强调重新认识教师和实践的价值，为教师"赋权"。

计者关注和思考，可将其作为指导具体项目设计的基础思想。例如，在培训内容选择方面，应从强调"理论权威，避免教师对理论知识的曲解"到尊重"教师个人的思考和实践，面对真实问题和挑战"；在培训方式方面，应从"专家讲座，单向灌输理论知识"到"结合案例，讲解先进教学模式和实践经验"和"共同面对真实问题，在专家支持下研讨"。

当然，对任何理论和主张都需要辩证地看待和思考。教师专业发展范式转变是历史发展的产物，脱离不了特定时代教育、哲学的基本观点以及社会发展的需求。我国教育发展迅速，各地区的实际情况各有不同，采用何种范

式指导骨干教师的研修应当考虑各地区骨干教师的认定标准和实际水平、教育教学的现状和突出问题等。例如，对于我国很多地区来说，骨干教师依然以"经验型"为主，教育理论和心理学知识方面确实存在欠缺，理论水平不高也实非虚言。大学教育理论专家与一线教师的知识结构是互补的，专家的作用依然是巨大的。新的范式不是不要专家，自己"闭门造车"进行校本研修，而是在培训中不应"唯专家""唯理论"，需要搭建对话和共同研讨的平台，在实践中共同解决问题。

可见，无论是教师自身的专业发展，还是人们对教师专业发展的认识与实践的集合——教师专业发展范式，都存在明显的阶段性特征。培训者需要高度关注这两种阶段性，为促进教师的"进阶"提供最具针对性的、适宜的支持。

第二节　实践取向的教师专业发展六级进阶模型

国内外各种教师专业发展理论，虽然研究的角度、主张和表述各不相同，但揭示出教师专业发展的普遍规律，呈现了教师专业发展的共同趋势。各地教师队伍现状不尽相同，但都要遵循教师专业发展的规律，依据教师专业发展理论，结合国家对于教师队伍建设的相关政策，基于教师队伍建设实际，构建操作性强的实践模型，指导各阶段教师专业发展。

我们从教师专业发展进阶的维度，整体考虑教师职业生涯的专业发展，建构了实践取向的教师专业发展六级进阶模型，即从新任教师逐步到经验型教师、骨干教师（地市级骨干）、示范型教师（省级骨干）、专家型教师（特级教师和正高级教师）、教育家型教师。（见图 1-2-1）实践取向的教师专业发展六级进阶模型凸显实践取向，以教师的专业能力水平而非教龄作为阶段

划分的依据，旨在激发教师发展的主动性，鼓
励教师脱颖而出。进阶模型给中小学教师规划
了一条目标明确、路径清晰的专业发展进阶之
路，激励和引领中小学教师不断追求专业上的
进步与发展。

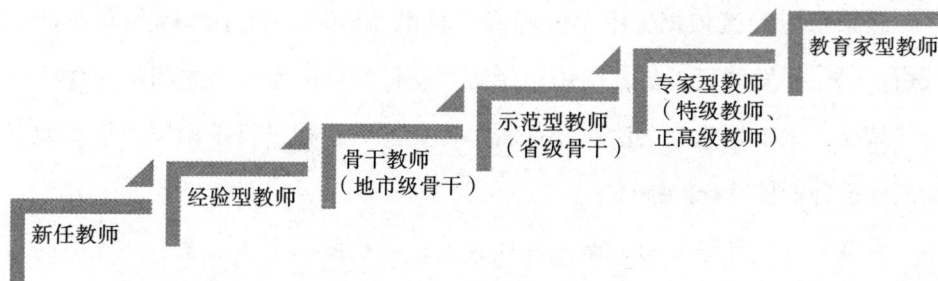

> 实践取向的教师专业发展六级进
> 阶模型凸显实践取向，以教师的专业能
> 力水平而非教龄作为阶段划分的依据，
> 旨在激发教师发展的主动性，鼓励教师
> 脱颖而出。进阶模型给中小学教师规划
> 了一条目标明确、路径清晰的专业发展
> 进阶之路，激励和引领中小学教师不断
> 追求专业上的进步与发展。

图 1-2-1　实践取向的教师专业发展六级进阶模型

一、新任教师——教师职业生涯的起点

新任教师，又被称为初任教师，一般是指完成了教师职业的职前培养与
训练，经过短期实习，通过了一些专业评定或获得教师资格证书，被某学区
或学校所聘用，处于试用阶段的教师。[1] 近年来，教师来源从过去单一的师
范院校，逐步扩展到综合性大学，而且综合性大学毕业的新教师有逐年增多
的趋势，因此，目前的新教师有一部分甚至没有经过教师职前培养，也没有
经历教育实习，只是获得了教师资格证书。教师来源的多样化，使得教师职
后培养与培训显得愈发重要。

---

[1] HUSÉN T, POSTLETHWAITE T N. The International Encyclopedia of Education[M].Oxford:
Pergamon Press, 1994: 6045.

　　从时间维度上来讲，我们通常把从事教育教学工作三年以内的教师都称作新任教师。从教师成长的实践视角分析，教师入职后的前三年构成了教师成长的第一个阶段，对于整个职业生涯的发展，都起到了至关重要的作用。

　　新任教师的专业发展现状地域差异比较大。例如，在教育发达地区，新教师的学历水平整体偏高，表现出学科专业知识扎实、科研能力较强；而在教育欠发达地区，则仍有相当数量的教师"所教非所学"。但是，在专业理念、师德以及专业能力方面，各地区新任教师相应发展特征则较为趋同。

　　北京市海淀区依据《中学教师专业标准（试行）》《小学教师专业标准（试行）》，研发调研工具，使用访谈法对新任教师的专业理念和师德现状进行了调研，采取课堂观察法对新任教师专业能力现状进行了调研，形成如下对新任教师群体特征的描述：

　　在职业意义理解方面，新教师比较缺乏明确的社会责任意识，还不能从服务社会的角度理解职业意义，树立职业理想；在专业认同方面，还不能深刻理解教师职业的专业性和独特性，缺乏明确的专业发展规划意识；在师德认同方面，尽管普遍认可师德的重要价值，但主要将其视为一种外在约束力量，没有将师德转化为加速自身专业成长、获得职业幸福的内在诉求。

　　缺少教育教学实践经验，教育教学实践能力弱，教学基本功亟待提升；忽略对学生心理的研究，对学情的关注不够，学情分析能力弱；对教学情境素材的关注度低，情境创设能力不足；学习活动设计、问题设计、课堂调控与管理能力有待提高。[1]

　　针对新任教师专业发展现状，新任教师阶段专业发展的关键点是职业认同、职业道德和教育教学基本功。新任教师的学习特点是适应性学习，他们

---

[1] 这里新任教师的发展特征引自申军红等人所著的《中小学新任教师培训指南》一书（教育科学出版社 2018 年出版）。该书所指的新任教师教龄在一年以内，这个时期凸显了新任教师阶段的发展特征，比较具有代表性。

主要通过模仿优秀教师的教育教学行为，提升教育教学基本功，适应学校教育教学工作。所以，对于新任教师来说，为他们树立学习的榜样，如采取师带徒、优秀教师案例式培训、观摩优秀教师课堂教学等方式，是帮助新任教师顺利度过适应期、完成角色转变的重要途径。新任教师阶段是教师职业生涯的起点，新任教师所在学校和区域应当共同规划和实施新任教师入职三年的培养和培训。入职三年的新任教师，在自身的实践、学习，在学校和区域的培训培养下，应当能够深入理解教师职业特点，明确专业发展目标，树立职业理想，形成良好师德，具有育人为本的教育理念和正确的学生观、教学观，实现教育教学基本功达标（含"三字一话"基本技能达标）。[①]

二、经验型教师——教师专业发展的分化期

新任教师经过三年的适应期后，就进入了第二个发展阶段，即经验型教师。随着从事教育工作时间的不断增长，其教育经验得到累积，教育教学技能逐渐娴熟。因此，经验型教师的主要特征是，有一定的职业认识、职业知识、职业技能和职业收获，基本能够掌握本学科知识体系、教育教学和学生发展规律，能驾驭上课、说课，能够保证课堂教学效率。通常来讲，经验型教师群体的数量，在六个发展阶段中是最大的，这一群体也是通常容易被忽视和忽略的群体。经验型教师阶段处于教师专业发展的分化时期，发展主动性强的教师逐渐成长为骨干教师，走上了专业发展的"进阶跑道"，而缺乏明确发展意愿的教师，就会一直停留在这一阶段，有的甚至到退休。久而久之，这部分教师就会出现职业倦怠与教学"无助"现象。[②] 因此，经验型教师群体应当得到学校和各级教师培训部门、教育行政

---

① 更多关于新任教师培训的内容请参见《中小学新任教师培训指南》一书。

② 杨鸿，周永平，朱德全. 适应与超越：教师专业发展的梯度与理路[J]. 课程·教材·教法，2017（6）：86-93.

部门的关注和关心。

　　经验型教师有着丰富的教育教学实践经验，教育家波斯纳（G. J. Posner）提出了教师成长公式，即"经验 + 反思 = 成长"。我国心理学家林崇德也提出"优秀教师 = 教学过程 + 反思"的成长模式。对于经验型教师来说，树立反思的意识，养成反思的习惯，提升反思的能力，是专业发展的必经之路。叶澜教授说过，一个教师写一辈子教案难以成为名师，但如果写三年反思则有可能成为名师。曾经的海淀区骨干教师史春娟老师在回顾自己的成长经历时也说："即使是有 20 年的教学经验，也许只是 1 年工作的 20 次重复；除非善于从经验反思中吸取教益，否则就不可能有什么改进，可能永远只停留在新手型教师的水准上。"可见，"反思"是教师成长的"催化剂"，是教师发展的重要基础。①

　　教师的反思是以自己的教育教学工作为思考对象，对自己的教育教学行为以及由此所产生的结果进行审视和分析的过程。②学校应建立利于教师反思的制度和氛围，引导教师逐渐养成反思的习惯，如鼓励教师写课后反思、教学日记、教育随笔、教育故事，并建立定期交流、表扬奖励等制度。教师在反思的基础上，就会逐步对教育教学经验进行总结、梳理和提炼，形成课例、案例。经典课例和优秀教育教学案例是经验型教师应当拥有的标志性成果。

　　经验型教师的学习特点是体验性学习，他们的学习离不开教育教学实践，学习过程需要充分调动各感官的参与。因此，针对经验型教师，通常采用课例、案例研修，聚焦教师在教育教学中遇到的真问题，以教师自身或同伴的课例、案例为研修素材，设计教师深度参与的体验式研修活动，研修过

① 陈小玲，甘剑.教学反思，教师成长的催化剂[J].江西教育，2009（12）：30.
② 王小玲.新课程改革背景下小学英语教师的反思型教学[J].当代教育论坛（学科教育研究），2008（2）：117-118.

程中充分尊重教师的主体性，保障教师的话语权。通过研修与实践，帮助经验型教师增强教育责任，促进其对于学科知识体系的整体把握，以及对学生学习规律和教育规律的深刻理解和自觉应用。

三、骨干教师——教师专业发展的旺盛期

发展主动性强的经验型教师逐渐成长为骨干教师，走上专业发展的"进阶跑道"。本书所指的骨干教师就是指地市级骨干教师。

为了激励教师不断追求专业上的进步与发展，近年来，许多地区都设立了骨干教师评选制度，骨干教师作为荣誉称号标志着教师的专业发展水平，也激励着教师在专业成长的道路上不断发展。以北京市海淀区为例，三年一个轮次，评选海淀区骨干教师（含学科带头人），三年任期满后，需重新评选或认定。这打破了一次评选终身受用的机制，促使骨干教师持续努力，不断提升专业水平。

骨干教师经历了经验型教师发展阶段，在课堂教学中已经积累了丰富的经验，他们熟练驾驭课堂，关注学生成长，师生关系良好，已经成长为课堂教学的能手、教学实践的排头兵。骨干教师具有一定的反思能力，他们将实践经验进行梳理总结，形成了可分享的经验性知识。他们在本校发挥着重要的示范引领作用，同时承担着培养青年教师的任务，一般都担任备课组长、教研组长，也有的会担任学校教学干部。他们在区域内也具有一定的影响力，在教学比赛、论文评选中常会获奖，也常为青年教师上示范课，并能积极参与区域课题、项目研究等。

骨干教师进入教师专业发展的轨道，他们需要再发展和进阶。骨干教师需要明确发展方向，制订个人发展规划，在分析自身的优势、不足，以及面临的机遇、挑战的基础上，制订进阶发展的详细计划，包括发展目标、行动方案等。

骨干教师处于专业发展的旺盛期。骨干教师的再发展需要提升学术领导力，需要从教育技能上升到教育艺术，需要通过教育科学研究发现问题、解决问题。骨干教师再发展还需要增强教育情感，由被动的对教育的责任，到主动地对教育充满热爱和激情，自觉自愿投入情感，全身心投入教育工作。

区域和学校要为骨干教师专业发展提供支持，搭建平台。以北京市海淀区为例，他们基于骨干教师的特征和发展需求，系统规划骨干教师研修课程，以"指向核心素养发展的骨干教师领导力提升"为主题，从价值领导力、教学领导力、学术领导力和发展领导力四个方面助力骨干教师专业发展。研修尊重骨干教师已有经验，鼓励骨干教师分享经验，搭建同伴互助、专家引领的平台，形成学习研究共同体，在共同体中实现资源与智慧的共享，从而帮助骨干教师坚定理想信念，树立教育情怀，通过团队研究解决教育教学中的问题。海淀区骨干教师研修的具体做法将在本书后续章节中详细介绍。

骨干教师所在学校应激励骨干教师发挥示范引领作用，并支持骨干教师的再发展。如结合学校实际工作，鼓励骨干教师带徒弟、培养青年教师，提升骨干教师的教学领导力；支持骨干教师带项目，用项目研究破解教育教学工作中的难题，提升骨干教师的研究能力和学术领导力；支持骨干教师外出学习、拓展视野，鼓励骨干教师学以致用；等等。

四、示范型教师——教师专业发展的高原期

教师专业发展的规律显示，从骨干教师到示范型教师，再到专家型教师、教育家，人数呈现出金字塔形状，越往上发展，专业能力水平要求越高，人数就越少。

骨干教师在教育教学实践的历练中，逐渐形成了自己的教学特色，能够带领学科团队开展优质高效的课堂教学，成为本区域本学科领域中教师们最

直接、最典型的学习榜样，这标志着骨干教师完成了到示范型教师的进阶发展。示范型教师突出的特征是，形成了自己的教学特色，能做榜样、做示范，能带领团队共同发展。

示范型教师一般为省级骨干教师、学科带头人。以北京市为例，三年为一个评选周期，北京市骨干教师、学科带头人任期满后，需要重新进行评选。因此，这个群体的教师最具发展活力，他们需要挖掘自身潜能，补齐发展短板，不断努力、不断突破、不断进步。示范型教师在教育实践方面能够做榜样、做示范，但是在理论方面积淀不够，对于实践的理论解释能力不足，通常是知道怎样做，但不知道为什么这样做就取得了良好的教育效果。有许多示范型教师由于不能突破这个瓶颈，就进入了发展的"高原期"，逐渐丧失了教育创新的激情，专业发展停滞不前，甚至出现了倒退。

因此，示范型教师的发展应当是理论与实践共进，应当结合实践进行必要的理论学习。建构主义学习理论认为，学习过程同时包括两方面的建构：一方面是对新信息的意义的建构，同时又包含对原有经验的改造和重组。[①] 示范型教师不是被动学习理论、单纯就理论学理论，而是在其自身实践经验的基础上，包括之前形成的日常概念，对理论进行主动选择、加工和处理，从而获得自己对理论的理解，通过已有经验和理论间反复的、双向的作用，使理论和实践有效衔接，形成对已有实践经验的理论解释。这样的建构式学习过程，是对学生成长、学科教学的理解和经验再建构的过程，对理论的理解也是丰富的、有着经验背景的，从而保证示范型教师在面临新的情境时，能够灵活地建构起用于指导实践的图式。

示范型教师可以通过自主学习和专业阅读进行建构式学习，也可以通过课题研究推动理论学习，推动理论与实践的结合。学校和区域在对示范型教

---

① 杨翠蓉，周成军.布鲁纳的"认知发现说"与建构主义学习理论的比较研究 [J].苏州教育学院学报，2004（2）：27-31.

师进行培养的过程中，还可以采取"双导师引领"，即为示范型教师同时配备实践导师和理论导师，帮助其提升理论水平和实践能力。

示范型教师在理论与实践共进的过程中，将形成自己独特的教育风格，对于教育的理解也会由感性上升到理性，理论水平和科研能力将得以有效提升，一般表现为能够独立主持课题，在核心期刊发表论文。同时，示范型教师不仅关注个人发展，更关注带动团队共同发展，这种教育精神成为他们葆有教育激情和教育创新的不竭动力。

五、专家型教师——教师专业发展的创造期

突破了高原期的示范型教师，继续发展将成为专家型教师。专家型教师具有卓越的教学艺术和深厚的研究功底，他们既是课堂教学的高手，又是教学研究的专家，具有属于自己的稳定、先进、独特的教学主张，他们在省市有一定的影响力，专业发展处于创造与成就期。

在我国现阶段，专家型教师一般具有中小学正高级职称或特级教师荣誉称号。专家型教师是基础教育领域的领军人物，这个群体人数少，但却发挥着重要的作用，因此，国家和各级教育部门都非常重视他们的发展，着力将专家型教师培养成为教育家型教师。《中共中央 国务院关于全面深化新时代教师队伍建设改革的意见》提出，到 2035 年，培养造就数以万计的教育家型教师。教师司函〔2017〕58 号《关于组织实施"国培计划"——中小学名师名校长领航工程的通知》提出，要营造教育家脱颖而出的制度环境，在全国遴选 100 名具有中小学正高级职称或特级教师称号的教师，进行为期 3 年的在职连续培养，实施"双名工程"，帮助参训教师进一步凝练教育思想、提升教育教学创新能力，着力培养造就一批具有鲜明教育思想和教学模式、能够引领基础教育改革发展的教育家型卓越教师。

专家型教师成长为教育家型卓越教师，有两个要突破的关键点：一是在

已有教学主张的基础上凝练形成教育思想，二是能够在当地引领基础教育改革发展。

凝练教育思想要经历自下而上和自上而下的多轮次循环反复过程，既要自下而上系统梳理多年的教育教学成果，提炼形成具有鲜明特色的教育主张，又要在对教育理论深刻理解的基础上，自上而下地用教育原理来分类和提升零碎的经验、成果，让零散的教育观点系统化、理论化、外显化，并能够准确表达。

引领基础教育改革发展，需要自身的专业水平达到一定的高度，还需要有相应的机制做保障。"国培计划"——中小学骨干教师培训项目执行办公室制定的《"国培计划"中小学名师领航工程实施管理办法》提出，省级教育行政部门应提供政策、经费及组织保障，支持本省专家型教师建立省级名师工作室。专家型教师则应通过举办名师论坛、巡回讲学、成果展示、与薄弱学校结对帮扶等形式，推广教育思想和教学模式，引领更多教师开展理论和实践探索，发挥辐射作用，并在示范引领中进一步检验、丰富、提升教育思想。

专家型教师成长为教育家型教师既要依靠自身的努力，也需要外部的培育。"国培计划"——中小学名师名校长领航工程，为一批专家型教师的成长建立了机制，搭建了平台。名师领航工程在全国遴选了14个培养基地，承担对100余名名师的培育工作。北京市海淀区教师进修学校作为其中一个培养基地，承担了对来自全国的12名特级教师、正高级教师的培养任务。基地针对专家型教师的特点和发展需求，采取深度学习、导师指导、协同发展、示范提升等形式，通过多导师个性化指导、课题研究、讲习研习、现场观察、基地实践、学术会议、带领团队解决问题或者帮助其他老师解决问题等综合性活动，帮助名师学员深入理解教育的本原、学生发展的规律，提升教育情怀，凝练教育思想，增强创新能力，发挥示范效应。

基地通过"微论坛"指导学员凝练教育思想。通过"讲好故事、萃取经验、凝练思想"的三段式研修，引导学员从关键事件入手，逐步聚焦提炼教学特色、教学主张和教育观念，最后凝练形成教育思想。基地还指导学员在当地建立名师工作室，通过名师工作室活动开展，带动一大批优秀骨干教师的成长，产生"链式传递"规模效应，引领当地基础教育改革发展。

六、教育家型教师——教育改革发展的引领者

教育家型教师是基础教育改革发展的领跑者，是教育领域的精神领袖、创造卓越成就的教育实践者、自成一派的教育思想者。教育家型教师不但拥有强烈的教育责任感与使命感，拥有远大的教育志向，拥有浓烈而深沉的教育情怀，把教育当作信仰来追求，更拥有鲜明的教育思想和系统的教育理论，拥有较大创新的教育成果，影响力辐射全国。

教育家型教师处于教师专业发展金字塔的塔顶，是广大教师学习的榜样。教育家型教师在数量上是凤毛麟角，不是每一位教师都能企及的，但成为教育家型教师却是大多数教师的职业理想和追求。从新教师入职，广大教师就开始了专业发展行走之路。从对教师职业的认同，到树立教育责任，葆有教育情感，拥有教育情怀，最终把教育当作信仰来追求与行动；从夯实教育教学基本功，到提升教育教学技能，锤炼教育教学艺术，最终到拥有鲜明的教育思想和系统的教育理论，坚定走好每一步，从而必将在教师专业发展道路上收获无限风光。

实践取向的教师专业发展六级进阶模型，遵循教师专业发展的规律，基于教师队伍建设的实际，指向教师专业发展的实践，助力不同阶段教师的专业成长。教师在每一个发展阶段，都会呈现出某些显著的特征，面临不同的问题。

对于骨干教师而言，之所以能从经验型教师中成长起来，内在因素是有

自我发展的愿望，外在因素是受到骨干教师评选机制的激励。成长为骨干教师的这部分教师，发展基础好，发展动力强，是进一步培养成为示范型教师、专家型教师的苗子。骨干教师向下可带动占教师群体中最大部分的经验型教师的发展，向上可以为名师的培养打下良好的基础，是整个教师发展中最关键、最重要的一个群体。因此，各地都非常重视骨干教师队伍建设。

骨干教师是学校发展的中坚力量，他们的教育教学技能娴熟，教学效果好，深受学生喜爱，也是青年教师学习和模仿的榜样。但是骨干教师也存在发展上的瓶颈，比如，一些骨干教师尚缺乏系统的发展规划，教育视野还需拓展，教育情怀还需提升，尤其是教育科研能力需要加强。因此，骨干

> 骨干教师是学校发展中的中坚力量。
> 骨干教师的再发展，需要骨干教师、学校、区域共同发力。

教师的再发展，需要骨干教师、学校、区域共同发力。骨干教师自身应该明确发展目标，清晰发展路径，增强教育情感。学校要处理好对骨干教师"使用"和"培养"的关系，给骨干教师留足发展空间，开展针对骨干教师群体的有实效的校本研修。区域教师研修部门则应整体把握教师发展的六个阶段，重点研究骨干教师的发展特征和需求，积极探索骨干教师研修范式转型，系统规划研修课程体系，为骨干教师搭建平台，提供恰当的专业支持与协助，促进骨干教师成长，从而带动整个教师队伍的发展。

我们的思考

1.国内外教师专业发展阶段的研究经历了一维线性、多维动态、关注个体能动性三个发展时期。各类理论提醒我们：为促进教师专业发展的不断进阶，一方面需要教师发挥个体的主观能动性，另一方面也需要教师所处的组织环境给予专业的支持与激励。

2.教师专业发展范式代表了一个时代对教师专业发

对章首关键问题的回应

展的基本认识和核心观点，了解教师专业发展范式的转变，有助于培训者理解不同时期的培训理念和做法，结合现实做出理性选择。现代的教师专业发展范式突出了对教师个体的关注和对实践经验的尊重，核心是为教师赋权，构建合作交流的专业发展共同体。

3. 在整体把握教师专业发展六级进阶规律的基础上，对于骨干教师而言，应依据骨干教师发展特征和需求，科学设计研修课程，促进骨干教师专业成长。

你的思考

第二章
骨干教师队伍建设的基本环节

本章关键问题

1. 骨干教师的内涵是什么？

2. 骨干教师队伍建设包括哪些环节？

3. 骨干教师培养的途径是什么？

4. 骨干教师作用的发挥包括哪几个方面？

5. 如何让骨干教师主动发挥作用？

　　骨干教师的内涵，可以从三个维度来理解。首先，从发展阶段来讲，骨干教师是继新任教师和经验型教师阶段之后，教师进入的一个非常重要的发展阶段。其次，从专业素质和其所能发挥的作用来讲，骨干教师指的是具有丰富教学经验和较强专业能力，并能够发挥引领作用的教师。最后，从荣誉称号来讲，骨干教师指的是按照一定的程序推荐和选拔，并经教育行政主管部门认定的优秀教师，包括国家级骨干教师、省级骨干教师、地市级骨干教师和县级骨干教师四个层次。[①]

　　一般来讲，骨干教师在发展阶段、专业素质、发挥的作用和荣誉称号等维度上应该是相统一的。本书中的骨干教师，指的是经教育行政主管部门评选的地市级学科带头人和骨干教师。在实际执行中，地市教育行政部门还会根据需要进一步细化，从而出现各种不同的叫法，如首席教师、教坛新秀、教坛中坚、教坛宿将、教学能手、教学明星等，在本书中我们都统称为骨干教师。

　　人是最重要的资源，对于教育发展，亦是如此。骨干教师是推动教育发展的关键因素，不管是一所学校的建设，还是区域教育的发展，都有赖于一支强大的骨干教师队伍，特别是在教育领域综合改革的进程中，骨干教师始终是教育教学改革的积极建言者、推动者和落实者，发挥着重要作用。骨干教师是教师队伍的中坚力量，发挥着"承上启下"的作用："向上"，骨干教师是名师队伍的后备力量，是未来名师的"种子选手"；"向下"，骨干教师是普通教师的引领者，承担着"传帮带"的责任。因此，建设一支数量充足、结构合理、素质优良的骨干教师队伍，对教师队伍建设和教育改革发展都至关重要。

> 骨干教师是教师队伍的中坚力量，发挥着"承上启下"的作用："向上"，骨干教师是名师队伍的后备力量，是未来名师的"种子选手"；"向下"，骨干教师是普通教师的引领者，承担着"传帮带"的责任。

骨干教师队伍建设是一项系统工程，涉及评选、培养、使用、管理等多个方面。其中，评选是前提，要通过严格的标准和科学的程序，把真正优秀的"苗子"选上来；培养是关键，要通过精准培训和精心培养，把骨干教师带出来；使用是重点，要充分发挥辐射和引领作用，切实将骨干教师用起来；管理是保障，要建立灵活的管理制度，让骨干教师队伍动起来。

因此，当我们研究骨干教师研修的时候，不能仅仅局限于培训本身，需要用系统的观点和视角来审视骨干教师选培用管的全过程，制定一体化的政策，只有四个环节无缝衔接，才能实现培训效益的最大化。

第一节　对骨干教师队伍建设的理解与认识

伴随着社会发展和人才观念的更新，人们对骨干教师队伍建设的理解与认识，经历了几个不同的发展阶段。在不同的阶段，骨干教师队伍建设的重点各不相同。

最初，骨干教师队伍建设采取的是传统的人事管理模式。这种管理模式是建立在"经济人"的假设基础上，把人当作一种成本，采取的是被动型的事务性管理。[①] 侧重于对"事"的管理，而忽略了作为主体的"人"，将精

---

① 郑丽娟.从传统人事管理向现代人力资源开发转变[J].北京广播电视大学学报，2001（1）：1-4.

力更多地放在骨干教师的评选和管理上，至于评选后的安排，没有系统的规划，对骨干教师的培养和使用缺乏足够的关注，这样就容易导致骨干教师的潜力不能得到有效开发，辐射作用也不能充分发挥。这其实是对人才资源的一种浪费。

继而，骨干教师队伍建设由传统的人事管理向现代的人力资源管理转变。人力资源管理是在人事管理的基础上发展起来的人性化管理，是从以工作为导向转变成以员工为导向的以人为本的管理，它将人作为第一资源，一种能够创造更大价值的资本，采取主动开发型的管理，着重人与事的配合。[①]

具体到教育领域，教育改革与发展中"人"的重要性愈发凸显，骨干教师队伍建设也更加注重"骨干教师"的资源属性，将重点由起初的评选转移到培训培养上，为骨干教师提供更多发展的平台，加大对骨干教师潜力的挖掘。应该说，骨干教师资源得到了有效的开发，并且能够发挥自身的作用，但这种作用具有一定的被动性，是依靠制度约束来实现的。

> 人的主体性成为最重要的关注点，通过各种方式激活内驱力，管理上更加强调要让人自愿、自觉、主动地发挥作用。

当前，随着经济社会的发展，人力资源管理进入新时代。在这个阶段，人的主体性成为最重要的关注点，通过各种方式激活内驱力，管理上更加强调要让人自愿、自觉、主动地发挥作用。也就是说，不仅要开发人力资源，更要有效发挥人力资源的价值，坚持开发与利用并重，实现投入与收益的平衡。

在骨干教师队伍建设上，需要坚持"选培用管"四个环节的一体化设计，实现从入口到出口的全过程助力，特别是在"用"的环节上下足功夫，充分调动骨干教师的积极性，让他们自我驱动，主动发挥引领辐射作用，助力区域教育优质均衡发展。

---

① 郭爱玲.人的管理的革命性变革：从人事管理到人力资源管理[J].甘肃理论学刊，2000（4）：59-62.

纵观几个发展阶段可以发现，从人力成本到人才资源的转换，从外部约束到内在驱动的调整，从被动履职到主动引领的改变，骨干教师队伍建设的方向和重点越来越符合人才成长规律和教师发展规律，"骨干教师"作为"人"的主体性不断得到强化。

骨干教师是应需而设置的荣誉称号，通过骨干教师的评选，一方面让教师的教育教学成果得到认可，另一方面也是加强教师队伍建设、促进教育发展的重要举措。因此，在制定骨干教师"选培用管"四个方面的相关政策时，也要立足区域教育事业发展需要和教师队伍建设需要。

第二节　骨干教师的选拔与培养

一、骨干教师的选拔

评选是骨干教师队伍建设的第一步，把什么样的人选出来，直接关系到骨干教师队伍的质量和水平，因此，必须把好入口关，把真正优秀的教师选出来。在骨干教师的选拔上，要始终把握好以下几对关系。

（一）新与旧的关系

实际就是要正确处理继承与创新的关系，要坚持"变"与"不变"的统一，实现继承与创新的平衡。

一方面，各地骨干教师评选已经开展多年，要总结每次评选工作的经验，对于好的做法进行继承，优化评选条件和工作程序，保持工作的连贯性。如"个人申请—学校考核推荐—专家评审"的评选程序，就是在实践中形成的得到教师认可的评选程序。

另一方面，骨干教师是一个动态概念，骨干教师实行聘期制，各地聘期2—5年不等。比如，浙江省湖州市的骨干教师评选中，市教坛新秀每2年评选一次，市教学能手和市教学明星每 4 年评选一次；宁波市的骨干教师任期是 5 年；北京市海淀区则是每 3 年评选一次。应该说，每次评选时，区域教育都会面临新的形势和新的挑战，在教师队伍建设方面有新的需求。因此，骨干教师评选要进行动态设计，根据区域教育发展的需要进行一定的调整，以更好发挥骨干教师评选对教师队伍建设的导向作用。

> 骨干教师评选要进行动态设计，根据区域教育发展的需要进行一定的调整，以更好发挥骨干教师评选对教师队伍建设的导向作用。

以海淀区为例，在评选对象上，为了适应人才储备库工作的开展，海淀区将储备库的在库教师也纳入评选范围。人才储备库是海淀区为突破编制瓶颈、拓展师资补充渠道而实施的"高薪无编"的用人新机制，在库教师虽然没有编制，但却是教师队伍的重要组成部分。正是这支队伍的出现，有效缓解了海淀区教师数量不足和结构性短缺的问题，将这部分教师纳入评选范围，也能够增强他们的认同感和归属感。在评选类别上，除了评选学科骨干教师、学科带头人，根据海淀区教师队伍建设的需要，海淀区还增设了班主任带头人、德育带头人、少先队辅导员带头人、团干部带头人、教学管理带头人、教育科研带头人、教师教育带头人、校园足球带头人、校外教育带头人等系列。目前，海淀区骨干教师评选系列已经达到了 11 个。可以看出，在骨干教师评选上，海淀区不只重视学科教师，而且对德育、科研、教师教育、校园足球和校外教育等领域教师也给予足够的关注，畅通他们发展的渠道，提高教师工作的积极性，从而推动这些领域更高质量地发展。

（二）德与才的关系

骨干教师评选，是要把优秀教师选出来，那么，何为优秀教师呢？高度概括地讲，就是要德才兼备，师德为先，能力为主。

"德"是首要的，"才者，德之资也；德者，才之帅也"（《资治通鉴·周纪一》），师德是评价教师素质的第一标准，如果师德出现问题，能力再强也没有资格成为骨干教师。可以看到，各地骨干教师评选的基本条件，就是要求申报者必须具有过硬的政治素质和高尚的师德修养，在评选中实施师德一票否决制。

　　骨干教师评选的基本条件，就是要求申报者必须具有过硬的政治素质和高尚的师德修养，在评选中实施师德一票否决制。

　　当然，只有"德"还不够，毕竟骨干教师的荣誉称号还是要立足实实在在的工作业绩，还是要靠教师扎扎实实的业务能力，只有在工作中具有较高的教育教学能力和显著的育人成效，才有资格参评骨干教师。因此，评选骨干教师时，还需要对"才"的方面，如教育教学、学生培养、教育改革推进、教育科研、终身学习等提出明确的要求。

（三）严与宽的关系

　　骨干教师是教师队伍的中坚力量，是要发挥辐射和引领作用的，这就要求他们一方面有发挥引领作用的主动性，另一方面还有发挥作用的方法和能力。在骨干教师评选过程中，始终要坚持"严"字当头；同时，对于特殊人群，在一些条件上应适当放宽。

　　在评选条件和评选程序上都要"严"，特别是师德问题上，必须要严格，不允许有商量的余地；在教学工作量和继续教育学分方面，也要达到基本的要求，同时，严格按照"个人申请—学校考核推荐—专家评审"的流程开展评选工作。此外，有些地区还对骨干教师评选的年龄做出了要求，如上海市闵行区要求参评男教师在58周岁以下，女教师在53周岁以下，以确保骨干教师能任满一届。

　　尽管参评教师的基数已经足够大，但还是要根据实际情况，在部分条件的设置上留下余地，这就是为了让真正德才兼备的教师，不会因为某些条件的设置，而失去了参评的资格。对于优秀人群，比如，具有博士学历或业绩特别优秀者可适当放宽专业技术职称要求；对于

　　要根据实际情况，在部分条件的设置上留下余地，这就是为了让真正德才兼备的教师，不会因为某些条件的设置，而失去了参评的资格。

特殊系列，如校园足球带头人，也可适当放宽专业技术职称要求；对于某些学段，如业绩特别优秀的幼儿园教师，可酌情放宽学历、专业技术职称要求或户口限制。

（四）多与少的关系

骨干教师的数量，一方面要考虑占教师队伍总数的比例问题，另一方面要考虑不同系列、不同学段、不同学科间的数量分布问题。

首先来看骨干教师的整体规模。骨干教师处于教师专业发展的中间阶段，向下是新任教师和经验型教师，向上是示范型教师、专家型教师和教育家型教师，这一群体对于整个教师队伍的建设都非常重要。骨干教师的

> 骨干教师的数量或比例，不仅要考虑教师队伍的总体数量和整体素质，而且要结合区域教育的发展需要和财政的承受能力等，在综合考虑各方面因素的基础上，确定符合本地区实际情况的骨干教师数量或比例。

数量或比例，不仅要考虑教师队伍的总体数量和整体素质，而且要结合区域教育的发展需要和财政的承受能力等，在综合考虑各方面因素的基础上，确定符合本地区实际情况的骨干教师数量或比例。海淀区在"十三五"时期确定的目标是区级骨干教师和学科带头人比例达到20%，从实际评选结果来看，也已经达到了这一比例。

再来看具体分布情况。在不同系列上，骨干教师和学科带头人按照专任教师的比例进行核算，同时，尽管统称为骨干教师，海淀区学科带头人在层次上高于骨干教师，因此，骨干教师的比例要高于学科带头人，从而保证学科带头人是优中选优，其他系列的骨干教师根据实际情况和往届评选情况核定；在不同学段和学科上，评选过程中要综合考虑各学段、学校、学科间的平衡，注重向一线教师倾斜，向义务教育阶段教师倾斜，向特殊教育和工读学校教师倾斜。

二、骨干教师的培养

精心选拔出来的骨干教师，在聘期内能否实现更高水平的发展，直接关系

到名师梯队的建设。骨干教师的发展，既需要教师自身的努力，也离不开外部的支持，特别是相关的培训培养。因此，需要集中精力对骨干教师进行有针对性的培训和培养，这样才能帮助他们提升专业能力，向着更高的目标迈进。

（一）开展区域层面的骨干教师全员研修

许多地区都非常重视骨干教师研修，区域教育行政部门大都出台了相关文件予以政策保障。以海淀区为例，区级层面的骨干教师研修已经作为一项制度以文件的形式明确下来。根据《"十三五"时期幼儿园、中小学、职业高中教师培训工作指导意见》要求，骨干教师、学科带头人任期内需完成40学时的专业培训。骨干教师评选文件也明确要求，上一届学科带头人和骨干教师在任期内必须取得学科带头人和骨干教师培训结业证书，否则不能参评。

按照文件要求，海淀区骨干教师全员培训课程主要包括两部分：一部分是10学时的综合素养课程；另一部分是30学时的学科专业素养课程。针对科学、体育与健康、思想政治等学科的骨干教师，我们还开发了特色培训项目。具体的课程设计和实施方式后文会专门介绍，在此不再赘述。

（二）借助名师导师制开展对骨干教师的个性化培养

名师导师制是开展骨干教师培养和名师梯队建设的重要机制。导师制最早源于英国牛津大学，是基于传统的精英人才培养的一种教学模式，导师与学生实行一对一、面对面的指导。[1] 后来，因其独特的育人成效，导师制的理念被引入教师培训领域，成为培养青年教师和骨干教师的重要方式。

海淀区名师导师制已经连续开展12年，由区名师工作站负责组织实施，以3年为一个周期，以学科组为单位，聘请各学科特级教师和市级学科带头人担任导师，开展对骨干教师的培养工作。借助名师导师制，形成骨干教师

---

① 高岩．"双名师"引领下职业院校青年教师"双导师制"实践模式 [J].中国多媒体与网络教学学报，2018（11）：52–53.

学习共同体，导师指导骨干教师开展成长规划、读书交流、课堂展示、教学研究等学科活动，骨干教师在名师的带领下，进一步提升自己的教育教学能力。

名师导师制研修课程既包括项目组统一设计的通识性必选课程，又包括学科组自主研发的、学员根据需求和兴趣选择性地参加的自选课程，还包括导师与学员之间自主开展的基于学员自身特点的个性化课程。名师导师制研修能够最大程度尊重不同教师发展特点，关注骨干教师的个性化差异，建立一对一的长期指导关系，满足骨干教师特定的专业发展需求，真正做到"因材施教"。

> 名师导师制研修能够最大程度尊重不同教师发展特点，关注骨干教师的个性化差异，建立一对一的长期指导关系，满足骨干教师特定的专业发展需求，真正做到"因材施教"。

（三）依托国家和省级项目开展对骨干教师的高端培养

当然，骨干教师的培养，不能仅局限于区域内的培训资源，还要放开视野，借助国家和省级的高端培养项目，为骨干教师提供更广阔的平台，让他们能够有更多的机会走出去。

近年来，从国家到省市，都进一步加大了对骨干教师的培养，设立了不少高端培养项目，如教育部组织实施的各类国培项目、乡村优秀青年教师培养奖励计划，北京市教委委托北京师范大学、首都师范大学、北京教育学院等单位组织实施的特级教师工作室、国际研修项目等，都是非常重要的培训资源。海淀区高度重视这些项目，将它们纳入本区的骨干教师培训计划，与区域已有的培训培养项目实现有效衔接。在培养人选的推荐上，优先选择表现优秀的区级学科带头人和骨干教师，目的就是让骨干教师借助这些项目，获得更好的指导培养和更大的发展平台，在教师专业发展的道路上"拔节抽穗"。

（四）立足学校岗位实践实现骨干教师常态化研修

对于骨干教师而言，最好的培养、最常态的研修，就是在教育教学的丰富实践中成长；他们在各种培训培养项目的所学所思，也只有回到教育教学的实践场域中才能得到检验和提升。在实际课堂教学中，骨干教师可以将自己所学所思的先进教育理念和教学方法应用其中，验证其实际的教学意义，进而再总结、再思考、再创新，形成自己独具特色的教学风格。[①] 可以这么说，课堂是成长的沃土，教学是最好的历练。

因此，在骨干教师任职期间，要对其作为骨干教师的工作职责做出明确的要求，使他们能够继续在自己的岗位上，通过不断地学习、实践、探索、研究和反思实现自我专业发展。比如，海淀区明确要求学科骨干教师要坚守在教育教学一线，自觉承担本专业的学科教学任务，积极参加学校和上级有关部门组织的各类教育教学活动，承担示范课、观摩课等公开教学任务；要树立终身学习意识，自觉学习先进教育理念和教育教学方法，系统学习并掌握现代教育的理论和技能，了解本学科教育国内外发展动态；要结合本区、本校实际，敢于探索，勇于创新，认真总结教育教学、教育科研方面的经验；要积极承担培养优秀年轻教师的任务，主动在区及校本教师培训中发挥"传帮带"作用。

第三节　骨干教师的使用、管理与评价

使用和管理是骨干教师队伍建设的另一个重要问题，评选和培养出来的骨干教师，不是为了摆在那里装点教师队伍的门面，而是要承担起"骨干"这项荣誉应该肩负的责任，发挥他们的力量和作用，带动整个教师队伍的建设；同时，教育部门应该为骨干教师的使用、管理及评价提供相应的政策保障，让骨干教师始终在政策框架内履职尽责。

---

① 龙文春.加强骨干教师培养　打造一流教师队伍 [J].科学咨询（科技·管理），2017（9）: 1.

因此，很多地方出台了加强骨干教师队伍管理的政策文件。比如，浙江省温州市出台了《关于加强中小学骨干教师管理和考核的若干意见》，浙江省宁波市制定了《宁波市中小学骨干教师管理考核办法》，甘肃省庆阳市发布了《庆阳市骨干教师选拔和管理办法》，湖南省常德市印发了《常德市市级骨干教师管理办法》，等等。综观这些政策文件，它们主要从骨干教师的职责、管理、考核、待遇等方面进行了详细的规定和说明。

海淀区为了充分发挥发挥骨干教师引领、示范和辐射作用，加强骨干教师管理和考核，制定了《关于进一步加强骨干教师队伍管理的意见》。之后，根据实际情况的需要，又制定了补充意见，从而形成了有关骨干教师使用和管理的政策体系，为骨干教师更好履职提供了政策保障。

一、骨干教师的使用

使用是骨干教师队伍建设的重点，要深入挖掘骨干教师的潜力，充分发扬骨干教师在教育教学上的示范性、教学专业上的先进性、教育科研上的先导性，带领更多教师成长起来，为促进教育优质均衡发展提供人才保障。骨干教师的使用，集中在教育教学示范、带动青年教师成长、促进教育均衡发展等几个方面。

（一）做教育教学的带头人

教育教学是教师的主业，是教师安身立命的根本。骨干教师都是从一线实践中成长起来的优秀教师，积累了比较丰富的教育教学经验，应该继续在教育教学方面发挥自己的示范作用。

一方面，骨干教师要自觉承担本专业的学科教学任务，发挥自己的特长和优势，服务学生的成长，主动承担研究课、示范课、公开课等教学任务，在实践中提升自己的能力。另一方面，要根据教育改革和发展的目标和要求，结合区校实际进行探索，开展教学研究，总结教学经验，培养学生核心素养，落实立德树人根本任务，助力教育领域综合改革的推进和落地。

（二）做青年教师的领路人

近年来，伴随大量的青年教师进入教师队伍，教师队伍年轻化趋势越来越明显，仅从 39 岁以下教师数据就能发现这一趋势。根据教育部网站公布的2018 年教育统计数据，小学阶段 39 岁及以下的青年教师占比为 55.2%，初中阶段 39 岁及以下的青年教师占比为 49.0%，普通高中阶段 39 岁及以下的青年教师占比为 55.7%。整体计算，中小学 39 岁及以下的青年教师占比达到53.3%，39 岁及以下的教师已经占到了中小学专任教师的一半以上。可以这样讲，青年教师已经成为教师队伍的主力，是未来教育发展的希望。骨干教师也是从青年教师一路走过来的，而且伴随队伍年轻化趋势，很多骨干教师就是青年教师。对青年教师的困惑和需求，骨干教师也有过切身的体会。骨干教师与青年教师不仅有共同的话题，而且在情感上可以实现共鸣。骨干教师能够通过自身成长的经验，更有效地带领青年教师成长。

> 39 岁及以下的教师已经占到了中小学专任教师的一半以上。青年教师已经成为教师队伍的主力，是未来教育发展的希望。

首先，骨干教师在本单位要积极承担培养年轻教师的任务，主动关心、指导、培养青年教师，在教育教学、班级管理、教育科研、职业成长等方面给予悉心指导，充分发挥传授经验、帮助成长、带动发展的作用。其次，在校本培训、区级培训和学科教研中，骨干教师也要主动发挥作用，开展专题讲座、教材教法分析、研究课等，为更多普通教师提供可借鉴的经验，带领更多教师成长。

（三）做教育均衡的推进人

当前，教育发展的不平衡和不充分问题依然存在，骨干教师要具备大局意识，有奉献精神，能够立足区域教育发展甚至是全国教育发展的大局，积极响应号召，到最需要的地方去，充分发挥自己的专业优势，推进教育优质均衡发展。

骨干教师要积极参加区域内组织的学区内部教师交流、集团内部教师交流和城乡校际教师交流，助力本区教育均衡发展。同时，要积极参加各级教育行政部门组织的各类支教、送教、对口支援等活动，把教育扶贫工作作为自身义不容辞的职责，利用各种方式积极参与支教活动，为教育均衡发展做出贡献。

二、骨干教师的管理与评价

管理是骨干教师队伍建设的保障。"管"得好，就能真正发挥骨干教师的带头作用，以点带面，促进教师队伍快速成长；"管"不到位，骨干教师就成了"骨感教师"，独木难支，带动不了团队。[①] 要建立科学的管理和评价制度，让骨干教师明确自己的工作职责，同时让他们的履职情况得到公正合理的评价。

（一）规范骨干教师管理

1. 明确工作职责要求

工作职责既是约束，又是方向，制定科学合理的骨干教师职责，是加强骨干教师管理的第一步。围绕教育教学、引领示范、教育科研和"传帮带"四个方面，针对不同系列的骨干教师，明确他们各自的职责要求，让骨干教师心中有职责，眼中有方向，不至于偏离轨道，从而更好地发挥自己的引领示范作用。

2. 实行柔性管理制度

在明确职责的基础上，骨干教师已经有了方向和目标，这时应该坚持"散养"的原则，实行灵活的柔性管理，尊重骨干教师的个性特点，尽可能地减少对骨干教师的行政干预，给他们更多自由支配的时间，为他们提供发

---

① 薛义荣.平时"散养"适时"圈养"：谈骨干教师的培养与管理 [J].江苏教育，2017（6）：48-49.

挥作用的空间；同时，尽量为骨干教师履行职责和发挥作用提供便利的条件，让他们能够尽情施展自己的能力和才华，成为推进教育改革创新的源头活水。比如，温州市就规定，在教学任务的安排上，要为骨干教师留出适当的时间和空间，从事教师培养、教改实验和教学研究及带教工作；条件允许的情况下，还可以为第一层次骨干教师配备教学助手。

> 应该坚持"散养"的原则，实行灵活的柔性管理，尊重骨干教师的个性特点，尽可能地减少对骨干教师的行政干预，给他们更多自由支配的时间，为他们提供发挥作用的空间。

3. 建立荣誉退出机制

骨干教师荣誉不搞终身制，即使在任期内，也需要实现动态管理，要根据骨干教师的工作状态随时进行调整。当骨干教师不再符合相关的条件时，应该撤销骨干教师荣誉称号，这样才能持续保证骨干教师队伍的高素质和专业化。纵观各地制定的荣誉退出机制，取消荣誉称号的情况主要包括师德失范、发生责任事故、有违规违纪行为、弄虚作假、年度考核不合格、调离本地教育系统等。

（二）严格骨干教师考核

在骨干教师考核上，应坚持严格标准。大部分地区以教师的学年度考核为基础，强化对骨干教师履职情况的评价；有的地方还设置了任期考核，即在一个任期届满后对骨干教师进行评价。

1. 在内容上，坚持全方位考核

坚持师德优先，对骨干教师的思想政治素质和师德修养进行考察，一旦出现师德失范问题，应实行一票否决。同时，侧重业务能力，主要从教育教学、引领示范、教育科研和"传帮带"四个方面对骨干教师开展评价。有的地方对课时做出严格规定，未达到规定课时者实行一票否决。

2. 在方式上，实行多元化评价

采取骨干教师个人自评、所在学校考评、区域教育行政部门复核备案相结合的方式进行，进一步强化过程性考核。针对不同系列的骨干教师，应制定不同的履职情况考评表。采取质性和量化评价相结合的方式进行，在描述工作业绩的同时，可实行百分制，考评结果可分为"优秀""合格"和"不合格"。

3. 在程序上，保证科学化实施

首先，在学年末，骨干教师个人应自查履行职责情况，区域教育行政部门可统一下发履职情况考评表，要求骨干教师填写。之后，应由学校组建考评小组，按照全面评价、综合达标的原则对骨干教师的履职情况提出评价意见。教育行政部门负责指导和监督骨干教师的考核工作，并对学校上报的考核结果备案。

（三）提高骨干教师待遇

> 物质激励属于外部刺激，消退得快，更重要的是从情怀和事业上给予骨干教师更加持久的支持。

要让骨干教师主动地发挥作用，除了教师自身的因素，骨干教师的待遇因素也是必不可少的。这里所说的待遇，不仅仅是指物质方面的，因为物质激励属于外部刺激，消退得快，更重要的是从情怀和事业上给予骨干教师更加持久的支持。

1. 用情怀留住人

教育的情怀是教育者对教育所产生的一种心灵状态，所达到的一种心灵境界，它指向一种执着的大爱。[①] 只有当教师认同自己所从事的职业，并从中获得成就感、荣誉感和归属感的时候，他才能扎根在教育的沃土中。海淀教育有着悠久的历史和辉煌的成就，成为海淀教师本身就是一种荣誉。在此基础上，获得骨干教师的荣誉称号，是对教师能力和业绩的进一步认可，这份认可和信任本身就是一种坚守教育的动

> 只有当教师认同自己所从事的职业，并从中获得成就感、荣誉感和归属感的时候，他才能扎根在教育的沃土中。

---

① 杨静华.现代教师最缺失的恰恰是教育情怀[J].浙江教育科学，2019（6）：64.

力。在推进教育领域综合改革的过程中，还要给予骨干教师更多的专业自主权，相信骨干教师，尊重骨干教师，在尊师重教的良好氛围中，让他们有归属感，不断提升教育情怀。

2. 用物质激励人

物质激励是指运用物质的手段使受激励者得到满足，从而进一步调动其积极性、主动性和创造性。物质需求是人类最基本的需求，教师也不例外。骨干教师在原本的教育教学工作外，本就承担了更为繁重的任务，理应获得相应的物质报酬。各地在骨干教师管理政策文件中，都根据当地的经济发展水平制定了相应的奖励标准，一般在考核合格后一次性发放给骨干教师。有的地方称为"教科研津贴"，有的称为"特殊人才奖励"，还有的叫作"学年度目标考核奖"，虽然叫法不一，但其本质是相同的，就是要实现骨干教师多劳多得、优劳优得，用物质奖励激发骨干教师的职业动力。

3. 用事业成就人

教师职业是具有高度创造性的职业，是成就人的事业，教师在成就他人的同时，也应该成就自己，实现自己的人生价值。很多地方都为骨干教师的成长提供了优先政策，如优先参加高端培训培养项目、优先推荐各类评优评先、优先提供经费保障等，目的就是让骨干教师在事业方面能够更上一层楼。近年来，海淀区以"成长中的教育家"为目标导向，明确规划从优秀骨干教师到示范型教师、到专家型教师、再到教育家型教师的人才发展路径，让骨干教师有目标、有希望、有奔头。同时，为骨干教师提供有营养的培训，搭建更广阔的展示平台和成长阶梯，让他们的专业发展走上快车道。

> 明确规划从优秀骨干教师到示范型教师、到专家型教师、再到教育家型教师的人才发展路径，让骨干教师有目标、有希望、有奔头。

我们的思考

1.骨干教师可以从发展阶段、专业素质和发挥的作用、荣誉称号三个维度来理解，本书中的骨干教师指的是经教育行政主管部门评选的地市级学科带头人和骨干教师。

2.评选是前提，把真正优秀的"苗子"选上来；培养是关键，把骨干教师带出来；使用是重点，切实将骨干教师用起来；管理是保障，让骨干教师队伍动起来。

3.骨干教师培养包括开展区域层面的骨干教师全员研修、借助名师导师制开展对骨干教师的个性化培养、依托国家和省级项目开展对骨干教师的高端培养以及立足学校岗位实践实现骨干教师常态化研修四种途径。

4.骨干教师要努力成为教育教学的带头人、青年教师的领路人、教育均衡的推进人。

5.要用情怀留住人，用物质激励人，用事业成就人。

你的思考

_____

_____

_____

_____

第三章
骨干教师专业发展现状与需求

本章关键问题

1. 骨干教师专业发展现状与需求调研的一般路径是什么?

2. 如何理解骨干教师的领导力?

3. 调研显示海淀区骨干教师领导力的整体情况如何?

4. 对于新一轮的骨干教师研修, 海淀区有怎样的整体规划?

第一节 调研路径

上一章主要以海淀区为例，详细介绍了骨干教师队伍建设相关的文件精神与政策要求，这些政策文件为骨干教师的梯队建设指明了方向。接下来，就需要细致深入地了解骨干教师专业发展的现状与需求。我们仍以海淀区为例来具体说明如何开展针对骨干教师的调研。

首先，我们通过文献研究[①]，明晰了骨干教师专业发展现状和需求调研的一般路径：以教师专业标准为依托建构骨干教师素质特征—依据素质特征开发调研工具—实施调研—进行数据分析—得出结果和结论。

在针对海淀区骨干教师的调研中，我们就应用了这一方法。首先明确骨干教师的理想行为，构建指标体系和特征，然后基于理想行为开发相应的调研工具，从而实施调研和进行数据分析，最后根据数据分析的结果准确描述海淀区骨干教师的专业发展现状与需求。

一、领导力视角下的骨干教师理想行为构建

骨干教师在学校中往往会被赋予多种角色，如担任备课组长或教研组长，负责学科教学研究工作；担任年级组长，带领班主任进行年级和班级管理工作；担任教学校长或副校长，负责学校教学、课程和学科规划、引领工作；担任导师或团队负责人，引领青年教师发展；更优秀的骨干教师还要在区域甚至全国发挥示范、辐射作用。骨干教师所承担的角色与任务，需要他

---

① 具体以"骨干教师特征""骨干教师专业发展需要""骨干教师调研路径或方法"为检索词，时间段为"2009年至2019年"，范围为"全部期刊"，搜索了中国期刊全文数据库中的教育与社会科学综合数据库和万方数据库中的相关文章，进行文献研究。

们成为领导型教师（teacher leader），即在教学、科研、团队等各方面发挥领导作用，提升领导力。所谓教师领导力，就是通过赋权，发挥骨干教师在课堂教学、学科建设、教育科研、教师发展和学校改进中所起的关键性领导作用。

　　西方学者的研究表明，教师领导力的充分发挥能够在一定程度上提高学生的成绩，持续性地提升教师的专业素养，并在整体上推动学校产生卓有成效的改进。[①] 为此，学者们构建了不同的教师领导力模型并在实践中予以推广，其中影响较大的是由美国教师质量中心（Center for Teaching Quality）、美国专业教学标准全国委员会（National Board for Professional Teaching Standards）以及美国教育委员会（The National Education Association）联合推出的教师领导力提升模型（The Teacher Leadership Initiative Model）。[②] 该模型从三个维度来界定教师领导力：教学领导力、政策领导力、组织领导力。教学领导力指教师能将课堂内的专业知识和技能辐射到课堂外，包括督导同事教学、促进合作分享以及形成专业共同体；政策领导力指教师对学校、学区甚至国家层面的有关促进学生学习的政策的参与，包括政策的制定、宣传、执行和投入；组织领导力指教师懂得如何组织和引导一个积极高效的团队活动乃至更大范围的教育共同体，包括组织增效、组织宣传、他人赋能、文化引导。[③]

　　教师领导力是一个发展的概念，它以提高教师教与学的能力、促进学生和学校的发展为目标。教师领导力的维度和内涵需要围绕目标来界定，结合我们国家的教师专业标准，骨干教师的领导力具体体现在价值与精神引领、

---

① COWAN J, GOLDHABER D. National Board Certification and Teacher Effectiveness: Evidence from Washington State[J]. Journal of Research on Educational Effectiveness, 2016（3）: 233-258.

② Teacher Leadership Institute. About the Teacher Leadership Institute[EB/OL]. [2019-10-22]. http://www.teacherleadershipinstitute.org/about/about-institute/.

③ Center for Teaching Quality. National Board for Professional Teaching Standards & the National Education Association [EB/OL]. [2019-11-03]. http://www.teachingquality.org.

> 教师领导力是一个发展的概念，它以提高教师教与学的能力、促进学生和学校的发展为目标。我们将其概括并划分为四个维度：价值领导力、教学领导力、学术领导力和发展领导力。

教育与教学引领、学科与研究引领、职业发展与规划引领，我们将其概括并划分为四个维度：价值领导力、教学领导力、学术领导力和发展领导力，并具体描述每个维度的指标和内涵，从而基于领导力视角来构建骨干教师的理想行为特征。

（一）价值领导力

价值领导力最早用来评估企业管理中的领导者如何塑造和传递企业价值观，帮助企业完成绩效并激励员工创造高价值，后来广泛用于社会各领域。在基础教育领域的相关研究中，一般更关注校长领导力。石中英教授认为，校长的价值领导力就是有意识地运用人类的基本价值、社会主流价值和组织特殊价值原则，去规范、引导和整合组织成员的个体价值观念，以解决管理中存在的问题，实现组织目标和愿景的能力。[①] 而事实上，骨干教师在学校和区域一般也会担任备课组组长、教研组组长、副校长等行政职务，即使没有行政职务的骨干教师也是团队中的核心领导者，其所持的观点、态度，所具有的情怀、理念，对团队其他成员有价值影响，所以价值领导力是骨干教师所必备的一种能力。

借鉴石中英教授关于校长价值领导力的相关观点，教师的价值领导力可

> 教师的价值领导力可以理解为教师有意识地运用教育的自身价值原则，去规范、引导和整合学生的个体价值观，解决教育教学中存在的问题，以达到教育目的的能力。骨干教师的价值领导力可以划分为理想信念和教育情怀两个维度。

以理解为教师有意识地运用教育的自身价值原则，去规范、引导和整合学生的个体价值观，解决教育教学中存在的问题，以达到教育目的的能力。骨干教师的价值领导力可以划分为理想信念和教育情怀两个维度，理想信念是指教师对教育工作价值的认识、终身发展的意愿以及能否贯彻社会主义核心价

---

① 石中英. 谈谈校长的价值领导力 [J]. 中小学管理，2007（7）：4-6.

值观，教育情怀是指教师能够通过教育教学工作促进学生、学校和社会发展的意识、责任和担当。具体如表 3-1-1 所示。

表 3-1-1　骨干教师价值领导力理想行为

一级指标	二级指标	三级指标
价值 领导力	理想信念	1. 有自主发展的意愿和专业反思的意识，有追求卓越的精神 2. 理解教育工作的意义和价值，认同教师职业的专业性和独特性，能体会教师职业带来的成就感和价值感 3. 能在课堂教学和教育行为中贯彻社会主义核心价值观教育
	教育情怀	4. 有帮助每一个学生实现终身发展的责任 5. 有促进学校及所在区域教育发展的担当 6. 有通过教育工作为社会进步和发展做贡献的意识

（二）教学领导力

教学领导力是教师领导力最基本的组成部分，是教师领导者最根本的能力要求。教师教学领导力是教师为了高效地实现教学愿景，在整个教学活动中对相关成员、事务进行引领和指导的能力，具体表现为教师教学设计领导力、教师教学实施领导力及教师教学评价领导力。[①]彭云认为，教师要在一定的范围内具有领导力，提升教师领导力的关键是在于教师要形成自己的教学风格和教学主张。[②]根据骨干教师在学校和团队中所担任的角色和任务，教学领导力还包括骨干教师将课堂内的专业知识和技能辐射到课堂外，如领导同事开展教学教研、进行教学合作、促进交流分享以及形成专业共同体等。

在诸多研究的基础上，我们认为，骨干教师的教学领导力应该包括三个维度：教学育人、课程建设和示范引领。其中教学育人是指骨干教师在教育教学上的

> 骨干教师的教学领导力应该包括三个维度：教学育人、课程建设和示范引领。

---

① 赵垣可. 教师教学领导力的意蕴、困境与生成路径 [J]. 现代中小学教育，2017（3）：83-85.
② 彭云. 教师领导力的核心要素与提升路径 [J]. 教育理论与实践，2017（23）：27-29.

能力，课程建设是指骨干教师在学校中能领导课程设计与组织课程实施，而示范引领是指骨干教师带领团队发展和影响其他人的能力。具体如表 3-1-2 所示。

表 3-1-2 骨干教师教学领导力理想行为

一级指标	二级指标	三级指标
教学领导力	教学育人	1. 能将学科知识与社会主义核心价值观教育有机融合 2. 能根据本学科特点进行"单元整体教学"设计 3. 能有效根据核心知识的落实进行学习评价设计 4. 能根据教学目标创设恰当的情境来实施教学 5. 能关注每一位学生的特点和学习需求 6. 能根据教学实际调整自己的教育教学行为 7. 能进行有效的作业设计
	课程建设	8. 具备课程设计的意识和能力，主动参与学校课程方案的规划 9. 在课程实施的过程中，能根据学情对教学内容进行统整
	示范引领	10. 具有自己的教学特色和风格 11. 能通过示范课、公开课等在区域内形成教学影响力 12. 能指导、引领青年教师发展和成长 13. 能带领团队解决教育教学问题

（三）学术领导力

国内学者将国外学者提出的"academic leadership"直译为"学术领导力"，两个词的内涵大体相同。迄今为止，国内外学者分别从不同角度对学术领导力的内涵进行了探讨，而这些探讨大多集中在高等教育领域，将学术领导力视为一种强而有效的影响力，这种影响力在推进学术管理、教授治学和高校去行政化的过程中能发挥巨大作用。有学者认为，教师的学术领导力蕴含教育教学力、科学研究力、学术创新力和学术合作力，这四种力量的协同作用能促使教师专业化发展；也有研究者认为，教学、科研都是基于高深学问的一种学术性专业活动，这种专业性活动基于他们自身所具有的某一学科专业领域内的高深知识，以及运用这些知识解决实际问题时所表现出的独特性与专门性。①将学术领导力应用于中小学教师专业发展的研究并不多，但我们可以借鉴高等教育领域中对学术领导力的相关研究成果，来构建中小学教师的学术领导力的维度和内涵。

我们认为，中小学教师的学术领导力应该包括两个最基本的维度：一是关于本学科的理解，即精通本学科的专业知识和理论，了解学科育人价值和学科核心素养，并能超越学科进行跨学科教学；二是反思研究的能力，即能从教育实践中发现问题，应用科学规范的研究方法针对问题开展教育研究，形成研究成果，并能将研究成果应用于教育教学实践中。具体如表3-1-3所示。

> 中小学教师的学术领导力应该包括两个最基本的维度：一是关于本学科的理解；二是反思研究的能力。

表 3-1-3　骨干教师学术领导力理想行为

一级指标	二级指标	三级指标
学术领导力	学科理解	1. 了解教育教学行为背后的理论依据 2. 能利用学科前沿知识丰富拓展学生的视野 3. 清楚所教学科的育人价值 4. 对学科核心素养有深刻了解 5. 能跨越学科边界，进行跨学科教学
	反思研究	6. 能经常对教育教学实践进行反思，明确教育教学中存在的问题 7. 能采用各种方式方法解决教育教学中的问题 8. 能应用科学规范的研究方法开展教育科研 9. 能创新教育教学方式，并在教学实践中进行探索和应用 10. 能梳理教育教学实践，形成学术成果

（四）发展领导力

所谓发展领导力就是教师对未来职业的期望和规划，能有效整合资源和人力，促进问题解决，持续不断终身学习，并在这一过程中表现出来的能力

---

① 鲁烨.高校教师专业化成长阶段的研究［J］.扬州大学学报（高教研究版），2010（5）：38-42.

和个性品质。彭坚等人指出，情绪能力和个性品质是领导力的重要组成部分，可以激发员工的工作热情和责任心，促使组织目标更好地实现。[①]

> 教师的发展领导力包括四个维度：一是自我效能感和职业幸福感；二是对职业的发展规划和专业学习的能力；三是协调关系，整合资源来解决教育教学中的问题和困难；四是持之以恒，有效管理时间和情绪。

我们认为，教师的发展领导力包括四个维度：一是自我效能感和职业幸福感；二是对职业的发展规划和专业学习的能力；三是协调关系，整合资源来解决教育教学中的问题和困难；四是持之以恒，有效管理时间和情绪。具体如表3-1-4所示。

表 3-1-4　骨干教师发展领导力理想行为

一级指标	二级指标	三级指标
发展领导力	自我效能 职业幸福	1. 认同教师职业的价值和意义 2. 能体会教师职业带来的成就感和幸福感 3. 能自信应对教育教学中的困难并有效解决
	发展规划 专业学习	4. 有明确的职业目标及职业发展规划 5. 有自主发展的意识和专业发展意愿
	关系处理 资源整合	6. 能与他人在团队中共同协作，面对困难 7. 能与家长合作解决学生教育中的问题
	个性品质	8. 能接纳别人的观点和不同的意见 9. 能确定目标并持续为之努力 10. 具有时间管理、情绪管理和统筹规划的能力

二、相关文献梳理

在调研海淀区骨干教师专业发展现状与需求之前，我们先进行了文献研究。以"骨干教师"和"专业发展现状"为关键词进行文献检索，梳理出6篇有代表性的文献，具体如表3-1-5所示。

[①] 彭坚，刘毅，路红，等. 情绪领导力：概念、测量、发展与模型建构[J]. 心理科学进展，2014（11）：1757-1769.

表 3-1-5　骨干教师专业发展现状代表文献

编号	标题	研究内容和方法	研究结论	年份
1	中学骨干教师的基本特征分析——中学骨干教师影响力与辐射作用研究①	依据对《中小学名师成长过程的特征分析》和《教学心理学纲要》等多种文献资料的把握,结合行动研究成果,归纳骨干教师的基本特征	骨干教师一般具有:崇高的道德品质,优良的知识结构,高效的问题解决能力,完善的自我监控能力,较强的个人教学效能感	2013
2	小学数学名师专业发展的个案研究②	以重庆市小学数学特级教师谢老师为个案研究对象,采用访谈法、观察法和资料分析法,对谢老师从教三十多年的发展历程进行回顾、总结	良好的外部环境是骨干教师专业发展的支撑,需要家庭、学校、社会、国家的大力支持;坚定的教育信念与高专业自我是骨干教师专业发展的内部动力;扎实的专业知识基础与过硬的专业能力是骨干教师专业发展的核心;骨干教师需要通过学习、实践与反思促进自我能力的提升	2016
3	福建省中小学体育骨干教师专业发展现状调查③	采用文献法、调查法、统计法等研究方法,对福建省190名中小学体育骨干教师基本情况和教师专业发展的认识、态度、知识、能力、继续教育等现状进行调查	福建省中小学体育骨干教师年龄、职称结构较合理;从业的稳定性和责任感强烈;教师对专业知识的掌握比较扎实;提高科研能力和水平是教师们最迫切的愿望	2017
4	影响中学英语骨干教师专业发展因素的调查研究④	以问卷调查及访谈为主要研究工具。对来自河北省的83名中学英语骨干教师做了影响其专业发展因素的调查问卷,并对其中的6名教师做了半结构式访谈	影响中学英语骨干教师专业发展的主要外部因素有两个,分别是关键性人物/事件和教师教研氛围;而内部因素主要有教师的创新能力、教学反思和自主学习能力	2018

① 王发成,刘向东.中学骨干教师的基本特征分析:中学骨干教师影响力与辐射作用研究 [J].学周刊,2013(5):158-159.

② 唐蕾.小学数学名师专业发展的个案研究 [D].重庆:重庆师范大学,2016.

③ 林顺英,林秀春,陈志伟,等.福建省中小学体育骨干教师专业发展现状调查 [J].体育科学研究,2017(3):69-75.

④ 李莎.影响中学英语骨干教师专业发展因素的调查研究 [D].石家庄:河北师范大学,2017.

续表

编号	标题	研究内容和方法	研究结论	年份
5	小学骨干教师发挥专业引领作用的问题及对策研究[①]	基于广西壮族自治区三地部分小学调查，采用了文献法、问卷法和访谈法等研究方法，探究小学骨干教师发挥专业引领作用的重要性	骨干教师工作量大导致没有时间和精力开展专业引领工作，缺乏专业引领的主动性；部分骨干教师受家庭牵绊，骨干教师相关专业和能力有待提升；学校缺乏促进骨干教师发挥专业引领作用的管理制度和相关措施	2018
6	高中化学骨干教师 PCK 现状及影响因素的调查研究[②]	对河北省 92 名骨干教师的 PCK 现状进行了问卷调查	从整体上看，骨干教师各维度（课程的知识、学生知识、教学策略的知识、评价反思的知识）表现良好；骨干教师各维度知识发展不均衡，学生知识这一维度最好；骨干教师比较重视自身专业发展，通过参与培训、教师间交流和其他方式提高自身水平	2019

通过梳理上述国内层面有关骨干教师专业发展现状的研究，我们可以看出，有的研究者从教师专业发展的特定维度出发进行研究，有的研究者从骨干教师专业发展存在的问题角度进行研究，有的研究者从影响骨干教师专业发展的因素出发进行研究，等等。这一领域的研究整体上呈现出从单一向度逐步走向多元视角、多方法融合的态势，即将骨干教师的发展视作一个不断完善的过程，从不同的维度对骨干教师进行深度研究或全面研究。从研究结论来看，骨干教师普遍表现出丰富的专业知识、精湛的专业技能和健全的专业情意，而且

> 研究整体上呈现出从单一向度逐步走向多元视角、多方法融合的态势，即将骨干教师的发展视作一个不断完善的过程，从不同的维度对骨干教师进行深度研究或全面研究。

① 陆甜乐 . 小学骨干教师发挥专业引领作用的问题及对策研究 [D]. 桂林：广西师范大学，2018.

② 李蕊 . 高中化学骨干教师 PCK 现状及影响因素的调查研究 [D]. 石家庄：河北师范大学，2019.

学术发展的能力和愿望较为迫切。

以"骨干教师"和"研修需求"为关键词进行检索，整理出相关代表文献3篇，具体如表3-1-6所示。

表3-1-6　骨干教师研修需求代表文献

编号	标题	研究内容和方法	研究结论	年份
1	幼儿园骨干教师培训需求研究[1]	运用问卷法和访谈法对上海市幼儿园骨干教师以培训需求分析为例，总结出不同发展阶段骨干教师培训需求的差异	目前骨干教师参与的培训形式依旧以常见的集体性培训形式为主；培训内容多以教科研能力培训为主，其次为提高自身基本技能和专业素养的相关培训内容；培训时间主要安排在工作期间，极少安排在晚间开展	2012
2	中学历史骨干教师培训需求调研报告——以陕西省榆林地区高中历史骨干教师为例[2]	以网络问卷及个别访谈和相关资料的查阅等为主要形式，以陕西省榆林地区高中历史骨干教师为主要对象，对"教师对知识培训的需求、培训师资和形式的需求"等十个相关问题展开调研	培训内容确实需要根据广大教师的需求进行设计，要设置合理的课程，如教育科研相关、学科专业与前沿知识、课改方面的知识等；培训方式要灵活多样；科学合理地安排培训时间；注重培训团队的建设；建立合理而科学的教师培训考核体系	2018
3	我国中小学幼儿园骨干教师培训需求调查研究[3]	运用问卷法、访谈法等对我国中小学幼儿园骨干教师培训需求现状进行抽样调查。从32个省份（含新疆生产建设兵团）的骨干教师群体中抽样，实地调查省份有8个	骨干教师的参训意愿程度总体较高。骨干教师最喜欢的培训类型是校外集中培训。骨干教师最喜欢多种方式相结合的培训	2018

[1] 杨婧超.幼儿园骨干教师培训需求研究[D].上海：华东师范大学，2012.

[2] 安彩凤，葛翠玲，韦莉.中学历史骨干教师培训需求调研报告：以陕西省榆林地区高中历史骨干教师为例[J].西安文理学院学报（社会科学版），2018（3）：55-60.

[3] 包华影，黄文峰.我国中小学幼儿园骨干教师培训需求调查研究[J].河北大学成人教育学院学报，2018（1）：12-19.

从上表可知，在研修需求方面，已有的研究内容与结论较为集中和一致。研究大都从研修内容、研修形式、研修资源以及研修时段等方面展开，也带给我们研究视野、思路和方法上的启示。主要的研究结论如下：从研修功能上来看，从知识技能补充走向以研究来促进专业发展；从研修形式上来看，主张要进一步调动骨干教师主动参与，开展不同形式的针对性研修；从研修内容来看，主张聚焦教师的有效需求和真实发展，要加大在短时间内看不出培训成效的内容比例；从培训效果来看，主张加强对培训内容与形式适恰性的反思研究。

综上所述，虽然针对区域内骨干教师的专业发展现状与需求所进行的全样本、大数据的研究少之又少，但是以上文献研究的结论无论是对我们调研的设计、实施还是最后研究结论的归纳，都提供了有益的参考。

三、实施调研

结合以上文献研究的结论，海淀区于 2019 年 6 月至 7 月实施了骨干教师专业发展现状与需求调研，主要分为两个阶段：阶段一为调研工具开发阶段；阶段二为调研实施及数据分析阶段。在实施调研时，确定了问卷调查与教师访谈两种研究方法。其中，问卷调查法采用整群取样，对海淀区 2019 年新评定的 4332 名区级骨干教师进行线上问卷调查。通过全样本、大数据的问卷调查，具体了解海淀区骨干教师在四大领导力方面的专业发展现状。访谈研究法则采用分层抽样，选取了 30 名骨干教师进行结构化访谈，获取了真实反映海淀区骨干教师专业发展现状和研修需求的一手资料，并对问卷调查的内容加以补充和佐证。具体如表 3-1-7 所示。

> 海淀区于 2019 年 6 月至 7 月实施了骨干教师专业发展现状与需求调研，主要分为两个阶段：阶段一为调研工具开发阶段；阶段二为调研实施及数据分析阶段。

表 3-1-7 调研内容与调研方法匹配表

编号	主要调研内容	主要调研方法	确定调研方法的缘由
1	基本信息、价值领导力、教学领导力、学术领导力、发展领导力、研修需求	问卷调查	基本信息、专业知识、发展规划等内容具有较强的客观性，主要采用客观选择题，并辅以适当的主观问答题
2	价值领导力、研修需求、研修建议	教师访谈	理想信念和职业道德以及教师的研修需求、研修建议等主要表现为教师实践活动中的行为和观念，适合采用灵活性的访谈或问卷调查加以佐证

（一）调研工具的开发

调研工具主要有两种，分别为调查问卷和访谈提纲，对每项调研工具的开发都经历了一系列科学严谨的研究过程，均有专家论证、试测和预调研环节。其中，调查问卷的开发主要包括设计问卷测查角度和题型、调查问卷的试测和修改以及征求意见和修改完善三个阶段。最后，按照网络调研用户友好原则确定调查问卷。访谈提纲的研发则包括开发访谈提纲、预访谈和调整完善访谈提纲三个阶段。

> 调研工具主要有两种，分别为调查问卷和访谈提纲，对每项调研工具的开发都经历了一系列科学严谨的研究过程，均有专家论证、试测和预调研环节。

调查问卷由三大部分构成，分别承担获取基本信息、调查专业发展现状和了解研修需求的功能。其中的第二部分有关骨干教师专业发展现状调研表中的问题是基于之前研发的骨干教师理想行为进行设计的[①]，问题与理想行为三级指标之间大都为一一对应关系，表 3-1-8 为海淀区骨干教师价值领导力维度问题设计示例。

为了使问题回答起来更有代入感，所有的问题都是采用第

调查问卷

访谈提纲

① 具体参见本书表 3-1-1、表 3-1-2、表 3-1-3 和表 3-1-4。

调查问卷由三大部分构成，分别承担获取基本信息、调查专业发展现状和了解研修需求的功能。

一人称进行表述。同时，为了保证调查结果的相对客观和精准，设置了部分反向题，并在实际调查时将 46 道题设计为随机顺序，要求参与调查的骨干教师按照"非常不符合、比较不符合、一般、比较符合、非常符合"五个层级进行自我评估。

表 3-1-8   海淀区骨干教师价值领导力维度问题设计示例

一级指标	二级指标	三级指标	问题设计
价值领导力	理想信念	1. 有自主发展的意愿和专业反思的意识，有追求卓越的精神	1. 我的同事大多认为我在工作中追求卓越
		2. 理解教育工作的意义和价值，认同教师职业的专业性和独特性，能体会教师职业带来的成就感和价值感	2. 如果我再做一次选择，我还会选择教师职业
		3. 能在课堂教学和教育行为中贯彻社会主义核心价值观教育	3. 我认为社会主义核心价值观教育是思政老师和班主任的事
	教育情怀	4. 有帮助每一个学生实现终身发展的责任	4. 我有责任帮助尽可能多的学生发展
		5. 有促进学校及所在区域教育发展的担当	5. 我有责任促进学校所处的地区发展
		6. 有通过教育工作为社会进步和发展做贡献的意识	6. 我有责任为社会进步做贡献

（二）调研实施及数据分析

2019 年 6 月到 7 月，海淀区实施了面向全区 176 所中小学校区级骨干教师的调研。过程中，为确保调研工具使用的规范性，分别进入样本校召开了调查问卷及访谈提纲的使用培训会，此外也努力兼顾调研取样和数据分析的科学性。两种调研工具的取样方式及数量、调研实施者及数据分析方法如表 3-1-9 所示。

表 3-1-9　调研实施及数据分析一览

调研工具	取样方法	取样数量	调研实施者	数据分析方法	调研任务
调查问卷	整群抽样	通过网络发放调查问卷，回收有效调查问卷 4332 份	项目组	采用 stata15.0 进行数据收集，然后基于数据进行具体的深入分析	① 设计调查问卷，依据预调查结果调整问卷结构及问题； ② 实施网络问卷调查； ③ 录入及分析问卷调查结果
访谈提纲	分层抽样	分轮次对问卷试测对象和实测对象共 30 人进行访谈调查	项目组指定访谈施测者		① 设计访谈提纲，依据试测结果调整访谈提纲； ② 实施，做好访谈记录； ③ 转录及分析访谈数据

调研结束后，对于可量化的指标，主要使用雷达图、数据列表的形式对调研结果进行直观呈现。在对海淀区骨干教师的专业发展现状进行差异分析时，分别采用了方差分析和 T 检验，从而了解不同年龄段、专业、学历、专业与所教学科的相关性、教龄、职称、学段和不同类型骨干教师专业发展的差异情况。

> 调研结束后，对于可量化的指标，主要使用雷达图、数据列表的形式对调查结果进行直观呈现。

对参与问卷调查和访谈的骨干教师所表达的具体内容或建议等质性数据进行分析时，先根据所有骨干教师在回答不同问题时所表达的内容绘制词云图，图中字体大小程度根据内容词频进行展示，即某些词或内容被骨干教师提及的次数越多、词频越高，相应地，在词云图中展示的字体就越大，凸显程度就越高。此外，还列出所有骨干教师及分学段骨干教师的词频结果中排前 10 位高频词，用于了解骨干教师的关注点。比如，图 3-1-1 显示，从研修主题的有效性来看，上一轮次区级研修中，骨干教师认为有关"整本书阅读""深度学习""教学设计"等

> 对参与问卷调查和访谈的骨干教师所表达的具体内容或建议等质性数据进行分析时，先根据所有骨干教师在回答不同问题时所表达的内容绘制词云图。此外，还列出所有骨干教师及分学段骨干教师的词频结果中排前 10 位高频词，用于了解骨干教师的关注点。

方面的研修主题对其很有帮助。

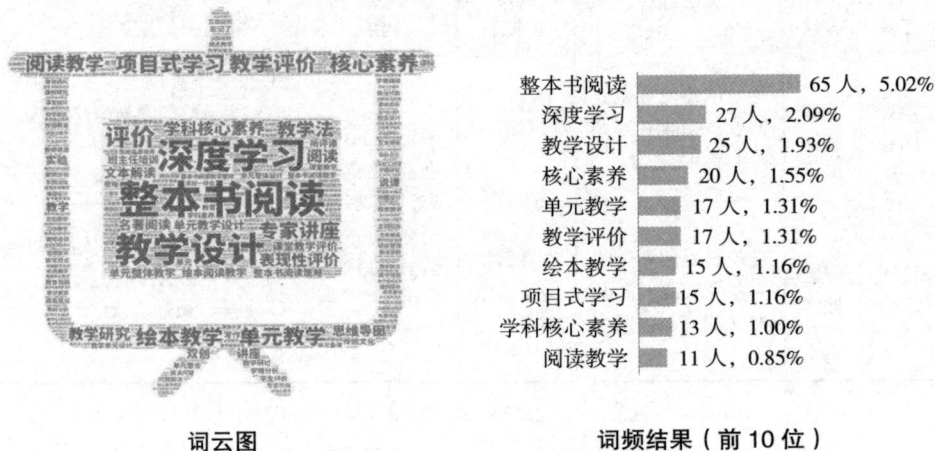

整本书阅读　65人，5.02%
深度学习　27人，2.09%
教学设计　25人，1.93%
核心素养　20人，1.55%
单元教学　17人，1.31%
教学评价　17人，1.31%
绘本教学　15人，1.16%
项目式学习　15人，1.16%
学科核心素养　13人，1.00%
阅读教学　11人，0.85%

词云图　　　　　　　　　　词频结果（前10位）

图3-1-1　研修主题词云图及词频结果

第二节　调研结论

2019年6月到7月，海淀区实施了面向全区176所中小学校4332名区级骨干教师的调研。调研重点关注海淀区骨干教师的整体发展现状，精准分析骨干教师的发展需求，然后基于调研的结论开发系统的骨干教师研修课程，从区域、学校和骨干教师个体层面全方位推进海淀区骨干教师队伍建设。结合前期文献研究、问卷调查和访谈的分析结果，我们发现，海淀区骨干教师专业发展现状呈现出以下特征。

一、专业发展现状

（一）学科专业基础良好，具有较强的学习能力

从毕业院校来看，85.23%参与调研的骨干教师毕业于师范院校。从学

历来看，绝大部分（98.18%）海淀区中小学骨干教师的最高学历为大学本科及以上学历，其中，大学本科学历占比达到71.56%，硕士研究生学历为24.03%；从所教学科和所学专业的相关程度来看，大部分（73.64%）骨干教师"所学即所教"，即所学专业和所教学科的匹配度很高，表明骨干教师整体上具有扎实的学识和良好的专业基础。同时，87.02%的骨干教师能利用学科前沿知识丰富拓展学生的视野，76.15%的骨干教师在教学中能够有意识地穿越学科边界。由此可见，很大一部分骨干教师对于学科教学方面的前沿知识和专业学习有着一定的自我规划和学习钻研的能力。

（二）教学经验和实践智慧丰富，发挥了应有的示范和引领能力

大部分骨干教师的教龄集中在11—20年（其中16—20年最多，为21.65%），近半数（48.73%）的骨干教师兼任班主任，兼任班主任的平均年限为14.27年。其中，时间最短的不足1年，最长的是35年。这说明骨干教师不仅具有相对深厚的学科专业知识，更具有丰富的教学实践和指导学生学习的经验。因为这样的专业优势，很大一部分的骨干教师在学校担任了引领性的职务，如教研组长、备课组长和教学主任等，占比达到58.71%。

在示范引领方面，59.64%的骨干教师表示每年都承担区级或以上级别研究课或讲座任务；与此同时，很多骨干教师会在自身发展的过程中引领其他教师在教育教学上的发展，如72.39%的骨干教师指导过青年教师在市区级展示活动中获奖。

（三）价值领导力水平最高，但学术领导力相对薄弱

调研中，骨干教师根据实际情况对自身各方面的专业发展水平进行1—5分的评分，分值越高，表示相应的专业发展水平越高。如图3-2-1所示，骨干教师的价值领导力水平最高（4.38），其次为发展领导力水平（4.16）和教学领导力水平（4.07）；相对来说，学术领导力水平最低（3.97）。

价值领导力方面，90.15%参与调研的骨干教师认为社会主义核心价值观

教育不应该仅仅是思政老师和班主任的事情。同时，约四分之三（75.71%）的骨干教师表示，"如果我再做一次选择，我还会选择教师职业"。值得指出的是，高达97.22%的骨干教师表示"我有责任帮助尽可能多的学生发展"，即几乎所有的海淀区骨干教师对于帮助学生发展有很强的责任感。总体来看，海淀区骨干教师的理想信念和教育情怀处于较高水平。

学术领导力方面，95.50%的骨干教师对于自己所教学科的育人价值有着很高的认同感。但是，还有约三成（29.83%）的骨干教师对于教育教学行为背后的理论依据说不清楚，这表明骨干教师在学科理解的深度上依然有很大的提升空间。数据显示，几乎所有（95.53%）的骨干教师在教学方式方法上思想开放，乐于尝试新鲜事物。相对而言，半数左右（50.72%）的骨干教师表示在教科研过程中，对于研究方法的科学规范应用还有所欠缺。以上的调查结果表明，海淀区骨干教师的整体反思研究水平处于中等偏上水平，但仍有较大上升空间。

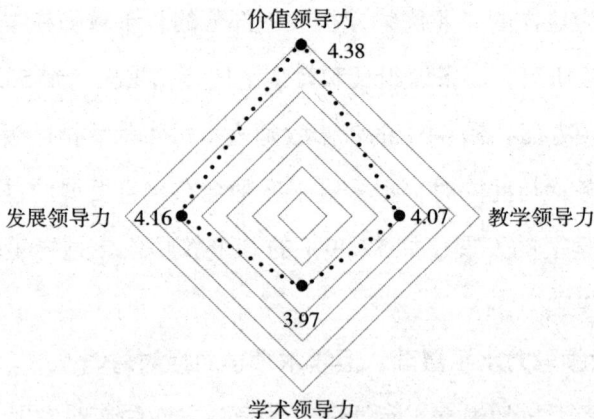

图 3-2-1　骨干教师四大领导力发展现状雷达图

（四）以本轮新评和保守型为主，还有较大的专业发展空间

从有关骨干教师类型的调研数据来看，在参与调研的全部 4332 名骨干教师中，有 1374 名（31.72%）为本轮新评的骨干教师。同时，为进一步调研资深骨干教师的专业发展情况，我们将其划分为四大类型：精英型（曾经以及本次均获得市级荣誉称号的骨干教师）、进取型（曾经获得区级荣誉称号但本次获得市级荣誉称号的骨干教师）、保守型（曾经以及本次均获得区级荣誉称号的骨干教师）和潜力型（曾经获得市级荣誉称号但本次获得区级荣誉称号的骨干教师）。

数据显示，在 2958 名海淀区资深骨干教师中，有 2530 名是保守型骨干教师。总之，骨干教师研修需要根据不同类型骨干教师的不同需求，开发差异化的研修课程，尤其需要为占主体的新评和保守型骨干教师（共 3904 名）量身打造研修课程，以促进其专业发展。

（五）对于专业发展大都进行自我归因，职业幸福感有待提高

通过对促进骨干教师专业成长的每个因素得分取均值[①]，我们发现，促进参与调研的骨干教师专业成长最大的三项因素为自我的发展意愿（3.44）、学校氛围（1.25）和身体健康（0.96）。可以看出，骨干教师普遍认为自我的发展意愿对于专业发展的促进作用更大。

同理，数据说明阻碍骨干教师专业成长最大的三项因素为学校工作任务重（1.62）、身体不好（1.35）和家庭有负担（1.03）。可见，外部因素对教师专业成长的阻碍作用很大。

因此，在激发骨干教师自我专业发展意愿的同时，亟须从学校和区域层面创设更有利的外部环境，从而促进骨干教师的成长，提升骨干教师的职业幸福感。

---

① 调研中，骨干教师选择出促进自身专业成长的最大的三个因素，并进行排序。在分析过程中，将第一位、第二位和第三位因素分别赋值 5 分、3 分、1 分，未被选择的因素则赋值 0 分，最终得到每个因素的得分情况。对每个因素得分取均值，得分越高，表示该因素促进骨干教师专业成长的程度越高。对于阻碍骨干教师专业成长最大的三项因素也采用同样的方式统计、分析。

（六）具备了一定的课程领导力，但是参与广度和深度尚需拓展

在课程建设方面，96.06% 参与调研的骨干教师表示，在课程实施的过程中，会根据学情对教学内容进行统整。也就是说，几乎所有的海淀骨干教师在课程实施中，能够灵活适时调整自己的课程内容。并且，还有 70.86% 的骨干教师表示曾经参与过学校课程方案的规划。这表明海淀区骨干教师整体上已经具备一定的课程领导力。但是，毕竟还有三成左右的骨干教师从未参与过学校课程方案的规划。而且，访谈发现大部分骨干教师参与课程建设还停在表面、流于形式，参与的深度与广度还有待进一步提升。

二、专业发展需求

为直接获取来自骨干教师的研修需求信息，调研问卷的第三部分设计了针对骨干教师专业发展需求的七个调研问题，主要包括以下三方面内容。

第一，要求本次调研中参与过上一轮研修的骨干教师，就上一轮的骨干教师研修对自我专业成长的促进作用进行反思性评估，从而获取上一轮研修中有益和有效的做法，并使其在新一轮的研修中进一步得到继承和发扬。

第二，主要从研修主题、研修内容、研修方式和研修成果等维度展开，调研骨干教师的主观意愿和选择倾向，为新一轮的研修规划提供导向性的信息。

第三，要求参与调研的骨干教师针对新一轮的研修提出具体的建议，为具体细致地整体制定新一轮的骨干教师研修方案提供实证数据的支撑。

结合上文海淀区骨干教师专业发展现状的相关结论，以下为通过本次调研所发现的海淀区骨干教师的专业发展需求。

（一）分层实施，研修方式还可更加灵活多样

在新一轮的骨干教师研修时间的安排上，超过 40% 参与调研的骨干教

师希望研修为每周工作日一天，连续三周；也有 22.07% 参与调研的骨干教师表示，希望可以通过每周工作日半天，连续六周的方式安排研修。在研修方式上，分别有 45.59%、42.08% 和 36.63% 参与调研的骨干教师认为课例研修、名师工作室研修（导师制研修）、工作坊研修是最有效的研修方式。

如前文所述，本次调研根据专业发展的不同水平，将海淀区骨干教师细分为精英型、进取型、保守型和潜力型四种类型。研修需求的调研结果显示，不仅四种类型骨干教师的研修需求不尽相同，而且还存在比较显著的学段差异和个体差异，这些都支持了分层实施研修的科学性和必要性。

另外，在上一轮的骨干教师研修中，与苏州大学等高校和中国科学院等科研院所合作实施的骨干教师浸润式高端研修项目[①] 也受到了普遍的欢迎与赞誉，骨干教师建议新一轮的研修应在学科和学段上进一步推广与拓展这一做法。

总之，骨干教师希望能够根据实际情况，采用灵活多样的方式分类型、分学段、分专题实施研修，以满足不同层次骨干教师的专业发展需求。

> 骨干教师希望能够根据实际情况，采用灵活多样的方式分类型、分学段、分专题实施研修，以满足不同层次骨干教师的专业发展需求。

（二）实践导向，研修内容需聚焦教育教学实际问题

通过数据分析后发现，骨干教师对于研修内容的需求，主要聚焦于课程建设和教学能力两个方面，分别有 39.43%、39.27%。参与调研的骨干教师希望能够通过研修解决自己在这两方面存在的问题。

具体来说，在课程建设方面，骨干教师希望通过更新课程理念和课程知识来提升课程建设能力；在教学能力方面，希望研修能够聚焦教学设计、教学实施和教学评价中的真实问题，从而整体提升教学能力。

数据还表明，研修内容方面的需求还表现出明显的学段差异，小学学段

---

① 此为主要面向精英型骨干教师的高端研修项目，目前已开展的学科包括物理、化学、生物和语文，具体课程的设计与实施请参阅本书第四章第四节。

的骨干教师更希望解决育人能力方面的问题，而中学学段的骨干教师更希望解决发展规划方面的问题。

整体来看，骨干教师希望研修内容能够聚焦新课改背景下真实问题的解决，并最终指向学生核心素养的培育。

> 整体来看，骨干教师希望研修内容能够聚焦新课改背景下真实问题的解决，并最终指向学生核心素养的培育。

（三）研究驱动，主要目标是提升学术领导力

在整体调研海淀区骨干教师在四个领导力方面的发展水平时发现，相对来说，骨干教师的学术领导力水平最低。学术领导力主要从学科理解和反思研究两方面进行调研，虽然数据表明骨干教师对于所教学科的理解整体处于较高水平（学科理解均值得分为4.12，相当于百分制的82.4分，介于"比较符合"和"非常符合"之间），但仍有约三成的骨干教师对于教育教学行为背后的理论依据说不清楚。相应地，骨干教师的反思研究水平调研结果显示为中等偏上（反思研究均值得分为3.81，相当于百分制的76.2分，介于"一般"和"比较符合"之间），说明仍有很大的上升空间。同时，分别有32.53%和27.56%参与调研的骨干教师希望通过研修提升自己的专业学习和反思研究水平。

> 在专业学习方面，迫切需要改变以往学习途径单一的问题，并且希望进行理论与实践相结合的专业学习；在反思研究方面，专业研究成为首要的需求，其次为实践反思，而这两个过程都需要专家的引领。

具体来说，在专业学习方面，迫切需要改变以往学习途径单一的问题，并且希望进行理论与实践相结合的专业学习；在反思研究方面，专业研究成为首要的需求，其次为实践反思，而这两个过程都需要专家的引领。

以上的调研结果表明，新一轮的骨干教师研修应该以研究驱动骨干教师学术领导力的发展。

（四）众筹学习，应为共同发展组建专业学习共同体

在针对上一轮研修效果的反馈中，骨干教师普遍反映区级研修缺乏长期

性，研修过程中缺少归属感、荣誉感，希望区级研修能够通过组建骨干教师研修学习共同体，一方面实现研修资源和智慧的共享，另一方面以团队支持来促进个体的发展。这正是众筹学习的实质内核。

> 骨干教师普遍反映区级研修缺乏长期性，研修过程中缺少归属感、荣誉感，希望区级研修能够通过组建骨干教师研修学习共同体，一方面实现研修资源和智慧的共享，另一方面以团队支持来促进个体的发展。这正是众筹学习的实质内核。

调研还发现，大部分骨干教师具备成果意识，希望能够通过研修，梳理凝练自己的研修成果，建设优质课程资源；更希望能有展示的机会和交流的平台，宣传和推广研修的成果，从而在学校和区域更好地发挥引领示范作用。这也是众筹学习的一种形式。

同时，近几年来，海淀区一直在进行区域教研转型的研究与实践，提倡教师研修应从"专家讲授"走向"众筹学习"的范式转变[①]，这实际是从组织层面对骨干教师研修提出的新需求。

三、对新一轮研修的建议与思考

结合海淀区骨干教师专业发展需求调研的结论，按照"目标导向、实践导向、问题导向"的培训理念，海淀区对新一轮的骨干教师研修提出以下建议与思考。

（一）研修主题以核心素养培育为目标，着力提升领导力

研修主题的调研结果显示，深度学习、核心素养等成为骨干教师高频提及的核心概念。而且在新课改背景下，海淀区正在开展指向深度学习、聚焦学生核心素养培育的单元整体教学模式的探索。因此，新一轮的骨干教师研修主题确定为：指向核心素养培育的骨干教师领导力提升。其中，"核心素养"是指学生应具备的，能够适应终身发展和社会发展需要的必备品格、关键能力和

> 新一轮的骨干教师研修主题确定为：指向核心素养培育的骨干教师领导力提升。

---

① 罗滨，申军红.走向"十三五"的区域教师研训：以北京市海淀区为例 [J].北京教育学院学报，2016（1）：32-35，72.

价值观念。"骨干教师领导力"是指骨干教师具有的能够引领教育变革的能力及其影响，包括价值领导力、教学领导力、学术领导力和发展领导力四个方面。

（二）研修内容以课例研究为抓手，聚焦新课改的问题解决

依据有关研修内容的调研结果，新一轮的骨干教师研修将以课堂为主阵地，以课例研究为抓手，聚焦海淀区目前新课改背景下的热点问题和难点问题，继续推进深度学习理念下的单元主题规划及教学目标确定、深度学习活动（任务）的设计与实施、指向学生核心素养发展的测评与评价、作业设计等核心研修内容，让教师深度参与整个研修过程，提高研修的针对性。

> 新一轮的骨干教师研修将以课堂为主阵地，以课例研究为抓手，聚焦海淀区目前新课改背景下的热点问题和难点问题。

（三）研修形式以混合式研修为主导，强调研修过程的体验与互动

传承上一轮广受欢迎的研修方式，如课例研修、工作坊研修等形式，同时兼顾工学矛盾的疏解，整体采用混合式研修的方式。以问题或任务为导向，引导教师建立知识与经验间的结构性关联，实现从经验到知识的理性转化。新一轮的研修还将强调体验与互动，按骨干教师类别建立研修共同体，骨干教师在共同体中互动和学习，获得"有温度的、有深度的"研修体验，形成一种"生疑、探寻、讨论、答疑"的有效教师研修模式。

> 新一轮的研修还将强调体验与互动，按骨干教师类别建立研修共同体，骨干教师在共同体中互动和学习，获得"有温度的、有深度的"研修体验，形成一种"生疑、探寻、讨论、答疑"的有效教师研修模式。

（四）研修作业与评价以减负提效为原则，强化过程性的评价与管理

从研修作业及评价的有效性来看上一轮的研修，骨干教师认为，教学设计、论文、案例等研修作业对其很有帮助。新一轮的骨干教师研修在延续以上做法的同时，还将考虑海淀区课程改革的现实需要，把"素养导向的单元作业设计与试题命制""深度学习理念下的单元整体教学设计"等纳入研修

作业与评价的内容。另外，新一轮的研修作业及评价还应秉承"注重形式多样、多角度实施评价、减轻研修负担"等原则。

同时，研修还应强化过程性评价。以研修手册、过程性作业为依托，重点观察和了解骨干教师的学习投入、教育观念等方面的变化。评价指标包括骨干教师的出勤情况、精力投入程度、主动参与和交流分享情况、团队合作情况等，借助这些指标，加强对骨干教师的学习过程进行动态跟踪与反馈。

> 考虑海淀区课程改革的现实需要，把"素养导向的单元作业设计与试题命制""深度学习理念下的单元整体教学设计"等纳入研修作业与评价的内容。另外，新一轮的研修作业及评价还应秉承"注重形式多样、多角度实施评价、减轻研修负担"等原则。

（五）研修成果以结果为导向，注重成果的动态转化和生成

调研数据显示，上一轮的骨干教师研修中，骨干教师比较认同论文、教学设计、研究课等研修成果的有效性，这些做法当然应该继续坚持。本次调研，骨干教师又提出"出成果集""成果共享""成果形式多样化"等方面的强烈需求。

研修成果不是静态的，而是一个动态的生成过程。所以，新一轮的骨干教师研修应注重整个研修过程中资源的整合和成果的固化，紧密结合研修主题和内容，及时梳理研修资源，实现研修成果的动态转化。

同时，还应加强骨干教师研修成果的推广和宣传，通过开展师带徒、骨干论坛、市内外交流等活动，为骨干教师研修成果的展示和输出搭建平台，助力骨干教师的专业发展。

> 新一轮的骨干教师研修应及时梳理研修资源，实现研修成果的动态转化。同时，还应加强骨干教师研修成果的推广和宣传，为骨干教师研修成果的展示和输出搭建平台，助力骨干教师的专业发展。

我们的思考

1. 骨干教师专业发展现状和需求调研的一般路径为：以教师专业标准为依托建构骨干教师素质特征—依据素质特征开发调研工具—实施调研—进行

数据分析—得出结果和结论。

2.骨干教师的领导力是指骨干教师具有的、能够引领教育变革的能力及其影响，包括价值领导力、教学领导力、学术领导力和发展领导力四个方面。

3.从调研结果来看，海淀区骨干教师的价值领导力最高，发展领导力和教学领导力次之，得分最低的是学术领导力。

4.新一轮的骨干教师研修，海淀区将以新课改要求为纲领，在继承以往骨干教师研修经验与做法的同时，积极持续探索众筹学习理念下的骨干教师研修新范式，全面提升骨干教师研修品质。

你的思考

第四章
骨干教师区域研修课程体系与研修模式

---

1. 区域教师研修课程如何助力骨干教师的成长？课程建构应遵循什么原则？

2. 如何改变骨干教师研修方式单一、实效性差的问题？骨干教师研修模式创新应注意哪些关键问题？

3. 如何更大程度发挥骨干教师的引领和辐射作用？区域研修机构如何搭建展示平台，激发骨干教师专业发展的热情？

第一节 骨干教师研修的理念、原则与机制

如前所述，骨干教师已经走上了专业发展的"进阶跑道"。他们已经成长为课堂教学的能手、教学实践的排头兵。他们积累了丰富的课堂教学经验，具有一定的反思能力，并将实践经验进行梳理总结，形成了可分享的实践性知识。他们在本校发挥着重要的示范引领作用，也在区域内逐渐形成一定的影响力。

本书第三章关于骨干教师现状调研的数据表明，骨干教师的价值领导力最高，发展领导力和教学领导力次之，学术领导力相对薄弱。其中，在教学领导力方面，主要表现为对于核心素养在课堂教学中的落地实施缺乏深入理解，在区级层面的示范引领作用有待进一步加强；在学术领导力方面，主要表现为教科研理论、方法以及成果梳理总结能力欠缺。调研反馈的骨干教师专业发展需求主要体现在：研修内容要聚焦新课改背景下教育教学实际问题的解决，指向学生核心素养的培育；研修方式要更加灵活多样，针对不同层次的骨干教师的需求分层实施；要以研究驱动提升骨干教师的学术领导力，帮助骨干教师梳理、固化成果并搭建展示交流的平台。

调研数据及分析结果，为我们思考新时期骨干教师研修课程体系的建构以及研修方案的规划与实施，提高骨干教师研修的针对性和实效性，提供了实证数据的支撑。基于调研数据反馈的问题与需求，我们再来审视骨干教师研修的设计理念及实施成效，可以看出，骨干教师研修在研修目标、研修内容、研修方式和研修成效上仍然存在针对性、实效性不强的问题，其根本原因在于骨干教师研修的理念还未得到根本性的转变。从整体上来看，以往的骨干教师研修比较重视外部驱动，且研修场景往往在教师实际工作场景之

外；而较为忽视骨干教师的内部驱动，较为忽视在教师实际工作的学校、课堂中的研修。因此，这就迫切地需要骨干教师研修的转型。其中，尤为重要的是探索新时代骨干教师研修所应遵循的理念、原则与机制。

一、研修理念

毋庸置疑，研修能够帮助骨干教师获得持续的专业发展动力，不断提升骨干教师的专业素养，对于骨干教师的专业发展具有重要的价值。而近十年来，国家制定了教师专业标准、教师培训课程指导标准，各地教师研修机构以及学校也都制订了相应的骨干教师研修规划，研制了骨干教师研修方案，开发并实施骨干教师研修课程，这对于提升骨干教师队伍的整体素养也发挥着积极的作用。基于上述背景，为了明确指导骨干教师研修转型的理念，我们不妨对一些相关的理论做一考察。

1.指导骨干教师研修转型的相关理论

针对教师专业发展，尤其是骨干教师的专业发展，有五种理论为我们探索骨干教师研修理念的转型提供了丰富的启示，即自我导向的学习理论、情境学习理论、社会学习理论、分布式认知理论和转化学习理论。

①诺尔斯（M. Knowles）倡导的自我导向的学习理论。

诺尔斯认为，成人学习具有五个特点：第一，有独立的自我概念并指导自己的学习；第二，有工作的经验，这是丰富的学习资源；第三，学习的需要与变化着的社会角色紧密相连；第四，以问题为中心进行学习；第五，学习动机主要来自内部而不是外部。[①] 骨干教师通常基于自己的需求进行学习，外部强加的任务通常难以有效驱动学习；他们通常也有自己的学习目标，更关注课堂实践，更愿意自己确定学习时间和场所。总之，骨干教师专业发展

---

① 诺尔斯，等.成人学习者：成人学习和人力资源发展之权威[M].龚自力，马克力，杨勤勇，等译.7版.北京：北京师范大学出版社，2016：30-62.

中起着关键作用的实践性知识，需要借助自我导向的学习才能获得。

②莱夫（J. Lave）和温格（E. Wenger）提出的情境学习理论。

情境学习理论为我们分析骨干教师的学习提供了一个新的视角。学校可以提供骨干教师默会知识衍生和运用的生态情境，骨干教师的学习一般寓于学校的情境之中，学校是真实自然的日常情境、骨干教师工作的实地情境和可以寻求专业群体帮助的社会情境。学校可以成为骨干教师实践共同体生成的地方，可以成为骨干教师参与实践共同体的自然场域，可以成为骨干教师认知发展的实践基地。骨干教师学习的内容、学习的方式、学习的环境，都是深植于学校情境的。

③班杜拉（A. Bandura）提出的社会学习理论。

社会学习理论提出，社会学习的过程包括：榜样行为—注意过程与保持过程（观察与归纳）—行为再现和模仿—产生行为动机。[①] 行为往往以表象的形式出现，行为是通过观察与模仿进行学习的。这一理论很适用于分析骨干教师在教学经验方面的学习。骨干教师对于优秀教学经验的学习，主要是通过对优秀教师课堂与课外的许多行为的观察与模仿而习得的。课例研修是骨干教师习得教学实践性知识的重要载体。

④赫钦斯 (E. Hutchins) 提出的分布式认知理论。

分布式认知理论强调认知或知识不仅存在于头脑内部，还存在于个体之间和媒介、环境、文化之中。社会环境和文化对个体认知有重要的影响。比如，学习任务由小组和群体完成时，所有成员围绕共同目标去搜索信息并保持彼此交流，这被称为"群体搜索"。[②] 分布式认知理论强调人际互动的学习，是与他人交往、对话、以文化为中介的社会建构过程。骨干教师个体都积累了丰富的课堂教学经验，但同时也面临着专业发展上的新问题和新挑战，需要通过互动

① 施良方. 学习论：学习心理学的理论与原理 [M]. 北京：人民教育出版社，1994：386-391.
② 刘儒德. 学习心理学 [M]. 北京：高等教育出版社，2010：400-402.

交流、对话碰撞，众筹个体智慧，实现共同建构，不断迭代形成新的认知。

⑤梅齐罗 (J. Mezirow) 提出的转化学习理论。

经验、批判性反思和理性的对话是转化学习理论中的三个关键因素。经验是成人转化学习发生的前提条件之一，批判性反思是成人转化学习的决定性因素和必要条件，理性的对话是转化学习的催化剂。成人在与相同情境下、有着相似经验的学习者进行对话和交流时能够促进彼此乃至整个学习群体对问题的深刻理解和判断，加深学习者的批判性反思，推动对已有经验的重新审视，使学习者对新观点或认知的理解得以拓展和提升，达到既定学习目标。[①] 因此，对于骨干教师的研修，设计与实施能够使骨干教师基于已有经验，进行理性对话，促进其批判性反思的研修课程尤为关键。

2. 骨干教师研修的理念

基于以上五种理论以及对骨干教师现状调研所得数据，我们再来重新审视骨干教师研修，发现新时期骨干教师研修的理念关键体现在以下四个方面：

①尊重个体经验需求，强调自主建构。

从研修的主体上来看，要尊重骨干教师个体实践知识的价值，重视挖掘骨干教师的已有经验，从骨干教师的真实需求与问题出发，指向教学中的困惑或发展中的危机，重新定位学习者的角色，强调骨干教师的自主建构，发展骨干教师的实践理性和反思理性，为骨干教师"赋权"。

> 要尊重骨干教师个体实践知识的价值，重视挖掘骨干教师的已有经验，从骨干教师的真实需求与问题出发，指向教学中的困惑或发展中的危机，重新定位学习者的角色，强调骨干教师的自主建构。

②聚焦育人能力提升，注重生成探究。

从研修内容上来看，在当前新课程改革、促进学生核心素养发展的大背

---

① 付娆，谢敏. 成人转化学习理论梳理及对成人教育实践的启示 [J]. 中国成人教育，2016（20）：16-17.

景下，骨干教师研修的内容应聚焦学科课程育人能力的提升，落实立德树人根本任务，适应学生学科核心素养发展的新需求，提升学科课程育人能力，发挥示范引领作用，并且研修内容要具有生成性和探究性。

③强调主动深度学习，建构发展共同体。

从研修的方式上来看，为了发挥骨干教师的主体作用和促进骨干教师的主动学习、交互式学习、转化学习，应注重应用案例式、参与式、情景式、探究式、讨论式的方法，以利于骨干教师合作、对话、交流，进行深度学习，并为其自主发展与反思留有空间，通过同伴互助实现骨干教师的体验、经验的转变与知识能力的重组，建构骨干教师专业发展共同体。

④基于工作实践情境，指向转化应用。

从研修的场域上，还应注重把研修放在骨干教师的工作情境之中，镶嵌于他们的工作实践之中，充分利用骨干教师的专业实践组织实施多种形式的研修活动，并指向骨干教师专业实践的改善，营造良好的转化支持氛围，重视研修的即时性转化，加强持续反馈与指导，创造条件促使骨干教师将所学迁移到日常教学实践中。

> 充分利用骨干教师的专业实践组织实施多种形式的研修活动，并指向骨干教师专业实践的改善，营造良好的转化支持氛围，重视研修的即时性转化，加强持续反馈与指导，创造条件促使骨干教师将所学迁移到日常教学实践中。

二、研修的原则

在骨干教师研修转型的大背景下，骨干教师研修应遵循以下几个方面的原则。

第一，标准导向。教育部印发的教师专业标准、学科课程标准、教师培训课程指导标准等都是区域骨干教师研修方案规划与实施，以及骨干教师校本研修、自我研修的重要依据，应基于标准开展骨干教师专业发展现状的诊断与分析，明确骨干教师专业发展的目标和任务，提高骨干教师研修的针对性和实效性，从而促进骨干教师的专业发展。

教师专业标准是教师开展教育教学活动的基本规范，是引领教师专业发展的基本准则，是教师培训的重要依据。学科课程标准凝练了本学科的核心素养，精选、重组了学科课程内容以促进学科核心素养的落实。其中，学业质量标准的研制，又具体指导着教学与评价，是对学科课程的基本规范和质量要求，是教师开展教育教学的重要依据，更是教师培训的重要依据。教师培训课程指导标准是国家、省（自治区、直辖市）、地（市）、县（区）组织开展中小学教师培训工作的重要参考，是各级教师培训机构、教研机构以及中小学设置教师培训课程、开发和选择教师培训课程资源的基本依据，也是中小学教师规划个人专业发展和自主选择培训课程的根本指南。

第二，问题导向。当骨干教师意识到自己面临的问题并想要解决问题时，就有强烈的学习冲动，希望学习与问题解决直接相关的内容，学习的目标指向非常明确。骨干教师研修应以骨干教师所面临的普遍的教学问题和典型性案例为核心，以个体实践性知识为基础，帮助骨干教师完成教育教学理论知识和骨干教师丰富实践经验的对接，设置以问题为核心的有关专业知识与专业能力的课程模块，促使骨干教师在不断解决问题的过程中提炼出规律性的知识与经验，同时提升自身的专业能力。

第三，需求导向。坚持需求导向，基于能力测评诊断结果，确定适合的研修课程及研修方式，组建专业学习共同体。骨干教师研修要从对象的实际需求、解决实际问题出发，基于教师学习这一主线推进，通过任务驱动骨干教师在研修过程中自发、自主地发展，满足骨干教师的个性化发展需求。要充分挖掘骨干教师的隐性知识，促进骨干教师理论知识实践化与实践知识理论化的双向循环。

第四，实践导向。坚持任务驱动，以课例研究为载体，聚焦学科教学关键问题，秉承"骨干教师是重要的研修资源"的理念，设计有效的、适度的、有挑战性的研修任务，开展骨干教师与专家同课异构、骨干教师经验萃取等活动，引导骨干教师做中学、学中做。以提升实践能力为取向，引导骨干教师将学习成果应用于实践，形成学习、实践、研究、发展的良性互动，产生优秀实践案例，服务于骨干教师的专业成长。

第五，研究引领。引领骨干教师结合自己教育教学实践中的问题组建行动研究团队，开展基于教学反思、指向教学实践改进的行动研究，助力骨干教师成为创新型实践者。重点从实践反思、行动研究、成果表达等模块设计课程专题，开展行动研究理论与方法、基于课堂观察技术的教学诊断与改进、课例研究报告撰写等专题内容，促进骨干教师提升问题意识、研究能力，积累研究方法和形成研究规范，为骨干教师开展行动研究提供理论支撑和具体方法，助力骨干教师的教学改进和成果固化与转化，促进骨干教师的专业发展。

三、研修的机制

机制是指各要素之间的结构关系和运行方式。在骨干教师研修转型的大背景下，骨干教师研修的核心要素有哪些呢？它们之间的结构关系是怎样的？它们又是以怎样的方式来运行的呢？一般而言，骨干教师研修的核心要素包括：研修对象及需求、主题和目标确定、研修课程设计、研修课程实施、研修成效评价、持续跟进等。各要素紧密关联，相互影响，形成合力，共同决定骨干教师研修的成效。

> 骨干教师研修的核心要素包括：研修对象及需求、主题和目标确定、研修课程设计、研修课程实施、研修成效评价、持续跟进等。各要素紧密关联，相互影响，形成合力，共同决定骨干教师研修的成效。

研修对象及需求是研修的起点，是研修主题和目标确定的重要依据，研修课程设计则要回应对象的需求，基于主题和目标建构课程，基于关键问题拆解和细化课程内容，这是研修的最核心要素。而研修对象的特点与需求、研修课程的内容决定着研修的实施方式，因此，这些要素应具有内在的一致性。研修成效评价则对于研修具有激励、导向、监控与发展的功能，能够保障研修的针对性和实效性。持续跟进则是通过促进学以致用的持续反馈与指导，使得骨干教师的研修成果最终能够转化、应用到日常的教学实践中，改进专业实践。（见图 4-1-1）

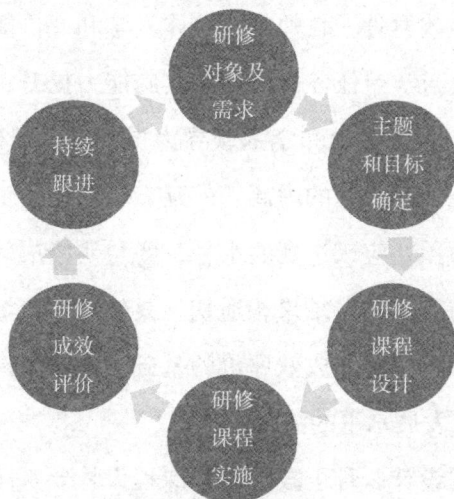

图 4-1-1 骨干教师研修的核心要素

第一，研修对象及需求。 基于需求调研精准定位骨干教师的研修需求，是保障骨干教师研修课程针对性、实效性的前提。研修对象的需求是研修课程设计和实施的依据。研修组织者要根据调研内容，合理选择问卷调查法、访谈法、课堂观察法、文本分析法、关键事件法、工作绩效分析法、头脑风暴法、能力测评法等一种或多种组合的调研方式，获取研修对象需求的相关信息，如开展研修需求问卷调查，基于问卷反馈信息进行深度访谈，并分析对象的教学设计、课例、教研论文成果等，全方位了解骨干教师的现状与已有经验、面临的问题和困难、最需要提升的能力、期待的研修内容和方式、对研修的建议等，从多角度分析对象需求，总结共性需求以及个性化的需求。对调研结果进行分析，并识别、确定在现阶段通过研修能解决的关键需求、优先需求。

第二，主题和目标确定。研修主题需要通过梳理分析真实需求，提炼共性关键问题来确定，要聚焦问题解决，指向能力提升。研修主题是对研修主要内容的准确而概括的描述，涉及将要解决的主要问题和活动内容。例如，基于核心素养的小学数学骨干教师单元整体教学和评价能力提升、高中语文骨干教师新教材解读与学习任务群设计和实施能力提升、指向学科核心素养培育的中学化学骨干教师教学和学术领导力提升等。研修团队要集体研究、反复推敲研修主题所涉及问题的内涵、外延、研修的价值和意义。研修目标是研修之后骨干教师预期应该达到的水平，要与研修成效评价的指标和表现对应。研修目标应与需求调研结果相适切，具体化、可测量、可达成，是研修课程设计、研修课程实施与成效评价的基础，能够发挥导航作用，体现骨干教师学科育人能力发展水平的清晰表达。

第三，研修课程设计。骨干教师研修课程设计要基于学科专业逻辑、学科教学逻辑、教师学习逻辑、学生学习逻辑；基于研修课程目标建构课程，既要考虑整体需求，又要关注个性差异，整体、系统地设计研修课程的结构与进阶，设计理论性课程与实践性课程、通识课程与学科课程、必修课程与私人定制课程、集中研修课程与网络研修课程。

围绕课堂教学，重点提升骨干教师在新课程、新教材改革背景下，引领学科团队培育学生核心素养，促进学生发展的能力。聚焦核心素养导向下的课标理解与课程优化、单元教学设计与实施、学生学习方法指导、学业发展评价、课堂教学改进等模块设计课程专题。此外，还要重点从骨干教师应用信息技术进行学情分析、教学设计、学法指导和学业评价等模块设计课程专题，从而有效提升骨干教师学科教学的精准性，以及满足学生多样化、个性化的发展需求。

另外，研修课程内容要具有生成性和探究性，能够调动骨干教师学习的积极性，并通过对话促进其对问题的思考和探索，使研修组织者能够以问题为切入点，为实现骨干教师之间的理性对话和观点共享服务，发挥骨干教师群体的协作互助，通过思维的碰撞和对话为转化学习的发生创造条件。

第四，研修课程实施。研修实施可结合专题集中研修、工作坊研修、团队基于问题的行动研修、专业实践等多种方式展开，充分发挥各种研修方式的优势与作用。

其中，专题集中研修重在解决骨干教师的共性需求，补齐骨干教师在理论和素养上的短板，提升骨干教师的专业素养。工作坊研修以深度交流和任务驱动为特点，激发个体观点，汇聚集体智慧，与专家观点相碰撞、融合，合作完成有价值的工作，构建学习共同体。团队基于问题的行动研修重在引导学习团队基于问题解决和行动改变，集中力量发现问题、解决问题并形成实践智慧。专业实践重在整合各种研修资源，为骨干教师开展专题讲座、示范教学、导师带教等活动，提供实践平台，促进骨干教师在实践中学以致用、能力提升。

此外，在实施主体上，区级研修课程、校本研修课程和个人研修课程三位一体，共同作用于和指向骨干教师的专业发展。区域和学校要为骨干教师专业发展提供支持、搭建平台。学校在发挥骨干教师示范引领作用的同时，要支持和保障骨干教师的专业发展，提升骨干教师的研究能力和学术领导力。骨干教师个人还可通过自主研修解决工作中的实际问题，自主实践、反思与改进，获得专业发展。

第五，研修成效评价。研修成效评价应能够衡量骨干教师对于研修目标的达成情况。研修的成效评价要借助于一系列工具的设计与开发，并内化于骨干教师的专业发展活动之中。它应以过程性评价为主，将过程性评价与终结性评价、定量评价与定性评价相结合，主要采取前测与后测对比、研修过程评价、实践应用效果评价等方式。前测与后测对比，突出骨干教师研修的发展性评价；研修过程评价，以研修过程中的参与度、研修任务的完成度为主要考核依据；研修效果评价，要强化实践应用中的效果评价，着重评价骨干教师行动计划的实施情况以及课堂教学实践改进效果，可通过分享交流、课例展示、行动研究报告及课堂教学实录等方式对研修成效进行评价。在评价主体上，应采取研修组织者、导师、所在学校等多元主体评价与骨干教师自身评价相结合的方式进行。

第六，持续跟进。持续跟进是通过提供促进骨干教师学以致用的持续的反馈与指导，使得骨干教师的研修成果最终能够转化应用到日常的教学实践中，改进专业实践，发挥实践价值。研修的持续跟进需要有系统的、持续的、与集中研修相连贯的任务驱动以及研修机制的保障，基于骨干教师工作实践的真实情境，营造良好的转化支持氛围，指向骨干教师专业实践的改善，对骨干教师的后续实践进行跟进指导，搭建研修成果实践转化的互动交流的平台，帮助骨干教师梳理固化研修成果，并提供有针对性的诊断和指导，使得研修的成果真正落地，帮助骨干教师在学习、实践、反思、研究、同伴分享交流、专家点评指导中，把理论与实践相结合，实现能力的螺旋式上升，真正地实现研修目标，解决骨干教师所面临的关键问题，促进骨干教师学科育人能力的持续提升。

第二节　区域研修课程体系的建构与实施

研修课程是实现研修目标的载体和手段，也是研修质量的重要保障。根据前一节提出的骨干教师发展特点、研修原则与机制，骨干教师区域研修课程体系的建构与实施要立足骨干教师面临的问题，满足骨干教师的专业发展需求，要体现一定的教育价值理念，立足区域实际进行顶层规划，积极整合优质资源，采取多种研修方式，系统设计研修评价，使课程体系在动态过程中统一指向课程体系目标，并在实践探索中不断修正和完善。

一、区域研修课程体系的定位

骨干教师业务能力和学术水平较高，在学校的教育、教学和科研工作中处于核心角色，起着引领和示范作用。因此，要充分发掘骨干教师自身潜能和创造性，进而提升教育教学质量，引领带动其他教师的发展。骨干教师的成长，符合教师发展的一般规律，应该从全人的角度设计课程。骨干教师的研修课程不仅要体现学科专业性，提高骨干教师教育科研能力和学科教育水平，还应通过师德教育、班级管理、心理学、信息素养、国学经典等课程，提升骨干教师的综合素质，促进骨干教师全面发展。

另外，研修课程要对接国家新课改理念。要贯彻党的十九大精神和全国教育大会的精神，深化课程改革。要把新课标、新教材、新高考背景下教育面临的新挑战与新机遇，与研修课程深度对接。要传承区域的优良经验，对前期认可度较高的研修内容、方式和效果应继续坚持。同时，研修课程要体现创新，课程设计要聚焦教学中的真问题，理论和实践相结合，满足个性化的需求，贴合广大骨干教师的真实需求。

二、区域研修课程体系的建构

根据2019年对海淀区骨干教师的调研可知，骨干教师发展需求有很大差异，骨干教师研修需分层实施，方式还可更加灵活多样，以混合式研修为主导，强调研修过程的体验与互动。老师们更关注实践问题的解决，研修要注重实践导向，内容应聚焦教育教学实际问题。由于骨干教师的学术领导力相对薄弱，研修应注重提升骨干教师的学术领导力。此外，研修还应注重固化成果，以结果为导向，注重成果的动态转化和生成，为后续发展搭建展示交流的平台。

> 区域骨干教师研修课程体系的建构，要关注前期的需求调研，着重解决骨干教师的真实问题。基于前期调研与分析，研修课程建设采取了"目标导向、实践导向、问题导向"的理念，整体规划，以课改新要求为纲领，聚焦新课改中的问题解决，采用线上线下相结合的方式，通过必修与选修课程，全面提升骨干教师研修课程的品质；以核心素养发展为目标，着力提升骨干教师领导力。

因此，区域骨干教师研修课程体系的建构，要关注前期的需求调研，着重解决骨干教师的真实问题。基于前期调研与分析，研修课程建设采取了"目标导向、实践导向、问题导向"的理念，整体规划，以课改新要求为纲领，聚焦新课改中的问题解决，采用线上线下相结合的方式，通过必修（包括公共必修和选择性必修）与选修课程，全面提升骨干教师研修课程的品质；以核心素养发展为目标，着力提升骨干教师领导力。

根据以上分析，为满足不同层次的骨干教师发展，海淀区逐步建构了如下骨干教师区域课程体系。（见表4-2-1）

表4-2-1　海淀区骨干教师研修课程体系

课程类别	课程目标	课程要点	课程主要形式	课程属性
专业公共课程	领导力全面提升	新课改背景与理念下，聚焦核心素养与深度学习的学科通识课程，包括学生核心素养培育、骨干教师角色意识、骨干教师领导力提升途径和方法等	专题讲座；骨干论坛	必修
		从教师全人发展的视角出发，重在拓展学科专业以外的综合素养课程，包括教师职业发展规划、教师职业倦怠疏解、教育资源选择与整合等	网络研修	选择性必修
学科专业课程	侧重于教学领导力和学术领导力提升	指向核心素养发展，提升教师领导力的学科专业课程，包括学科核心素养理解、深度学习理论方法、课程建设理论方法、教育教学研究等	众筹型工作坊；班级骨干论坛；专题讲座	选择性必修

课程类别	课程目标	课程要点	课程主要形式	课程属性
专业拓展课程	侧重于教学领导力和学术领导力提升	以拓展骨干教师的专业视野与学术研究能力为目的的拓展研修课程，包括学科本质理解与实践、学科前沿探索、教育教学实践研究等	浸润式研修；传导式研修；跟进式研修；骨干教师工作室；师徒制研修；校本研修；联片教研	选修

本课程体系的建构，包含专业公共课程、学科专业课程、专业拓展课程等内容。课程内容丰富，立足课堂教学，拓展教师学科视野，提升教师学科能力；聚焦新课改问题中的核心素养与深度学习等内容，着力于骨干教师领导力的全面提升，包括学生核心素养培育、骨干教师角色意识提升、骨干教师领导力提升途径和方法等，从而体现了骨干教师发展的引领性，凸显了骨干教师自主发展的选择性。

必修课程聚焦学科新课改的理论和实践，采用集中研修和网络研修形式。选择性必修课程是指提供的课程具有选择性，但又必须完成，课程聚焦教学中的实际问题，用专题研讨的形式自主研修。专业拓展课程则聚焦学科本质，拓展骨干教师的学科视野。有的学科根据学科的特征，利用区域优质资源开展浸润式研修；有的学科根据关键问题，基于团队和个人的系统关联，采用传导式研修；还有的学科根据骨干教师自身特点和发展需求，立足实践体验，采用跟进式研修。专业拓展课程既有群体的共性，突出实践性和跟进性，又有学科的差异性。立体的课程体系，丰富的课程内容，旨在满足骨干教师的选择性，提升骨干教师的教学和学术领导力。

整个课程体系始终围绕骨干教师领导力的四大维度展开，既有方向性的引领，又有核心内容的设计；既有线上的网络研修，又有线下专题讲座、工作坊、现场观摩等。研修时间安排上也考虑骨干教师的情况，更加灵活。课程实施过程中采取过程性、多元化和及时反馈的评价方式，并且规范管理，追求实效，解决骨干教师的迫切需要，促进骨干教师领导力的提升。

三、区域研修课程的实施

（一）以专业课程为依托，建立研修共同体

根据需求调研，结合骨干教师发展的实际情况，为使区域骨干教师研修更具有时效性，突出同伴互助、共同发展的特点，需要建立研修共同体。研修开设了启动仪式和结业式。在开班仪式上，公布三年的学科研修计划，并让老师们根据自己的需求选择课程，进行报名选课，组建学习共同体，即具有相似发展需求的教师，在完成工作目标的过程中，团结协作，贡献智慧，实现共同发展的团体。在结业仪式上，邀请研修成果具有明显特色的老师进行展示，分享研修成果。其间，不定期进行资源分享，开设特色讲座等，促进学科研修共同发展。研修共同体的构建，要做到资源共享、智慧生成，促进团队共同发展。通过专题讲座进行学科专业引领，包括学科核心素养，以及对新课标、新教材的理解和实施等内容，并根据课程目标和课程要点，结合实践案例帮助骨干教师厘清基本概念，深入理解某一专题的理论理念。

（二）发挥互联网优势，关注骨干教师全人发展

骨干教师课程体系的建构，不仅要立足学科专业研修，更要关注全面发展，从教师全人发展的视角出发，规划骨干教师的发展。注重拓展学科专业以外的综合素养课程，包括教师职业发展规划、教师职业倦怠疏解、教育资源选择与整合等。在突出综合性方面，主要以网络形式为主，利用网络平台，开设国学经典、心理减压、消除职业倦怠、信息技术等综合素养提升课程，让骨干教师选择性学习，拓展学科领域外的研修内容，如此还能有效解决工学矛盾的问题。

（三）基于个性化需求，提供自主选择课程

海淀区骨干研修课程体系由必修课程和选修课程组成，分学科、分学段开展实施，突出学科专业性，并构建了"2+Z+X"的研修模式，其中"2"表示近三年参加学科必修公共课程不少于两次，要求全体学科骨干教师参加。"Z"表示选择性必修课程，根据近三年的整体规划，按不同主题开设Z门不同的专题研修课程，供教师自主选择其中至少一门课程。"X"表示选修课程，根据学科特点，聚焦学科前沿，开发X门选修课程，供骨干教师选择学习。骨干教师专业公共课程聚焦课改前沿，侧重解读课标和教材等；学科专业课程突出学科特色，聚焦课堂问题；专业拓展课程立足学科视野，把握学科本质，促进骨干教师全面发展。

（四）整合区域优质资源，开发学科拓展课程

为有效对接新课改的要求，解决学科教学中的问题，让核心素养落地课堂，真正促进学生素养提升，骨干教师也需要拓展学科视野，了解学科前沿知识，进一步理解学科本质，提升学科能力。如海淀区采用的"浸润式研修"，就利用了区域优质资源，积极开发实践拓展课程，让骨干教师沉浸于真实的学习环境之中，通过角色体验、操作实践，获得直接的知识经验，并通过持续跟进、迁移应用，改进行为。再如海淀区与苏州大学开展的中学语文骨干教师文学素养提升研修，与清华大学马克思主义学院合作开展的中学思政骨干教师研修，以及与宁波诺丁汉大学合作开发的中小学英语研修课程等。

（五）注重经验输出，激发专业发展内驱力

骨干教师本身就是重要的资源，他们具有丰富的教学经验和教学资源，也愿意展示自己的研究成果，需要自我展示的平台。海淀区在骨干教师研修课程建构与实施过程中，除了区域统一开发的课程外，还同学区和学校一起开设了具有学校特色的研修课程。如有的学校和学区实施的师徒制研修，就

是在实际工作中请骨干教师与新任教师结成帮带小组（师徒），发挥骨干教师的示范、带头作用，帮助新任教师实现专业提升；再如建立骨干教师工作室，通过工作室的运作，充分挖掘骨干教师的潜力，调动骨干教师工作的积极性，有效提高骨干教师的专业化发展水平，以点带面促进整个教师队伍的建设。总之，骨干教师的研修实施要注重其经验输出与成果展示，为骨干教师搭建引领、辐射和展示的平台，促进骨干教师凝练教育教学智慧，辐射引领其他教师，促进共同进步。

骨干教师研修课程的有效实施落地，不仅需要课程体系的整体规划建构，还需要在变革研修方式上着力探索。本章接下来的各节，将分别就海淀区近些年在实践探索中积累形成的各种研修模式，如众筹型工作坊、浸润式、传导式、跟进式和混合式等，逐一做具体的分析与介绍。

第三节　众筹型工作坊研修

在骨干教师研修转型的大背景下，基于骨干教师研修的理念、原理与机制，以及骨干教师区域研修课程体系的定位，海淀区教师进修学校在研究和实践中不断探索创新众筹型工作坊研修方式，旨在充分激活骨干教师这个关键群体的内动力，盘活骨干教师的资源，帮助骨干教师突破发展瓶颈，打通专业再造的路径，从而有效解决骨干教师专业发展和教学中的现实问题，为区域骨干教师整体研修质量提升提供专业的支持。

一、研修内涵

众筹型工作坊是一种新型的研修模式。这个概念包含两个关键词，即"众筹"和"工作坊"。

其中，"众筹"原指企业或有创意的个人以互联网平台为载体，面向社会公众，聚合社会资本、智力等资源的融资模式。[①]这种大众参与、积小流以成江海的模式在很多行业与领域得到普遍推广。当前，"众筹"的理念也被引入教育行业，特别是在教育培训与教师研修领域。显然，这里的"众筹"并非融资，而是以开阔视野、拓展思维、提升能力、促进成长为目标，采取开放式、发散式的学习形式，集聚众人之力，激发、汇集教师群体智慧，促进群体的共同发展。

"工作坊"是指以深度交流和任务驱动为特点的研修方式。深度交流包括个人观点的激发、集体智慧的汇聚以及专家观点的融入；任务驱动是指工作坊成员合作完成有价值的工作或任务，并将所学、所思应用于完成工作坊任务的过程中。

面向教师的众筹型工作坊以教师学习共同体为主体，通过逆向设计的思路，倒推规划研修的路径，从而将教师在教学实践中的经验、智慧汇聚起来，与专家观点相碰撞、融合，在提升研修质量的同时，形成优质的研修资源。这种众筹学习的研修方式可以通过理论与实践的融合，集聚多方智慧，从而实现实践问题的解决和学习共同体成员的专业发展。

> 面向教师的众筹型工作坊以教师学习共同体为主体，通过逆向设计的思路，倒推规划研修的路径，从而将教师在教学实践中的经验、智慧汇聚起来，与专家观点相碰撞、融合，在提升研修质量的同时，形成优质的研修资源。

二、研修特征

众筹型工作坊研修适用于骨干教师领导力提升的专业必修课程，它将众筹的思想运用在了工作坊研修的全过程，从学习选题确定、研究方法选择、解决方案形成到成果发布及分享都汇集了教师群体的共同智慧，以达到共启

[①] 赵颖，蔡俊英，刘鑫然. 众筹研究综述 [J]. 重庆工商大学学报（社会科学版），2016（4）：45–53.

智慧、互利共赢的目的。一般来讲，面向教师的众筹型工作坊具有以下鲜明的特征。

（一）共享性

建构交互学习场，围绕着共同的理念和目标、明确的研修主题，形成共享知识、共享经验、共享智慧的学习共同体，实现智慧共生，资源共建，进而有效地提高教师整个团队的教学专业素养。

（二）建构性

设计操作性较强的活动支架，运用可视化的研讨方式，促进学习共同体中的全体教师经历归纳、发散、比较、分类、抽象、批判、反思等思维活动，完成问题解决策略提炼与自身经验的建构，并找到印证实践的切入点。

（三）生成性

组建学习共同体，教师在培训者的适度引导和帮助下，聚焦研修主题，历经体验、探究、研讨、建构、反思等活动过程，在与同伴交流中学习体验并形成新的观点，最终促进自身经验的建构和实践应用，实现教师经验和智慧的众筹。

（四）发展性

激发教师的内在热情和潜力，不断发现和创造自身的价值，实现专业认同与专业反思，真正形成专业自觉。在实际工作中不断强化问题意识，提高对问题的理性分析与决策能力，在不断的问题解决中，实现自身的专业发展。

三、实施流程

在充分挖掘众筹型工作坊研修的内涵、提炼众筹型工作坊研修特征的基础上，海淀区教师进修学校采取文献研究与行动研究相结合的方式，经过

两年多的实践研究，梳理总结出如下众筹型工作坊研修的实施流程。（见图4-3-1）

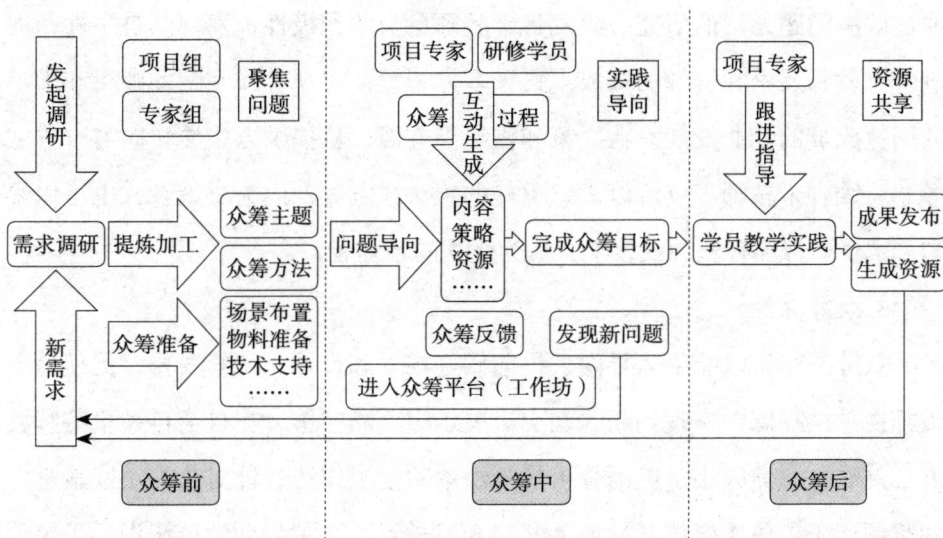

图 4-3-1　众筹型工作坊研修的实施流程

（一）众筹前

发起需求调研，根据调研情况，确定众筹目标和主题课程。为有序地开展研修工作，聚焦教改热点以及学科教学面临的新形势、新问题，明确骨干教师作为众筹主体，做好多维度研修需求征集，要重点落实以下三个环节内容。

1. 众筹主题

面向骨干教师征集教学难题，再与专家团队共同研讨确定选题的方向。主要通过对骨干教师进行实名调查，征集其在自身发展过程中遇到的问题或困惑，借助专家团队的力量，进行数据分析，全面了解情况，深入研究问题，准确把握骨干教师的教学难题，最终形成工作坊研修的主题或核心问题。

2. 众筹方法

构建教师学习共同体，针对研究的问题，筹集解决问题的方法或策略。通过解决问题方法的研究，激发骨干教师参与的积极性，发挥其自主性，促进骨干教师反思和资源的生成。集聚多方智慧，实现实践问题的解决和学习共同体成员的专业发展。在决策和供给等方面，从提供方主导转向需求方主导。一线骨干教师不仅可以贡献更好的想法或方案，成为决策者；也可以参与和提供研修课程资源或教学，成为优秀的培训者。

3. 众筹准备

众筹工作坊以结果为导向，提前做好规划和设计，统筹安排，促使骨干教师在总结提炼中实现创新，在交流展示中不断完善，在自信自勉中持续发展。例如，海淀区小学英语骨干教师绘本阅读工作坊，针对绘本阅读教学中的难题，于工作坊研修开始前就开展众筹学习。为了帮助学员认识、了解绘本的作用与功能、阅读技巧与方法，推荐学员提前阅读彭懿撰写的《图画书应该这样读》一书，并请大家在微信群里自愿报名认领一个章节深入阅读，并在工作坊中借助 PPT（幻灯片）分享阅读学习体会，就这样形成了"认识绘本——七步读懂图画书"的众筹学习。这样的课前学习充分挖掘了每一位教师的宝贵经验，使得参与其中的每一位教师都可以从不同的角度来思考，在彼此思维碰撞中得到更多的启迪，为接下来的研修活动做好充分的准备。

此外，众筹前还需要营造安全的学习场域和利于参与互动的研修环境，让学员敢于表达、乐于分享，为有效开展研修奠定基础。比如，组建研修小组时，关注骨干教师在学校、年龄、性别及性格等方面的差异，保证组内自身资源的多元性。布置学习场域时，精心准备桌椅摆放、学习用品、欢迎导语等，让学员走进学习场域就感受到温馨，且对将要学习的内容也有初步了解，减少陌生感。此外，还可利用破冰、游戏、引导策略等环节，让学员之间彼此熟悉、相互信任，激发互动参与的积极性。

（二）众筹中

在众筹理念下，通过工作坊构建教师学习共同体，将共同体成员在教育教学实践中获得的经验、智慧汇聚起来，与课程专家的理论融合，在研修过程中形成研修成果（内容、策略和资源），完成众筹目标。同时，众筹中发现的新问题、产生的新需求，将作为下一轮次众筹前需求调研的数据资源，重新从需求开始，再次进入众筹环节。

1. 构建学习共同体，强调互动体验

以"体验众筹的愉悦，分享共研的智慧"为原则，通过制定活动评价标准，确保每一位成员都能在深入地探究、充分地表达、倾情地奉献的同时，最大可能地分享共同体其他成员的智慧，提高自身经验建构的水平。研修过程强调学员的互动、参与和体验，尊重每位学员的经验和感受，充分激发学员的主体参与意识，学员在培训中不再是"听众"，而成为"研讨者"和"分享者"。

这种研修方式，在行动上重视挖掘团队的潜力，构建起学习共同体，在提高培训效率的同时，促使骨干教师深入思考问题，促进研修成果的多样化和深度化。

2. 营造民主型学习氛围，关注实际获得

一个研修项目的最大价值，就是在研修的实施过程中不断生成创造性的资源。营造民主型、分享式的学习氛围，有利于让学员在真实的教学情境中，主动利用已有知识经验进行解释、假设，去提出问题、分析问题。这样的学习更关注学员的实际获得，过程中会不断筹集大家的经验，整合大家的智慧，直至找到问题解决的思路和策略。

3. 以学习者为中心，唤醒主体意识

从学习者需求出发，精心设计一些教学主题，围绕教学主题开展专题式的研讨与交流，挖掘每一位骨干教师的宝贵经验，让骨干教师真正参与到学习过程中去，做学习的主导者。

例如，"学科视野下中学历史教学关键问题的思考与实践"工作坊研修，围绕研修主题，设计了多个小任务或小活动，按照个人思考、小组交流、组际碰撞的流程，通过"写一写教学设计，说一说设计思路，听一听不同策略，试一试他人做法，看一看同伴创意"多环节的本体感受和亲身体验，激励学员参与研修，既贡献自己的观点，也与同伴的观点进行碰撞，在交流中修正和完善自己的思想认识；既分享自己的资源，也从同伴那里获得资源，在共享中丰富自己的资源库存。

4. 搭建学习脚手架，提供学习支持

在研修活动过程中，设计操作性较强的活动支架，运用可视化的研讨方式，促进学习共同体完成问题解决策略提炼与自身经验的建构，并找到印证实践的切入点。

例如，初中语文"基于'教师培训标准'的整本书阅读教学策略"工作坊研修，为了让学员聚焦主题，将系统性不强的经验进行梳理，工作坊组织者为其提供了统一的学习资源。学员们带着问题自主阅读后，便开始了本次工作坊最重要的部分——6—8人组成一个小组，从教学策略设计、教学方式选择、教学评价设计三个角度中选取1—2个，研讨并提炼出本组在整本书阅读教学中的方法和策略。

这样的研修，促使每位骨干教师在小组内成为研究者和分享者，在智慧的碰撞中，学员们高水准地完成研修的内容。在每位学员高效率参与的活动中，几位专家细致观察，适时点拨，为学员生成培训成果提供适切的指导。同时，专家的点评和微讲座，又进一步激发了学员们继续研究的热情。

5. 加强研究与反思，合力促进成长

强调对教学进行反思，可以以自己完成教学任务的过程为参考对象，对其他人完成同样的教学任务所做出的决策、行动以及由此产生的结果进行审视和分析。通过同伴之间的相互比较、评价、帮助、激励等途径来唤醒骨干教师对自我行为的反思，从而形成强大的合力，并逐渐形成一种在教学中研究、在研究中教学的职业生活方式，建立个人和团体的归属感。

例如，在每个研修课程单元结束之后，可以引导教师进行焦点讨论[①]，回顾、反思自己的学习历程，用 ORID 框架（见图 4-3-2）讨论并记录自己当天所学，更全面地理解所学的内容，使反思更聚焦、更深入、更富有逻辑。

> 焦点讨论法四个层面的思维逻辑结构：
> [客观性层面（O-Objective）] 我观察到：事实或可直接观察到的信息；
> [反应性层面（R-Reflective）] 我感受到：分享联想和感受；
> [诠释性层面（I-Interpretive）] 深层理解：挖掘意义、价值、重要性等；
> [决定性层面（D-Decisional）] 我的行动：结论或决定。

图 4-3-2　助力反思、讨论的 ORID 框架

（三）众筹后

项目专家跟进，指导学员将工作坊的众筹结果用于教学实践，尝试解决教学问题。若满足实际的问题和需求，则对成果进行提炼和加工，生成资源，进行成果推广；对不能满足问题解决的成果，则重新进行众筹，直至问题解决。总之，在众筹后阶段，骨干教师要能通过工作坊的研修带走思路、带走方法、带走智慧。

1. 联系实际，破解难题

首先，通过汇集专家、同行、同事的智慧，以教学实践性问题的解决为导向，强调学员彼此深度互动，教与研交替进行，关注问题解决的心理

---

① 焦点讨论法（The Focused Conversation）是由文化事业学会（Institute of Cultural Affairs，ICA）基于对人们处理信息的研究和观察而开发完善的一种设计和引导讨论的实用方法，也是一套有助于拓展学习者的思考力、学习力的结构化思维工具。这一方法包括"O-R-I-D"四个层面（客观性层面、反应性层面、诠释性层面和决定性层面）。详见乔·尼尔森所著的《关键在问——焦点讨论法在学校中的应用》（教育科学出版社 2016 年出版）一书。

驱动和策略的探究，促进学员积极的经验建构与实践运用，促进智慧生成和成果表达。其次，分享关于系统分析问题、解决问题的工具，形成完整的知识链条，促进学员运用众筹的学习方法，提升分析问题与解决问题的能力。

例如，初中历史骨干教师"学科视野下中学历史教学关键问题的思考与实践"工作坊研修，通过基于真实问题的研究和教学真情境的分享，将教学研究方向和实际问题解决有效结合，帮助学员在实践中内化外在理论与他人的经验，促进学员教学能力和解决问题能力的提升。

初中化学骨干教师"促进初中化学教师课程整体理解"工作坊研修，通过驱动性任务探查学员的原有认识，使学员能够较客观地认识和分析自己的现状，然后利用差异性事件和相关理论促进学员转变。

2. 以终为始，行为跟进

研修的结束并不意味教师专业成长的终止。为了防止学员研修后"听听很激动，回去后一动不动"的"研修回归"现象，鼓励学员将所学内容应用于教育教学实践中，加深专业理解，解决实际困惑，提升自身经验，生成研修成果，改进教育教学理念和行为。

例如，小学体育骨干教师"武术教学设计与实施"工作坊研修班结束后，专门组建了"民族传统体育教学工作室"，定期开展教研活动，对非武术专业的教师提供示范技术的练习和指导，对武术专业的教师提供集体备课和教学展示的平台。另外，工作室还组织专业教师录制"教学妙招"微视频，为开展混合式研修积累了资源。

四、实施建议

众筹型工作坊是一种有效开展教师研修的策略选择，更加突出了教师研修需求的精准对接、研修动力的自主内生和培训资源的优质生成。但这种方式能否发挥其作用，还需注重整体的设计和精细化实施。为此，在实践中需关注四个问题。

1. 精准调研，聚焦主题

因为研修方式的变化，研修主题必须建立在需求调研的基础上，且研修学员需提前明确研修主题和任务，做到"有备而来"。为了达到最佳的研修效果，参加研修的学员人数不宜过多，每班不宜超过40人。

2. 开发课程，有效实施

工作坊研修课程的开发需反复推敲打磨，既要有一定深度，又要充分激发研修教师的积极性，让他们在体现进阶特点的研修中不断实现专业化发展。工作坊的培训者既要有扎实的专业基础，还要具备良好的引导能力、沟通协调能力，对研修活动要有良好的驾驭能力。

3. 基于经验，注重生成

骨干教师实践中的经验和问题非常有价值，要在研修中积极引导和调动，给予教师展示的机会。表达观点是教师众筹中值得培训者研究的问题之一。这需要进行相应的任务设计、氛围创设和引导策略实施。

4. 资源意识，成果导向

教师众筹的结果应当是形成集体智慧，除了工作坊现场形成概括化经验外，还应产出高质量的成果和资源，实现个体经验向集体智慧的转变。后续素材的挖掘、加工和资源开发也是培训者应关注和研究的问题。

第四节　浸润式研修

为促进骨干教师的专业发展，满足其个性化成长需求，区域研修机构需要整体思考研修模式创新的问题，需要立足骨干教师的个性化成长，积极整合区域优质资源，开发专业拓展课程，提升骨干教师的教学和学术领导力。浸润式研修就是从学科视域的拓展角度进行的有意义尝试，也是海淀区教师进修学校创新研修模式和研修课程的有意义实践。

一、研修内涵

浸润式研修是指研修者沉浸于真实的学习环境中，通过体验、操作实

> 浸润式研修是指研修者沉浸于真实的学习环境中，通过体验、操作实践、反思感悟等形式，获得直接的知识经验，并通过后续持续跟进、迁移应用来改进行为的研修模式。浸润式研修常常需要丰富的研修资源。

践、反思感悟等形式，获得直接的知识经验，并通过后续持续跟进、迁移应用来改进行为的研修模式。浸润式研修常常需要丰富的研修资源，如校外科技馆、博物馆、高校实验室、科研院所等；从对象上讲，则多适用于有五天及以上集中研修时间的骨干教师。

例如，海淀区教师进修学校就曾联合中国科学院，针对海淀区科学骨干教师组织开展了 5 天为一期的浸润式科学素养提升高级研修课程。截至 2019 年年底，该研修课程已成功举办了六期。研修过程中，骨干教师通过与科学家近距离接触，感悟了科学精神，体会到科教兴国的真正含义，在动手实践中强化了对学科本质的理解，并为最终提高学生的核心素养奠定了基础。

二、研修特征

浸润式研修突出真实场景，强调多种研修方式相互渗透，强调专家和教师、教师和教师之间的互动生成，强调参与者的内在感受与内驱力的激发。以上述浸润式科学素养提升高级研修课程为例，浸润式研修主要有如下几个方面的特征。

（一）情境性

浸润式研修注重提升学员的新理念、新知识、新技能、新方法的习得，

因此需要创设真实的情境，让学员进行深度体验和感悟，才能使学员产生共鸣，激发强烈的学习动机和发展愿望。

（二）递进性

浸润式研修聚焦教学中的真问题，利用真实场景，利用讲座、研讨、展示、实验等层层递进的方式，增加学员的深度体验，使研修理论不断得到强化和内化，最终将理论和实践相结合，满足学员的个性化需求，促进学员专业得以发展。

（三）实践性

浸润式研修不仅注重前沿理论的引领，更强调在实践中内化理论。学员在研修中既能开阔视野，又能掌握实践技能。通过现场学习、互动交流、实验操作等全过程体验活动，学员可实现理念转变、知识更新和实操能力提升。研修的实用性、针对性和有效性得以凸显。

（四）互动性

浸润式研修聚焦研修主题，采取多元互动的方式，体现学员的主体地位，不论是专家讲座、分组研讨、小组展示，还是成果汇报，都体现了互动性，理论在互动中内化，成果在互动中生成。研修提倡开放式的、无边界的思维模式，强调提升学员的思想境界。

三、实施流程

从实施层面上讲，在研修前，浸润式研修需要借助需求调研与分析，明确研修主题与目标，同时围绕研修主题与目标，对接各类适宜的研修资源，基于成人学习规律与教师发展规律精心规划和设计研修课程；在研修中，则要注重情境创设与研修氛围的营造，借助多种形式的研修活动（如专家讲座、现场观摩、实践操作、互动交流等）调动学员多重感官，有效衔接信息输入与输出，保障学员全身心投入真实的研修情境，激发学员研修内驱力；研修后，加强任务驱动型的实践跟进与迁移运用，增强跟进式评价，鼓励学员开发和转化相应的教学案例，服务一线教学，从而真正落实浸润式研修效果。

　　以浸润式科学素养提升高级研修课程为例，该研修课程通过专家讲座、现场观摩、实践操作、分层研讨、反思交流、汇报答辩等活动，帮助骨干教师在真实场景中深度了解学科前沿的发展动态，拓展学科视野。研修课程不仅优化了骨干教师的知识结构，提升了骨干教师的学科素养，还强化了他们对学科本质的认知，提升了其学科能力。研修具体活动流程如图 4-4-1 所示。

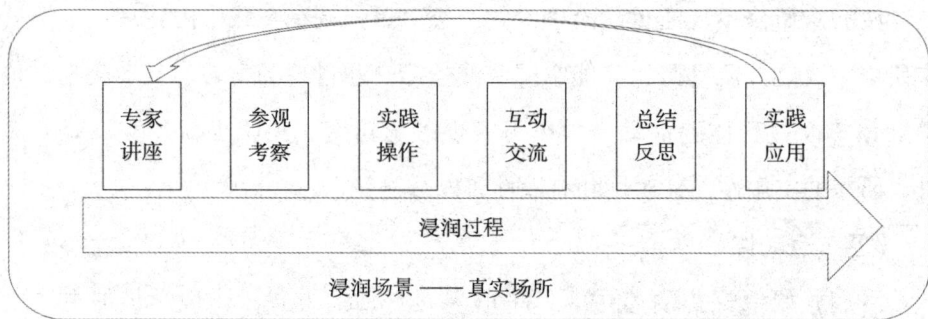

图 4-4-1　浸润式研修课程活动流程

（一）研修前——整合资源，开发课程

1.需求调研

　　基于丰富研修资源展开的浸润式研修，需要在研修开始前做好诸项准备。一方面，需要精心开展调研，对骨干教师做好需求分析，明确研修的主题和目标；另一方面，还特别要注意基于研修主题和目标积极整合各种优质资源，把资源与需求有效对接，从而提升研修的针对性。

　　在课程开发时，需要把授课专家掌握的国内外前沿知识，与骨干教师的认知进行对接，减小认知差距。这就需要将其进行有效转化，才能使之变成符合骨干教师需求的研修课程。项目组通过微信、电话、座谈等形式，先把骨干教师的需求摸清，并且把学员需求与中高考改革实时对接，旨在让研修课程有效服务教学。然后，带着学员需求，再跟专家及时对接，让研修资源有效转换成骨干教师的研修课程。项目组通过与教师、科学家之间多轮次的沟通，最终确定每次的研修主题和研修课程，调研过程如图4-4-2所示。

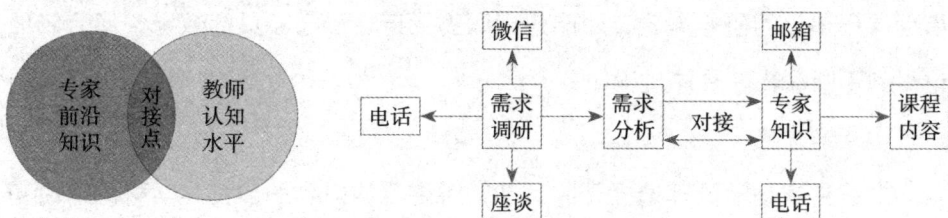

图4-4-2 浸润式研修课程需求调研流程

2. 课程规划

基于调研分析确定了研修主题与课程之后，需进一步做好研修课程内容的规划，特别要保证课程的延续性和递进性。在研修实施过程中，则要注意从多重维度入手，有效调动学员多感官深度体验学习，继而逐步深入研修活动，最终内化研修课程。在浸润式科学素养提升高级研修课程中，具体课程维度如图4-4-3所示，包含理论课程、实践课程、实验课程等内容。

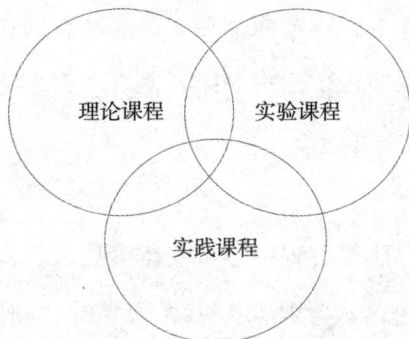

图4-4-3 浸润式研修课程具体维度

（二）研修中——任务驱动，层层浸润

浸润式研修的最终目标，指向学员的实践跟进和迁移运用。研修过程中，一方面要以成果为导向，采用任务驱动，激发学习热情，积极搭建各种展示平台，满足学员被认可的心理需求；另一方面，要加强跟进式评价，鼓励学员转化研修成果，开发设计相应案例，服务一线教学。其浸润过程，需借助层层递进的研修方式，才能达到润物无声、浸润心灵的效果，使研修理论得到不断深化。具体过程如下。

1. 专家讲座

专家讲座是学员理论提升的基础，所讲授的内容一般都是学科的前沿知识，专家讲座能实现学员、专家之间的面对面沟通，是拓展学科视野的重要手段。同时，专家的指导和引领是学员理念转变和专业素养提升的重要保障，能为一线教师的专业发展指明方向，开阔学科视野。

2. 参观考察

聚焦研修专题，结合专家讲座，多视角参观考察科研院所、实验室等场所，走进真实现场，浸入式实践体验。通过亲身体验，为学习、借鉴、反思、研究提供丰富的实践案例素材。

3. 实践操作

在研修主题的引领下，注重理论与实践的结合，充分发挥科研院所的资源优势。学员不仅要学习理论知识，还要亲身参与实践操作，要与专家一起进行实践拓展，增强实操能力。

4. 互动交流

依据学员的需求，研修过程中，可安排多层次、多角度的互动环节，突出互动生成，力图通过一线教师与专家无边界的互动交流，充分激活思想，碰撞智慧，形成良性的理论探讨和实践总结氛围。不论是专家报告，还是实地考察环节，学员都需积极参与互动交流，以利于深刻理解和内化研修内

容。通过交流互动，使研修学员个人综合能力在学习、交流和碰撞中不断提升，促进共同提高，形成丰厚成果。

5. 总结反思

结合研修内容和研修过程，让学员积极开展研修反思，梳理学习过程中的收获和感悟，总结自己的体会，促进学员自我提升的意识，为掌握和内化研修知识奠定基础，也为教师专业能力提升与拓展提供更多经验，为生成新知识和经验奠定基础，促进反思能力的提升。

在研修过程中，始终聚焦关键问题和核心任务，安排小组交流研讨，小组分工合作、充分研讨，达成共识，最后在全体教师前进行展示汇报，谈心得体会和感悟反思；针对研修中的实践课程，设置表现性任务和评价标准，规范操作，在作品或任务的展示中不断改进和完善，从而进一步内化和理解所学研修课程。

（三）研修后——成果转化，搭建平台

在研修结束后，针对研修课程和资源，进行开发和转化。设计教学案例、试题命制等研修成果，服务一线教学，以有效提升骨干教师的资源开发能力，激活教师专业发展的内驱力，进一步提升研修效果。

1. 实践应用

为使研修具有持续性，鼓励学员把研修内容转化为教学资源，应用到教学实践中去，从研修到研究，使学员的成长和进步得到持续发展。研修结束后，鼓励学员把研修课程转化为教学设计，并根据研修内容设计开发教学案例，把研修中的收获，转化为教学资源和课程。

2. 成果固化

针对研修中表现优异、研修效果显著的学员，征集其优秀案例、优秀原创试题、研修故事等，择优结集成册，为参加研修的老师提供交流的载体，并固化其研修成果。

3.搭建展示

针对骨干教师的特点，利用持续跟进研究的策略，进行后续的指导，让研修效果最大化。为后期研究成果优异的教师搭建平台，组织大家以论坛的形式，进行交流展示，分享后期持续跟进的做法和经验。

四、实施建议

浸润式研修要想达到良好的研修效果，需要在实施过程中注意以下几个方面。

一是要立足区域资源优势，开发符合骨干教师实际的拓展课程。课程是浸润研修的载体，是研修效果得以提升的内核。一方面，要明确研修的主题、目标，确定研修的实际场景；另一方面，要在基本理论和实践应用等方面充分考虑教师的基础现状，增强课程的可理解性和实用性。

二是以多维度、递进式的研修活动，保证学员的深度体验和高投入度。浸润式研修是研修形式的创新，目的是用新颖的研修形式满足教师的需求，提升研修质量。研修中，要紧密围绕研修主题，重视场域和情境的力量，从不同角度帮助学员获得浸入式体验，如参观考察、实践操作、互动交流等活动，通过逐步递进的方式，从理论到实践层层浸润。为使研修具有持续性，还应鼓励学员把研修内容转化为教学资源，把研修课程转化为教学设计，并根据研修内容设计开发教学资源，有效应用到教学实践中去，从而实现自身的可持续发展。

从"少而精的授课"，到实践体验和反思交流，浸润式研修更新了研修理念，创新了研修方式。这种研修方式，不仅注重研修情境与场域对学员研修的积极影响，更注重研修内容与研修活动的高度契合。相比常规的集中研修，这种方式的研修提高了教师的积极性和参与度，保证了研修效果持续而有效的落实。

第五节 传导式研修

传导式研修是在以往骨干教师研修的课程构架、研修流程研究的基础上开发出来的，与浸润式研修类似，是专业拓展课程形式的一种。传导式研修是基于区域教育发展的现状要求、骨干教师的特点及需求应运而生的一种研修模式。此种研修模式聚焦学科前沿或者关键问题，是基于团队群体既有研究，追求深度解析、系统关联、全面构架的一种团队研修路径，旨在促进骨干教师把碎片化、散点状的经验，提炼成系统的实践理论，为后续持续研修提供帮助。

一、研修内涵

传导式研修这个概念的关键词是"传导"。"传导"是一个物理学术语，原专指热或电从物体的一部分传到另一部分，意为传递、输送；研修概念中的"传导"有传递、分享与引导、提升之意。这就需要强调输出与输入并举，交流与提升并存，传与导并用。

传导式研修是指将传统意义上的讲座与工作坊融合，在聚焦一个主题的研修中，既有工作坊的研讨交流，也有基于主题的微讲座；既有群体的课堂观察研讨，也有一对一的专家介入指导。传导式研修是一种基于个体经验反思的实践体验传导到学科理论、学科理论再传导到教学实践，群体传导于个体、个体再传导于群体的交互式研修。

传导式研修是在普适性调研的基础上，针对教师当前的关键问题，聚焦一个学科研修主题，基于学员既有经验交流分享，注重

> 传导式研修是一种基于个体经验反思的实践体验传导到学科理论、学科理论再传导到教学实践，群体传导于个体、个体再传导于群体的交互式研修。

研究结构化、理论系统化、行动持续化的一种研修方式。在传导式研修中，学员既是学习者又是研究者，既是观察者又是参与者，既是输出者又是受益者，在探索和解决工作中的难题的同时获得新的知识，掌握新技能，转变教育观念，提升专业水平。传导式研修更加注重骨干教师在研修中的主体地位，注重骨干教师在研修中的自我与群体性专业建构，注重骨干教师专业的辐射引领价值。

二、研修特征

（一）主题的适切性

与研修形式相比，研修主题才是研修的第一内容，是研修的关键所在。研修主题一定是骨干教师在教学中有一定的研究，但又缺少持续研究的方向与理论支撑的问题，恰好指向骨干教师研究的痛点与难点。传导式研修的主题要让骨干教师有的说、愿意说，让骨干教师有参与的热情、专业的力量、研究的冲动和行动的意愿。

例如，在强调关注学生的教育背景下，学情调研成为教学的前奏，每位教师都认同学情调研的重要性并尝试在教学中进行，但是针对具体的调研内容，方式、实证研究与行为转化却是教师感到困惑的问题。因此，骨干教师的研修主题就可以确定为"基于学情精准化教学"。

（二）过程的开放性

传导式研修的过程是开放的，从单一走向多元、封闭走向开放，体现准备性、交互性、实操性。要调动学员研修的主动性、积极性，重视发挥学员的自身优势，建立体验、互动的平台，以多种方式促进学员之间、学员与授课专家之间的相互学习与交流。

开放性还体现在讲座与实践演练的有机结合上，要强化研修内容，促进骨干教师的行为改进。例如，在海淀区教师进修学校组织的骨干教师研修

"小学语文整本书教学实践研究"中，每位学员都带着自己研究的成果及问题进入研修班，过程中不断用自己的研究对接、转化、迁移专家的培训，在小组研讨、分享中消化和分解自己的研究。

（三）团队的互补性

传导式研修团队的组成主要是授课专家、实践导师、骨干学员。在研修过程中注重资源的互补性。这里的资源不局限于授课专家的资源，也同样注重骨干教师队伍的互补性。每次的骨干教师研修都要基于研修主题，聘任有研究背景、研究成果的优秀高校教师、进修学校教师、一线优秀教师担任培训教师，这样就实现了理论与实践的跨视角融合。每个团队的成员都要进行差异互补，既要注重教师资源的专业能力、研究视角的互补，也要注重教师性格意愿的互补。例如，我们要注意骨干级别、干部教师、区域分布的互补性。如海淀区教师进修学校面对海淀区区域分布不均衡的现状，有意识地让骨干教师研修班级的组成实现异质互补型培训。

（四）行为的持续性

传导式研修的目的同样指向骨干教师理念的提升与行为的改进，每次研修前、研修中、研修后对学员都有练习或作业要求，做到讲座与实践演练有机结合，强化培训内容，促进学员行为改进。

学员研修前带着有关研究的成果走进研修班，研修中实践导师一对一进行分析指导；研修完成后形成研修成果，体现连续性、递进性、层次性，研修内容、研修过程紧密相关，达到循序渐进、水到渠成的研修效果。

例如，海淀区教师进修学校在进行"小学语文骨干教师习作教学实践研究"研修活动后，持续跟进个别教师的课堂实践，观察学员的行为变化，通过访谈了解学生的学习感受与成效，学员的学习提升不仅发生在研修期间，更延续到了研修之后，变化于课堂，作用于学生。

三、实施流程

传导式研修以教师的研修取向与教学行为逻辑及主题研修的意义为基础，形成的操作流程如图 4-5-1 所示。

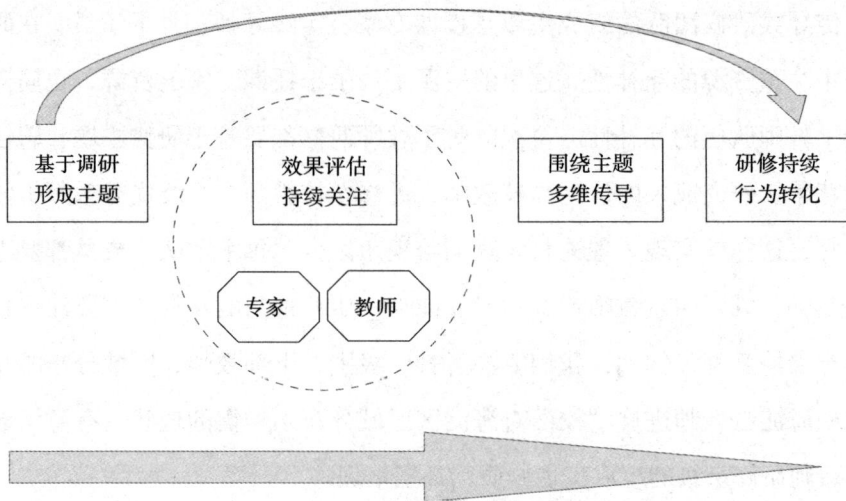

图 4-5-1　传导式研修实施流程

（一）混合调研——聚焦主题

主题的确定是研修的起点与重点，因此要多渠道诊断并确定研修主题。研修主题的确立主要依据政策分析、教材特点、学员需求、学校调研、文献评析等。依据区级骨干教师研修方案的要求，研修前深入调研，分析基本需求，设计调研问卷。围绕研修主题，了解骨干教师需求与现状，筛选、梳理出多数骨干教师能够在现阶段区级研修中重点解决的问题，再结合骨干教师特点和以往研修经验，研读学科课程标准等相关文件，确定研修主题。

此外，还要多渠道关注骨干群体教师的教学困惑，可以与教研部门沟通，关注教研的研究主题与问题，进行研究的贯通与互补；同时可以借助教研员进入学校视导以及学科督导，从听课、座谈中发现问题，确定主题。

例如，针对 2019 年刚刚推进的小学语文统编版教材使用中的重点问题，即单元整体教学设计，海淀区教师进修学校对北京市骨干教师、海淀区骨干教师等不同群体进行了问卷调研，同时进行文献综述。在诊断问题、定位教师所需时，调研统计显示：骨干教师有单元整体教学意识，并对单元整体教学有一定的理解；能够从统编版教材的人文主题与语文要素的双线组织思考单元整体教学，教学时注重单元内各部分内容的整合，进而培养学生语文核心素养。

这就为传导式研修提供了实践基础，但部分教师也存在对单元整体教学的理解较为浅显，缺乏全面、系统思考的情况：在单元整体教学设计方面，有 32.9% 的骨干教师存在困惑；10.6% 的骨干教师在把握整本书阅读有效策略方面存在困难；18.8% 的骨干教师最想在单元目标制定方面进行研究；14.2% 的骨干教师希望在评价机制的科学性、准确性方面展开研究；16.5% 的骨干教师在双线组织单元的有效统一方面存在困惑；还有 7.1% 的骨干教师在课堂环节设置、有效提问设计等其他方面存在困惑。这就为传导式研修主题的确立提供了专业价值方向。

在此基础上，海淀区教师进修学校从教科书的角度、教学的角度、实践的角度看单元，提出研究假设，为后期的研究确立专业方向，明确小学语文骨干教师研修主题为"学科核心素养视域下指向大概念的单元整体教学实践研究"。

（二）多元传导——交互成长

基于骨干教师的研究基础，在研修中有教师的"自修"，即聚焦研修主题，阅读教育教学专业图书，提升研究能力，如阅读理论类图书，深化理论，寻找教育背后的规律；阅读专业类图书，提高自身专业水平及执教能力。在此基础上开展"众修"，即借助研修工作室团队行动研究的共力，形成互动式成长，此环节也是研修的主要内容。最后进行"他修"，这是研修的关键环节，即借助专业院校专家的视角，寻求基于实践的理论支点，从实践性教师走向经验与理论相结合的骨干教师。

在研修的过程中，我们注重骨干教师与专家之间、骨干教师与骨干教师之间的传导以及理论与实践的传导、经验与实践改进的传导，让骨干教师的能力在多元传导中实现螺旋上升。

例如，在"小学语文整本书教学实践研究"的骨干教师研修中，我们先期推荐教师阅读《培养真正的阅读者——整本书阅读之理论基础》《打造儿童阅读环境》《阅读力：文学作品的阅读策略》，让学员与理论进行互动；并提前阅读曹文轩的《草房子》和设计阅读活动，做好实践准备，带着基础走进研究。研修中，项目组邀请专家吴欣歆教授以活动为传导，在互动中实现多方交流。

（三）效果评估——持续关注

研修的主体是骨干教师，骨干教师在研修中的感受与收获是最为真实的评价反馈之一。传导式研修在每次研修后，除了会请专家对学员的研修成果进行评价外，还会让学员对研修主题、研修形式与效果进行多种形式的评价，包括现场评价与网络评价。例如，在海淀区一次小学语文骨干教师习作培训后，有教师在反思中这样写道：

这个教学目标就显得很技术化。总体感觉我们写作教学的应试化、技术化很明显。这种做法好的地方在于使教师能扎扎实实把握住训练点，针对性强；弊端在于技术上收得太紧太快太高，会使写作变得没意思、太单一，生命和生动的东西褪色。

无疑，这场培训让骨干教师对以往的习作教学理念产生疑惑，并有了新的认识。

此外，传导式研修评估还有一种重要形式，那就是对研修前实践成果的改进评估，即专家对学员改进版的研修成果进行一对一的现场指导，学员基于前面的研究并结合专家的建议再次进行修改，将其作为研修成果进行提交。

（四）研修持续——行为转化

传导式研修的成果转化运用是一项具有挑战性和创新性的工作。研修的目的是运用于实践，作用于课堂，发生于教学，最终促进学生的成长与进步。传导式研修要以终为始，指向成果转化，这种转化不仅着眼于眼前，如研修前教师要围绕主题提交研究基础成果，研修后要基于研究提交修订后的研究成果。这种转化更注重后期，如帮助教师进行立项研究，鼓励教师开展持续的校本研究，开设微论坛，撰写论文，进行课堂实践等；同时，我们也要结合学校调研、学科督导等机制或项目，验证教师的研修成果，为后续的研究收集证据。

例如，在 2018 年 3 月，海淀区教师进修学校组织的"小学语文整本书教学实践研究"的骨干研修中，北京教育学院的吴欣歆教授带领大家进行的活动，即体现出传导式研修的特点。本次活动聚焦曹文轩的著作《山羊不吃天堂草》，通过拟定目录、朗读展示、主题探寻等活动展开。在拟定目录活动中，学员有些不知所措。吴教授为学员展示了曹文轩的《青铜葵花》和《草房子》这两本书的目录后，学员很快了解了编写目录可以以地点为线索、以时间为线索、以事件为线索、以人物关系为线索……。六个小组的老师们便开始为《山羊不吃天堂草》这本书拟定目录："以事件为线索吧！""我觉得每个目录都要围绕主人公去写……"就这样，小组内的每位成员都开动脑筋，共享智慧。半个小时后，吴教授没有像以往培训那样请各组直接进行汇报，而是让大家说说自己在拟定目录过程中的新发现。通过对比，老师们不仅发现编写目录的方法与路径，例如，聚焦一条主线，聚焦章节内容，凝练语言，设置悬念，等等，更明确了编写目录的意义所在。

朗读表演这个环节更是有趣。它要求老师们在整本书中选择相关联的内容组织成新篇章，自主设计朗读表演的形式。吴教授先为学员朗读了她设计的明子给黑罐的一封信，通过讲解，学员感受到原来书还可以这样读。之后，各个小组再次进入自主设计。经过紧张的重组后，每组老师走到台前，全情投入、声情并茂地进行了一场场优美的朗诵会，赢得了在座老师的热烈掌声。这一环节其实是一种"变式阅读"，让学员用这种形式对故事情节进行了重组重构。

吴老师组织的多形式阅读传导研修，激发了学员对于阅读图书的兴趣，更打破了学员对于整本书阅读指导与策略的原有认知，为学员今后指导学生的阅读提供了更深层次的理论依据与策略支持。老师们则如春草般不断突破、生长，助力学生的阅读与成长。

四、实施建议

总的来说，传导式研修在实施中既应保留传统研修的讲座，以帮助骨干教师进行理论提升；同时又要充分发挥骨干教师的主导作用，让其成为研修主体，在多维传导的研修中指向研修效果的最优化。具体来说，在实施传导式研修时，有如下几点建议。

（一）把握时间节奏

由于受时间的限制，研修常会针对一个研究专题进行持续深入的研究。但在激发教师的研究热情，带动教师走向深入研讨的同时，要把控好时间节奏，抓住关键问题，聚焦主要矛盾，及时调控研修的进度，尽量不要让教师把研修中的问题和疑问带回课堂独自研究，那样就缺少了研究的场域与集体研究的力量。

（二）有效融合理论和实践

传导式研修是一种由基于个体经验反思的实践体验传导到学科理论，再由学科理论传导到教学实践的过程。因此，在实施过程中，要特别注意有效融合研修理论与研修实践。一方面，要基于骨干教师的实践经验找准疑难困惑，在专业研究过程中帮助其提升理论素养；另一方面，又要注意促动骨干教师强化理论学习，帮助其在认同理论的基础上，运用理论更好地指导自身的教育教学实践，在理论与实践融合的过程中，把握好传导的时机与优化传导的内容。

（三）注重教师的差异性

参与研修的骨干教师虽通常来自同一区域，但彼此之间在专业水平、研修热情等方面也存在着诸多差异，而这种差异又会导致研究主题在传导中的力量高低不同，进而导致研修效果具有较大的差异性。因此，在实施传导式研修的过程中，要及时关注各个骨干教师的实际需求和实际水平，及时调整研修的进度和方向，尽力有效满足老师们的真实需求。

第六节　跟进式研修

跟进式研修是为满足骨干教师的个性化发展，积极整合区域优质资源，从学科的角度开发的专业拓展课程的一种课程形式——同浸润式研修、传导式研修类似，旨在提升骨干教师的教学和学术领导力。跟进式研修是根据教师和学生的教与学需求，聚焦研修主题，通过新教学理论的学习，引导教师关注学科本质，深刻理解教学内容，并从新的视角对现行教学实践进行反思，在反思跟进中不断优化教学方式和教学手段，以解决学科问题和教学策略问题为核心的深度讨论和实践性活动，有利于每位教师在思维碰撞中提升认识，在教学改进中提升能力。

一、研修内涵

跟进式研修就是在集中研修的基础上，采取积极、有效的措施对学员进行后续性跟进指导和互动交流，以帮助学员梳理、诊断、转化、深化研修成果，使研修效果更为具体、有效，研修方式更为立体，研修内容得到落实，让学员有更多元的认知和体验，促进学员成长，提高研修的效益。

跟进式研修过程是一个螺旋式上升的过程，是将研修中的理论运用到教学中，对在实践过程中出现的新问题、新方法进一步探索的过程，在"实践—研究—再实践—再研究"的螺旋式上升中实现研修效果落地的良性循环。例如，2016—2018 年，海淀区积极整合国际资源，引进西班牙足球高水平专家作为研修师资，对海淀区体育骨干教师实行面对面教学，国外高水平足球专家全程现场示范与指导，使教师在真实的足球教学场景中感知、体验和学习国际化水平的足球教学。

> 跟进式研修过程是一个螺旋式上升的过程，是将研修中的理论运用到教学中，对在实践过程中出现的新问题、新方法进一步探索的过程，在"实践—研究—再实践—再研究"的螺旋式上升中实现研修效果落地的良性循环。

二、研修特征

（一）立足实践

理论源于实践，实践践行理论，理论与实践的有机结合，促使教师的理论修养得到提高，同时也促使教师将理论知识灵活运用。实践的过程，是教师将教育理念和理论知识自我内化、自我建构的过程，是对教学内容的再认识。通过实践，教师可以及时对教与学的效果进行评价，将先进的教育理念转化为教学行为，从而有利于帮助教师教学能力和专业技能之间有效转化，提高教师教育教学实施能力，提升教师教育教学工作水平，促进教师的专业发展。

（二）经验分享

教师的教学实践经验分享，是使教师研修由专家单向输出、教师"被培训"转变为团队成员多向互动、教师"主动参与"的研修活动。由于受到自身素质、观察视角、知识与经验、专业发展水平等因素的影响，其反思内容及程度均不同。通过不同形式的交流研讨，同伴互助，智慧分享，问题聚焦，在交流和碰撞中相互启迪，汇集大家的智慧，让教师们关注自己和他人的积极面，关注提升教学质量的积极做法，让每位教师对自己在教学中的得与失有了一个较为深刻的反思，促进了专业个性发展。

（三）持续实施

跟进式研修强调理论指导下的实践性、应用性研究，能关注教学中的实际问题，切合教师的实际需求，注重行为跟进，既重视解决实际问题，又注重经验的总结、理论的提升、规律的探索和骨干教师的专业发展。研修前、研修中和研修后都对教师有相应的要求，集中课程的设计也是理论与技能实践结合的安排，促进了教师将理论在实践中运用；集中研修后又对教师在课堂教学的实践进行指导，"发现问题—研讨解决问题—再实践"的模式使教师在学习中不断改进，提升自身素养。

三、实施流程

以海淀区教师进修学校组织的中小学体育骨干教师足球国际研修为例，跟进式研修的实施流程主要包括：①基于教师现实需求，筛选并提炼出共性问题，确定研修主题；②明确研修活动目标指向（如教师技能、技战术分析等）；③根据研修主题和研修目标，确定课堂教学研究内容；④依据研修主题建立相应的资源库；⑤按课堂教学实践—改进—再实践的流程开展；⑥对研究成果进行整理、展示和反思。

（一）需求分析——聚焦主题

高质量的研修活动需要有效的策划，首先了解参与研修教师的基本情况，通过文献与政策的梳理、专家访谈、问卷调研等方法开展调研，分析教师的研修需求；再制定可实现、可评价、指向预期效果的研修活动目标，如足球研修的目标为：通过培训，借鉴国外青少年足球教学经验，更新教学理念，丰富完善知识结构，提高教师的足球业务能力和教学水平，为确保上好足球课打下良好基础，提升中小学足球教学质量。

要以教师已有经验为生长点，以教育先进的理念为支撑点，以教学实践中的现实问题为突破点来确定研修主题。项目组将研修的主题最终确定为：中小学体育骨干教师足球教学技能提升。

（二）整体规划——专家引领

在确定了课程主题与目标后，实施跟进式研修还需要对研修内容进行整体规划，要注重研修过程中专家引领作用的发挥。研修内容的设置，要围绕课程主题与目标，既要结合中小学生身心发展特点，贴近骨干教师教学实际，创设真实的课堂教学和研修环境，又要注重在研修和跟进过程中密切关注研修效果，不断发现教师实践中存在的问题，对研修策略和研修内容适度调整改进，促进骨干教师提升教学理念，内化和迁移教学技能，改进教学行为。

例如，在中小学体育骨干教师足球国际研修中，项目组整体规划了以下课程模块：基础理论、足球技战术、足球课程的设计与实施、足球课程的研发。（见表4-6-1）

表4-6-1　中小学体育骨干教师足球国际研修课程

模块	主题	内容
A　基础理论	A1　现代足球与我国校园足球发展形势有关政策解读	国内外足球发展趋势；校园足球发展的目标、任务及使命
	A2　足球项目的青少年身心发展规律	不同年龄段学习足球的身体特点与心理特点
	A3　校园足球活动的组织与编排	不同类型足球活动的设计与实施
	A4　足球运动中的安全防控与急救	足球运动中的注意事项；常见损伤与急救

续表

模块		主题	内容
B　足球技战术	B1	无球技术	起动、急停、转身、假动作等
	B2	球性、球感	不同部位的触球、颠球等
	B3	传接球技术	不同距离的传球与接球等；不同部位的传球与接球等
	B4	踢球、射门技术	不同部位的踢球、射门等
	B5	战术	局部战术准备活动（1对1、2对1、3对2等）
	B6	专项体能与游戏	有球、无球时的体能练习方法；游戏
C　足球课程的设计与实施	C1	足球教学设计的原则与目标	基于课程标准的足球教学设计；教学目标的分析与确立
	C2	足球教学设计中的学情与内容	基于足球学习的学情分析方法与策略；教学内容选择与分析（重点与难点分析）
	C3	足球教学过程	教学实施（活动设计、组织）
	C4	足球教学评价与反思	学习评价策略；教学反思的内容、方法与途径
	C5	足球案例分析	观摩足球常态课和优质课的视频与文本或现场教学，研讨与分析
	C6	足球教学资源运用	足球教学资源运用的策略
D　足球课程的研发	D1	足球课程的价值	足球课程的审美价值、德育价值、锻炼价值以及育人价值
	D2	足球课程开发的理论	课程开发的理论与理念创新
	D3	足球课程的实施	足球课程的实施策略与模式
	D4	足球课程的评价	足球课程中的过程性评价策略与终结性评价策略
	D5	足球课程的创新	课程资源、课程实施等创新

　　在整体规划和灵活调整研修内容的过程中，跟进式研修注重采取专家授课、互动交流、专题研究、观摩课等多种形式进行研修，并特别突出专家的引领指导作用。例如，在中小学体育骨干教师足球国际研修中，项目组引进

国外足球高水平专家作为研修师资，专家全过程现场示范，对学员面对面教学指导，学员在真实的足球教学场景中感知、体验国际化标准的足球教学，强化个人技能，提升教学设计与实施能力。

（三）后续跟进——效果评估

跟进式研修重在跟进。为了持续有效地促进骨干教师发展，跟进式研修在研修全过程都需借助各种平台和方法，注意及时组织学员交流分享，加强对学员的跟踪管理与跟进指导，推动研修课程资源的转化与应用，关注对研修效果的评估和骨干教师研修的实际获得。

学员间的交流分享本身就是重要的研修活动。例如，在集中学习和开展实践过程中，可利用研修之初建立的微信分享交流平台，鼓励学员随时分享学习和实践经验，互相交流、研讨问题；定期发起主题研讨会，组织学员持续共享研修资源与成功经验。在每一次跟进式研修活动中，学员基于共同追求，互相切磋、分享、帮助和激励，在逐渐形成的学习共同体中积极参与和贡献，展开平等对话，实现共同提高。

跟进式研修注重对学员的跟踪管理，同时注重学员后续的教学实践改进与指导，以及研修课程系列资源的转化与应用。集中研修结束后，学员要进行岗位实践，改进教学，并提交教学设计文本、教学实施视频；基于学员的教学改进，开展学员教学改进案例集体研修，并邀请研修师资远程指导学员教学，分析教学案例与解决教学问题；加工教学技能研修系列资源，转化为教学技能研修课程，继而面向更大范围的教师开展线上与线下相结合的混合式研修。

跟进式研修还特别注重研修效果，关注骨干教师的实际获得。以体育与健康学科为例，依据柯克帕特里克（L. Kirkpartrick）的评价模型，可对跟进式研修课程进行评价设计（见表4-6-2），促进研修课程规划和实施的科学化、实效化。

表 4-6-2　体育与健康学科研修课程评价

维度	评价要素	具体表现（效果）	显性/隐性
教师反应	学员研修学习积极性	参与次数、满意度测评	显性
	学员对研修的满意度		
学习结果	拓展了思维	理念、观念等转变	隐性
	原有理念发生了转变		
	深化了对政策、理论、知识的理解		
	习得了新知识、教学方法、手段或策略		
	其他素养得到了提高		
行为	所学进行尝试与应用	常态课、展示课、研究课、评优课	显性
	对所学进行举一反三、灵活运用		
	教学行为得到改进		
团队影响	与同事分享个人的新尝试与新经验	教研组，合作、协同、指导等	显性
	促进了同事教学行为的改进		
	促进了学校相关政策的改进		
学生表现	学生的学习成绩有所进步	过程性评价；中考、高中会考成绩；国家体质测试成绩；竞技比赛成绩	显性
	学生的其他表现有所改进		

四、实施建议

跟进式研修要想达到良好的研修效果，需要在实施过程中注意以下几方面。

首先，跟进式研修课程在设计时要关注教师的发展，梳理出教师的真实需求，设计好目标和内容等，具有计划性强、目的明确、前后连贯等特点，同时在实践过程中发现教学关键问题，通过专家、教研员的引领指导，在"实践—研究—再实践—再研究"的过程中，使每一位教师在纵向对比中有所进步和提高，实现研修效果落地，有效促进教师的专业发展。

其次，跟进过程中，要引导教师积极反思，同时通过不同形式的研修活动，让教师重视自己在教学工作中形成的实践经验，通过自身的反思内化，与同伴开展平等的互动交流学习；通过专家的引领，丰富骨干教师们的教学方法和手段，形成科研的意识，逐步将经验转化为成果资源，并充分认识和利用好这些资源，促进教师的专业发展。

第七节　混合式研修

当前，以"互联网+"为特征的教师学习方式正在大范围实施，有力地推动着骨干教师研修的转型升级。原有的单一的线下现场集中研修在时间、空间以及内容上都已经无法满足骨干教师多样化、个性化的需求，骨干教师网络研修以其丰富、多样、优质的学习资源供给，以及兼顾实现大规模和个性化的教师学习，逐渐成为教师研修机构开展区域骨干教师研修、学校开展校本骨干教师研修以及骨干教师个人开展自主研修的必然选择。设计与实施线上与线下相结合的混合式研修课程，可以实现骨干教师研修的全覆盖、个性化、精准化和智能化，能够为区域骨干教师整体研修质量提升提供专业的支持，也能够更好地促进骨干教师个体的专业发展。

一、研修内涵

混合式研修是混合学习的相关理论和模式在教师培训中的应用。近年来，随着愈来愈丰富多样的研究与实践，混合式研修的概念一直处在发展之中，不断推动着教师研修的变革。

混合式研修更为尊重成人学习的规律和教师发展的特点，不仅关注骨干教师的个体需求，更注重为骨干教师创设发展的平台和环境，充分发挥传统的面对面的研修与现代信息技术支持的网络自主学习、同伴交流、导学支持的网络研修各自的优势，将集中研修和网络研修相结合，将骨干教师的研修与实践工作有机结合，更为突出研修的针对性、互动性和实效性，实现线下集中研修与线上网络研修的有机融合，研修与工作的有机融合。通过构建具有合作、交流、自我更新功能的专业学习共同体，营造丰富而有活力的专业发展环境，从而全方位地促进骨干教师的专业发展。

二、研修特征

（一）线上与线下的融合

混合式研修常常会综合采用面对面和网络两种不同的研修方式。骨干教师个体经验的丰富性以及骨干教师需求的多样化决定了研修课程的丰富性和多样性；同时，骨干教师学习的实践性以及能力发展的动态性又决定了研修课程开放生成、迭代更新的特点。因此，骨干教师混合式研修力求实现线上与线下的充分融合。一方面，针对研修拟达成的目标，骨干教师混合式研修既覆盖普遍性、典型性问题，同时又兼顾骨干教师个性化发展需求；另一方面，从研修方式、资源等角度而言，骨干教师混合式研修努力追求线上、线下的优势互补，将线上研修方式灵活、优质资源共享、互动广泛等特点，与线下集中研修效率高、互动深入、现场感强等特点结合在一起，并且这种融合具有系统性、一致性和关联性。

> 骨干教师混合式研修努力追求线上、线下的优势互补，将线上研修方式灵活、优质资源共享、互动广泛等特点，与线下集中研修效率高、互动深入、现场感强等特点结合在一起，并且这种融合具有系统性、一致性和关联性。

（二）研修与实践的融合

在骨干教师混合式研修中，研修课程的设计与实施强调有组织、有计划地将研修与日常工作实践紧密结合起来，在研修中实践，在实践中研修，不断地聚焦实践中的问题，通过研修使骨干教师获得问题解决的思路、路径与

> 研修课程的设计与实施强调有组织、有计划地将研修与日常工作实践紧密结合起来，在研修中实践，在实践中研修，不断地聚焦实践中的问题，通过研修使骨干教师获得问题解决的思路、路径与方法，从而真正促进骨干教师的发展。

方法，从而真正促进骨干教师的发展。能力发展就是在研修与实践的互动中生成的。研修与实践的融合还体现在将区级研修与校本研修有机整合起来，将校本研修活动与混合式研修主题对接，将研修过程中的生成性资源转换为骨干教师专业发展的课程库等。骨干教师混合式研修的实施，是研修与实践两者不断融合、相互作用、螺旋上升的过程。

（三）专业学习与实践共同体的形成

骨干教师所在的群体和文化氛围会为其发展和实践提供意义和身份认同，因此，骨干教师混合式研修会努力促使骨干教师形成专业学习与实践的共同体。在共同体力量的影响下，骨干教师会依靠团队的力量不断合力解决实践问题，改进自身教学行为，及时主动交流分享，从而实现自身的专业发展。骨干教师混合式研修力求将骨干教师个体与群体联系起来，形成彼此深度的连接与互动。骨干教师分享资源、体验、实践经验以及理性认识，并不断地通过互动研讨进行再认识，不断发展自身的专业知识和能力，形成互动参与、相互信任、共同激励和彼此支持的良好专业发展氛围，有效提升骨干教师研修的持续性、反思性、参与性、合作性和迁移性。

三、研修实施

由于前面几节的内容已将线下现场集中研修的几种模式做了具体论述，本节重点就线上与线下研修如何有机融合，以及如何设计与实施线上研修进行阐述。

（一）线上与线下的有机融合

基于骨干教师研修课程体系，混合式研修充分利用线上网络研修与线下集中研修各自的优势，整合进行设计与实施，实现大规模、全覆盖，同时又兼顾个性化。线上与线下研修在课程内容与实施上，具有内在的一致性和系统的关联性。

如何处理好现场研修课程与网络研修课程的关系，使两类课程相互补充、相互促进，充分发挥混合式研修课程的作用，这非常重要。解决这一问题的前提在于厘清两类课程各自的功能和价值、优点与局限。

第一，充分发挥网络研修大规模、全覆盖的优势，实施通识课程研修。① 关注骨干教师全人发展，注重拓展学科专业以外的综合素养。以海淀区骨干教师通识课程网络研修为例，面向全体骨干教师开设了师德教育、班级管理、心理学、信息素养、国学经典等研修模块，让骨干教师进行选择性学习，拓展学科领域外的研修内容，提升骨干教师的综合素质，促进骨干教师全面发展。② 关注骨干教师促进学生核心素养发展的能力提升。面向全体骨干教师，海淀区开设了核心素养导向下的课标理解与课程优化、单元教学设计与实施、学生学习方法指导、学业发展评价、课堂教学改进等课程，以及应用信息技术进行学情分析、教学设计、学法指导和学业评价等课程，重点提升骨干教师在新课程、新教材改革背景下，引领学科团队培育学生核心素养，促进学生发展能力。

第二，融合线上与线下学科研修，实施学科混合式研修。学科专业课程突出学科特色，聚焦课堂问题；学科拓展课程立足学科视野，把握学科本质，促进骨干教师能力发展。与线下现场研修课程互补，网络研修课程基于骨干教师的个性化需求，提供自主选择，涵盖结构化的、丰富的、相对独立的内容，具有小、多、细的特点，解决骨干教师真实的、具体的教学问题。骨干教师可自主选择学习资源、路径，自我设定学习节奏以及在学习活动中的时间安排，具有自我成长与发展的空间，通过理解、反思进行学习。

线上研修课程是具有生成性的、开放的、个性的，是参与研修的骨干教师共同设计的，是系统化地设计并实施的，可根据骨干教师的学习情境及学习进度等进行调整、演变、更新，真正满足骨干教师的需要。

比如，聚焦学科教学，现场研修课程不可替代的功能是聚焦新课改背景下教师课程育人能力的提升所面临的真实问题的解决，通过工作坊研讨与碰撞，众筹智慧，使骨干教师形成系统认识，掌握问题解决的思路和方法策略。而网络研修课程侧重实践性、操作性，强调交互性，围绕每一个具体的重难点问题，进行内容拆解，以关键问题的形式呈现，并对接正向或负向的实践案例，建构问题情境，然后再对接理论，反思实践，提炼归纳关键问题解决的方法和策略，内容丰富、多样，发挥了"微课程"独有的优势，使骨干教师进行"菜单式研修"，有针对性地选择学习。骨干教师基于研修课程开展自主研修、同伴研修、导学支持下的研修，实现课程的迭代更新，建立专业学习与实践的共同体，持续提升课程育人能力。

以初中化学骨干教师"基于标准促进课程整体理解和实施"混合式研修为例，该研修利用在线微视频帮助骨干教师开展线上的自主研修，利用专题研讨组织骨干教师开展线下集中研修。研修的三个阶段均采用线上和线下研修相结合的方式。如针对第二阶段的模块 5"身边的化学物质"主题教学目标的确立、评价标准和评价工具的设计，模块 6"身边的化学物质"主题的诊断指导与教学反思等研修内容，设置"网络研修 + 在线提交作业"4 学时、"案例式讲座 + 互动研讨"4 学时。通过线上专题讲座视频清晰明确地呈现课程模块内容要点，通过线上作业输出骨干教师的研修成果，通过线下集中研修使骨干教师深度理解和掌握理论与实践策略，并进行相应的教学实践改进。

（二）线上研修实施的关键点

1. 重体验反思，促行动改进的研修任务设计

开展针对骨干教师的线上研修，要依据研修目标，重视骨干教师的已有经验，考虑个体差异，采用多元化学习策略，提供结构化指导，关注形成性评价，提供展示及反馈的机会，激活并以原有认知为基础，通过合作学习共

同建构新知。

研修任务的设计以骨干教师已有的经验与相关教学案例为载体，深入挖掘已有经验和教学案例的研修价值；注重骨干教师已有经验和新的学习的关联和链接，促进骨干教师反思和开展下一步的行动；提供研修方法和工具的支持，如采用焦点讨论法等，提供有层次的、关联的、递进式的问题设计，给骨干教师具体的思维路径。

> 研修任务的设计以骨干教师已有的经验与相关教学案例为载体，深入挖掘已有经验和教学案例的研修价值；注重骨干教师已有经验和新的学习的关联和链接，促进骨干教师反思和开展下一步的行动；提供研修方法和工具的支持，提供有层次的、关联的、递进式的问题设计。

在研修任务的内容设计上，一般应具有鲜明的学科特性，凸显学科本质，遵循学习规律，指向骨干教师的持续的专业发展。研修任务可体现学科核心素养在教学中的落实，促进学生核心素养的发展，如对学科核心素养的理解，教学设计、学习内容和学情分析，学习目标的确定，学习资源与教学方法的使用、路径与工具，对学生学习的诊断和个性化指导，作业的设计等关键内容。同时，研修还应遵循双主线的设计，既重视教师的教，也重视学生的学。

研修任务应具有结构性、多角度、层次性和关联性。比如，结合某一教学案例，可以设计全方位的、多角度的涉及多环节、多要素的任务，并注意问题与问题之间的递进、层次和关联。同时，研修任务还应具有可选择性，骨干教师可以基于个人的兴趣、学习基础和能力选择完成适当的研修任务。

此外，研修任务还应具有动态生成性，根据骨干教师在研修活动中的生成，不断地迭代更新。研修任务的内容、要求和时间节点，要少而精，明确、具体、清晰，具有可操作性。研修组织者和专家对骨干教师进行过程性指导，为其提供及时反馈。

仍以初中化学骨干教师"基于标准促进课程整体理解和实施"混合式研修为例，通过驱动性任务探查教师的原有认识，使骨干教师能够较客观地认识和分析自己的现状，然后利用差异性事件和相关理论促进骨干教师转变。在评价模块的研修中，设计特定的研修任务，如设计评价方案的体验性任务、小组合作画知识结构图的参与性任务等。针对不同的骨干教师班级设计不同的研修任务，骨干教师一班的任务为表现性评价的设计，骨干教师二班的任务为自主设计一份评价规划。

2. 研修与实践融为一体的互动讨论与作业设计

线上互动研修，可以围绕某一问题和主题开展深度互动交流，共享骨干教师的经验与智慧，以及专家的指导建议，建构生成新的研修成果。研修基于课例以及其他与骨干教师工作实践密切结合的载体进行，采用同步、异步相结合，个人或小组分享等方式。

研修组织者在互动讨论之前，进行研讨问题的设计、学员分组、分享机制的建立等。研修组织者对讨论的引导非常重要，有两种方法可供使用。**一是量规法**，这是结构化的定量评价方法，组织者提前依据评价目标从不同维度和等级对评价标准进行具体说明，依据研修目标制作或选择量规，提前发布量规，与骨干教师共同学习量规与评价方法，引导骨干教师应用量规开展评价，依据量规开展总结交流。**二是"三明治"法**，这是一种开放式的评价方法，从优点、不足和改进建议三个方面提出评价意见。组织者让骨干教师明确互评活动的要求与步骤，骨干教师展示交流研修成果，浏览同伴成果并评价，专家以及组织者可基于讨论进行总结。

骨干教师聚焦问题进行在线讨论，基于对网络研修课程各模块的学习与思考并对接具体问题发布讨论帖，也可回复其他骨干教师的主题帖，围绕某个问题和专题进行互动讨论，并展示交流研修的成果，通过收获分享、互动讨论、成果展示交流，加深对于研修主题的理解和内化。

网络研修的作业设计聚焦骨干教师的模块学习和工作实践中的真问题、真困惑，以及通过"微课程"学习，对这些问题或困惑的深度原因进行挖掘，使认知升级和进行策略建构。骨干教师完成研修作业，并对作业进行同伴互评和自评。完成研修作业的过程，也是将研修内容应用于教育教学实践，基于工作场景开展反思总结、实践改进并解决问题的过程。同伴互评的实际价值在于与其他骨干教师分享交流工作中遇到的真实问题以及新思考和新策略，进行同伴学习。而最终进行的作业自评，实际上是骨干教师自身在对问题进行新一轮的认知和策略建构。

仍以初中化学骨干教师"基于标准促进课程整体理解和实施"混合式研修为例。在研修作业中，让骨干教师结合能力诊断水平自述研修前和研修后的水平变化，提供证据支持，使骨干教师进一步梳理概括了研修要点，并促使骨干教师在教学实践中自觉应用标准作为自我反思与评价的工具，结合研修内容开展教学实践改进。

3.导学教师持续的专业指导与支持、评价与反馈

导学教师是学员网络研修的引导者、激励者、促进者、支持者和反馈者，对学员的自主研修、小组协作研修，以及问题解决、任务探究的过程，研修的成果反馈等，提供全方位的专业引导和支持。导学教师作用的发挥对于骨干教师网络研修的成效尤为关键，在很大程度上影响着网络研修的质量。在实施骨干教师研修之前，选择优秀的市级学科带头人、骨干教师组成导学教师团队，并进行导学工作专题培训。导学教师对骨干教师的学习进行全过程专业支持服务，对骨干教师的作业进行有针对性的专业评价和指导。导学教师有针对性地鼓励、评价和反馈，与骨干教师共情，激发骨干教师参与研修的热情与深度，肯定其有价值的研修成果，在潜移默化中逐渐形成互动讨论、积极向上的研修氛围，极大地调动骨干教师研修的内驱力，帮助骨干教师多角度审视自己，不断反思改进，在专业发展的道路上继续前行。

研修组织者应当为导学教师提供支持。在具体实施中，可将骨干教师提出的问题分类整理，请导学教师分别聚焦不同类型的问题进行集中答疑，以

案例为载体，从问题分析到解决策略再到背后的理念，逐层深入地、透彻地分析问题、解决问题。此外，导学教师对骨干教师的作业也要进行专业评价和指导。提出反馈建议的过程，也是基于骨干教师的问题和困惑，向骨干教师分享交流自身积累的教育实践智慧的过程。

4. 形成专业研修与实践改进的共同体

在线上研修中，建立骨干教师、授课专家、导学教师及研修的组织者之间的专业研修与实践改进的共同体尤为关键。共同体的成员突破时空限制，围绕同一主题，通过参与、会话、协作、反思、问题解决、成果展示等形式，彼此沟通交流，分享展示学习经验，共同高质量完成研修任务，达成研修的目标。

基于共同体的线上研修，不仅需要分享成员自己的知识和经验，还需要倾听和借鉴其他成员的建议。只有使共同体成员充分表达自己的想法，并不断加强成员之间的相互交流，才能使学习共同体更具活力，进而使每个成员在团队中获得持续的、专业化的发展。

在共同体的建构中，研修组织者的作用发挥至关重要。第一，通过自主研修、研讨互评、经验分享开展骨干教师之间的互动，建立骨干教师研修共同体。第二，通过精准诊断研修需求、开发精准的研修课程、课程实施中的互动交流，以及课后的答疑和持续跟进指导，建立骨干教师与授课专家的研修共同体。第三，通过导学教师有针对性的答疑和跟进式的辅导，满足骨干教师个性化的问题解决和成长需求，也促使导学教师加工转化自身的实践智慧成为问题导向的专题课程，建立骨干教师与导学教师的共同体。第四，通过研修的组织者建立民主、平等、和谐的主体关系，实施个性化的专业支持，营造感情融洽的合作氛围，激发骨干教师的内在动力，形成积极的、理性的研修心态，建立研修组织者与骨干教师的共同体。

总之，骨干教师混合式研修的设计与实施，应当针对骨干教师的问题与需求，聚焦学习能力、实践能力和反思能力的持续提升，开展线上与线下相融合、研修与实践相融合的研修，通过自主研修、同伴研修和导学教师指导相结合的方式，构建合作、交流、自我更新、丰富而有活力的骨干教师专业发展共同体，从而促进骨干教师持续的专业发展。

我们的思考

1.建设区域骨干教师研修体系，应突出课程意识，丰富、立体的课程体系能有效促进教师全面发展。课程建设应立足实践导向和问题导向，以课例研究为载体，加强骨干教师在专业学习和研究反思等方面的提升，全面提升研修品质。

2.积极探索研修模式创新，是解决目前研修方式单一问题的有效手段，满足教师个性化发展，解决研修中的真问题。以众筹型工作坊为主的研修方式，基本满足了以上需要，解决了教学中的部分问题。针对骨干教师的群体差异性，选择灵活的研修方式，积极地整合教育资源，能助力骨干教师持续发展，不仅满足不同学科、不同学段、不同人员的研修需求，还能提高骨干教师专业发展的热情。

你的思考

第五章

骨干教师校本研修
与自主研修

本章关键问题

1. 骨干教师在校本研修中的角色定位是什么？他们应该在校本研修中发挥着怎样的作用，具体做些什么呢？

2. 设计与实施以骨干教师为研修对象的校本研修应该注意哪些方面？

3. 促进骨干教师自主研修的路径和策略有哪些？

　　在信息技术飞速发展的今天，骨干教师需要不断学习、不断提高，具备终身学习能力和可持续发展素质。前面章节已经比较全面地论述了骨干教师的区域研修，其实，还有另外两个方面同样值得关注。

　　一方面，骨干教师的发展还需要其所在学校提供外部支持，重视骨干教师校本研修，在校本研修中充分发挥骨干教师的引领带头作用，激发其发展潜能。因为骨干教师的实践场域——学校，是骨干教师参与学习、发挥自身辐射作用最主要的场所，骨干教师的校本研修应成为各级教师研修机构培训者和学校校本培训者重要的研究落点。

　　另一方面，骨干教师自身还需要具有强烈的专业发展意愿，各种外部支持要能为其提供发展的内在动力，推动他们有效进行自主研修。由于骨干教师具有较强的自我独立判断能力和自主选择能力，因此，其主导的学习方式可以是自主式的学习。

　　基于此，本章分骨干教师校本研修和骨干教师自主研修两方面，介绍我们的思考和实践。

第一节　骨干教师校本研修

案例链接

　　通过这次全组合作推出研究课的整个过程，我发现了自己教学中的不足。同组老师的群策群力、无私分享，让我体悟到了团队合作的力量、集体智慧的价值；专家的高屋建瓴，从理论和实践给了我们指导和帮助，使我们的理论素养和实践能力双双得到促进和提升。多维、立体、全面的校本研修，促进了我们组教师的整体发展，在大家争论探讨的过程中，我们共情、共研。此外，这种研修方式给学科组注入了生命力，促进了学科组的长足发展，成就了教师，发展了学生。校本研修是一盏明亮的灯塔，照亮了我的教学之路，开启了我的学习探究之旅。

这是海淀区骨干教师、中关村中学的张金玲老师在她校本研修故事中的结语，从中我们可以看到一名骨干教师学习成长的历程，还有影响其专业发展的主要因素：同伴的互助支持，专家的引领指导，另外，隐含着其自身在"发现了自己教学中的不足"后的自我反思。事实上，一般而言，自我反思、同伴互助、专业引领这三个因素正是开展校本研修的核心要素。那么，骨干教师在校本研修中的角色定位是什么？他们在校本研修中应该发挥怎样的作用，又应该具体做些什么呢？

一、骨干教师在校本研修中的角色定位

教师是教育变革的主要践行者，骨干教师则是教师队伍中的领衔力量。在校本研修中，充分发挥骨干教师的领导力对教育改革和发展影响深远，骨干教师的领导力建设更是实现教育内涵式发展的重要路径。海淀区针对校本研修还专门出台了相应的工作指导意见，其中指出：要通过多种途径和方式，发挥教师主动性，创建学习共同体，从而提高校本研修的质量。骨干教师需要在共同体的建设和学习过程中发挥引领、示范和带头作用。可以说，校本研修中，骨干教师领导力的发挥关乎校本研修的质量水平和学校发展，也关乎骨干教师的专业发展和区域教育质量提升。

> 骨干教师领导力的发挥关乎校本研修的质量水平和学校发展，也关乎骨干教师的专业发展和区域教育质量提升。

（一）发挥骨干教师领导力，促进校本研修共同体形成

骨干教师作为按照一定的程序推荐和选拔，并经教育行政主管部门认定的优秀教师代表，被寄予了带领教师队伍向高水平和高质量迈进的期望。在学校的具体实际工作中，已形成一系列制度化措施，如骨干教师通常会担任学校内某个学科组、课题项目或各种教师专业发展活动的负责人，承担着学校赋予的团队领导职责。作为团队的领导，要帮助团队成员共同进步，将自己所带的团队打造为有效的专业学习共同体，这是首要任务。这就要求骨干教师在校本研修中充分发挥领导力，包括价值领导力、教学领导力、学术领导力和发展领导力，尽可能地挖掘每一位教师的潜力，带领团队形成有效交流的组织文化，拥有共同的价值观和愿景，持续的学习制度，有效交流的模式和成员间彼此信任、互助学习的氛围。只有在这样的校本研修共同体中，才能有效增强学校教师群体的理想信念和教育情怀，促进团队教师学科理解、教学育人、反思研究等能力的提升，真正帮助团队教师积累教育智慧，获得专业成长。

（二）开展专业的教师发展活动，提升校本研修品质

若要校本研修共同体形成并能保持持续发展的动力，高品质的教师专业发展活动是关键。这就需要骨干教师作为校本研修共同体的引领者，找准教育教学中的真问题，依据团队教师的专业发展需求，制订校本研修的学年规划与学期计划，通过带领团队钻研课程和教学、开展课题研究等专业发展活动，破解学校教育教学中的实际问题，最终达到学生进步、教师成长、学校发展的目的，实现校本研修的真正价值，提升校本研修品质。

骨干教师发挥自我领导力的过程，同样是骨干教师进行学习的过程。一方面，骨干教师领导力在校本研修中的有效发挥，有利于形成校本研修共同体，提升校本研修品质，有效促进学校教育教学质量的提高。另一方面，作为骨干教师，也需要不断提高自身的专业知识和育人能力，具备远见卓识和深邃的洞察力，彰显个性品质及个人魅力，从而带动同侪进步，引领学校发展。

二、骨干教师"发展领导力"的发挥与提升

我们认为,在校本研修中,骨干教师的"发展领导力"凸显了"对职业的发展规划和专业学习的能力,以及协调关系、整合资源来解决教育教学中的问题和困难"两个维度。与骨干教师的其他研修相比,校本研修中骨干教师的专业领袖身份更加凸显,充分展现了发展领导力的作用,同时也促进了其发展领导力的进一步提升。

根据学科教育教学的需要,骨干教师可运用专业知识、专业技术手段对学科团队成员进行研修需求的判断与分析,从而规划团队研修的目标,选择研修的主题和内容,带领学科团队成员开展专业的研修活动,并在学校课程建设中发挥重要作用。

(一)分析学科、教师和学生背景,确定研修主题

骨干教师在带领成员开展专业发展活动,确定研修主题时,应在学校大的研修背景下,对接学校校本研修计划,进行背景分析。具体包括三个方面的内容。

1. 本学科教育教学的挑战与发展机遇

如高中新课程标准的出台试行,强调立德树人,注重培养学生发展核心素养的教育大背景,使得各学科教育教学注重学生学科核心素养的发展,各学段的教学体现学习进阶,中考、高考从原来的知识考查转向能力和素养方向的考查……。所有这些为学科教学带来了怎样的问题和发展机遇?这就需要骨干教师带领团队成员认真分析,拿出教育教学的具体行动策略。学科教学的挑战和发展机遇,是学科组共同体面对的首要问题,是确定研修主题的前提和基础。

> 学科教学的挑战和发展机遇,是学科组共同体面对的首要问题,是确定研修主题的前提和基础。

2. 学科教师专业发展需求

作为一位教师领导者,骨干教师要认真研究作为成年人的教师心理、发

展需要，把握每个成员的特征。因此，作为教研组长或学科领袖的骨干教师要对接学校发展目标和育人目标，掌握不同发展阶段教师的发展需求，促使组内教师定位自身的发展；调动各自发展的主动性，发现组内成员的特长，在组内营造出合作互助的氛围，每个成员都依据自己的特色，在不同的领域彰显个人价值，实现共同发展。

3.本校学生特点和发展需要

除了基于本学科教育教学的挑战和发展机遇，以及学科教师专业发展需求外，骨干教师还需要根据学校整体的育人目标，认真分析本校学生在学科核心素养方面的发展起点，真正把学生放在首位，诊断学生心理和认知特点，确定学生的发展点，定位学生在学科教学中的实际获得，以此来确定成员教师的教研活动方向和重要的教研活动目标。

（二）制订学科组校本研修规划、计划（方案）

学科组校本研修通常情况下是指学科教研与培训活动。换句话说，学校的学科研修活动一般都是以学科组为单位组织的，骨干教师多为学校的教研组长。作为教研组长的骨干教师，是学科专业的领军人物，是学科组的定海神针。学科校本研修活动要具体落实学校办学理念、教改重点，满足本组教师整体需求。因此需要长期的规划、中期的计划、短期的策划来引领研修过程，还要注意及时加工学习成果。对于作为教研组长的骨干教师来说，非常重要的是把握学科的实质，确立学科的特色目标，对自己教研组的特色有明确的界定。教研组活动要注重以学生为主体，加强研究学生的活动，最终指向促进学生发展的目标。做到以上几点就可以心中有目标、手上有方法，工作起来就不会盲目。

研修计划（或称方案）是落实规划的重要步骤。要设计研修主题下的系列研修活动，活动要围绕成员共同关心的问题或者是遇到的共同问题来展开，还可以根据教师自身已有的知识经验，开展平等交流与后续实践的建构性学习。设计的教研活动要目标明确、思路清晰、措施明了，让每个成员都清楚自己应该做什么。

要很好地策划每次具体的研修活动，引导教师较好地开展学习。在日常的教研活动中，骨干教师要学会创设情境，增强策划意识，精心设计每次活动。如活动导入、材料准备、讨论的问题等和系列的研修活动，有逻辑地层层递进。还可以尝试轮值策划方案，让组织中的每位教师都能在共同体中慢慢地实现成长，这样也能促进共同体文化氛围的建立。

长期的规划、中期的计划及活动的策划，这"三划"是学科组落实发展愿景的核心抓手，也是学科组研修实效性的基本保证。

> 长期的规划、中期的计划及活动的策划，这"三划"是学科组落实发展愿景的核心抓手，也是学科组研修实效性的基本保证。

（三）建立教师学习共同体，形成教研组文化氛围

作为教研组长的骨干教师是教研组的掌舵人，通过道德引领、教科研引领，连接组内教师情感，使成员凝聚和产生认同。要让每一个成员发自内心地喜欢自己的组，愿意做组内的每一项工作，促使这种内驱力焕发出来，建立教师学习共同体，在组内形成和谐的文化氛围。我们可以从下面案例去体会。

····· 案 例 链 接 ·········

北京师范大学第三附属中学（简称"三附中"）物理教研组是一支有活力、有学习力、有战斗力的队伍。教研组校本研修主线清晰，系列化的活动开展已成常态，2017 年以来，每周一下午 4 点的晚教研活动从未间断。

还记得一次晚教研活动，我们共同研磨高三的一节研究课，其中有个实验用到微电流微电压传感器测电容器的充放电，测得数据之后还要和理论值进行比对。关于这个实验，可借鉴的课例并不多，并且对测量的要求极高。教研组所有教师在听了两位老师的初步设想之后，分三组用不同的实验方法探究，但是发现所得数据总是和理想数据对不上。大家逐一分析实验器材，

排查可能出现的问题，但还是不清楚问题出在了哪里。在物理教学中，物理实验就是灵魂，做好演示实验是老师的基本功，可两个多小时的研究都没有找到问题，老师们还是不甘心。这时，外面天色已经很晚，作为组长，我决定让大家先回去琢磨琢磨，第二天再讨论。回家后没多久，教研组的微信群里就有好多条信息传来，有关于电容传感器原理的，有关于学生电源原理图的，有关于充放电实验操作注意事项的，等等。在群里，大家研讨热情高涨，关于电容器充放电从理论到实验的研讨越来越深入。在跟大家的研讨中，我突然意识到，查阅的资料中基本都用干电池做电源，而我们用的是学生电源，难不成是因为学生电源的直流输出不是恒流？说出这个疑问，大家又开始就学生电源的原理和电路图开始研究，最终基本确定是电源的问题。讨论完这些，我一看都快10点了，看来这教研从下午4点一直未间断啊！

第二天中午自习时间，大家又不约而同来到实验室接着做实验，将电源换成干电池之后，实验数据结果与理论非常一致，误差也在可控范围内。之后，研究课上的实验得到了同行和教研员的高度评价，物理教研员、正高级教师苏明义老师点评说："三附中的老师们用实验数据向大家证实了2019年北京高考题，这绝对是个突破，也是我们物理学科课堂教学中应该提倡的。实验是做出来的，不是讲出来的。要在实验中观察现象、获得数据，基于证据的教学才能激发学生的思维……"授课老师兴奋地说："这不是我一个人的成果，是我们教研组共同研究的结果。"

这就是我们教研组的常态教研，类似的故事太多太多。新调入教研组两年的何老师说："早就知道三附中物理组是海淀区学科基地校，在教研组与大家合作的两年让我深深地体会到，能来到这个集智慧、友爱、激情、进取于一体的团队，真是我的幸运啊！"

（北京师范大学第三附属中学　王秀娟）

在建立学习共同体、形成团队文化氛围的过程中，作为教研组长的骨干教师还要注意继承与发展的关系，对成员要有充分的了解，包括成员的需求、心理状况、情绪特点等，对成员的情绪做出正面的引导和反馈，配合合理的活动对策，更好地把各种研修活动推向深入。

（四）带领教师进行课程资源开发和课程建设

作为教研组长的骨干教师，要立足学科特色，还要超越学科，在注重培育学生发展核心素养的基础上，有效开展课程资源开发和课程建设，满足学生个性化发展需求。

要根据校情以及学情的不同进行本校课程建设。国家课程校本化实施是本校课程建设的重要内容。怎样让统一的教材更适合自己学校的学生，并且学起来更有收获？这需要骨干教师带领成员共同研究。此外，本校课程建设还包括选修课和社团建设，这样才能使立德树人不仅仅是在课堂上，还可以延伸到选修课和社团。

建构了校本课程后，还要关注学生如何学习，即学生学法的指导（包括学情分析）。要注意收集一手资料，包括对细节部分的收集，注重经验的积累和成果的总结，形成素材资源，这对以后的成员教师也是一个指引。在课程资源开发和课程建设的过程中，可以通过总结分享启发组内其他成员，并形成榜样的力量，促使成员教师下次做得更好。

（五）开展组内群体校本课题研究

在校本研修的方向上，离不开学科教育教学，也离不开教师专业素养的提升。那么，怎样去提升教师的专业素养及教育教学水平呢？最好的办法就是带领成员教师做群体的课题研究，并在不同阶段把成果进行汇总，进行成果的分享。这种良性刺激对于成员教师能够起到很好的促进作用。

值得注意的是，要运用智慧找到课题研究的抓手，这个抓手能把成员教师很好地连接起来。有效的引导就是骨干教师先做起来，慢慢地让成员教师有点感觉、有点成就，有了小小的惊喜和获得感的时候，成员教师就会逐渐地发生改变，愿意跟着做。因此，骨干教师可以找到适合的抓手，小切口先做起来，不急于求成，科研氛围营造好以后，再扩展到团队成员，大家形成共识，发挥主动性，一起研讨交流，把教育科研一步步引向成功。

（六）引领、促进组内成员教师梯队成长

要做好成员教师的梯队发展规划。作为教研组长的骨干教师，要有高站位和宽阔的胸怀。成员教师发展梯队是什么？未来几年，××老师应发展成什么样？什么时候给他什么样的机会或岗位？……要在了解每位成员的基础上，让成员都有自己的特色，都得到成长，从而形成非常良好的组织生态，使成员之间既有合作也有竞争，相互增压，彼此赋能，促进发展。

作为教研组长的骨干教师，能够把团队成员的成长放得比自己的发展还高，就能在推动成员梯队发展的同时，赢得成员教师的尊重，获得自身专业的提升和进一步发展。

三、骨干教师群体的校本研修

骨干教师群体的校本研修即以骨干教师为研修对象的校本研修，是骨干教师研修的重要组成部分，其流程方法与其他群体的校本研修基本相同，但骨干教师在学校中专业的先进性和领导作用，又使其具有一定的特殊性。因此，设计与实施针对骨干教师的校本研修应该注意以下几点。

（一）聚焦真实需求的高端定位

骨干教师对自身专业发展重视，对研修期待高，所以针对骨干教师开展的校本研修要聚焦真实需求，定位高端。

针对骨干教师群体组织的校本研修，可聚焦骨干教师们共同关注或欠缺的，如团队建设、校本研修的设计实施、教育教学研究等能力；针对骨干教师个体设计的校本研修，则可聚焦学科、专业方面，可采用私人定制式。骨

干教师的高端定位体现在个性化调研、精细化设计、高
端师资聘请、各类型优质服务提供等多方面。

骨干教师的高端定位
体现在个性化调研、精细化
设计、高端师资聘请、各类
型优质服务提供等多方面。

（二）专家支持的高品质共同体建设

　　骨干教师在专业发展中同样需要研修共同体，从中
找到团队归属感，有效促进自身进一步发展。骨干教师的研修共同体建设
应该有专家的引领和支持，从而提高研修品质和共同体建设水平。在这种
高品质的共同体中，骨干教师不仅仅是输入者，更能成为输出者，将已有
的经验进一步内化和提升，在碰撞中提升自己的专业化水平，从而带动学
校教师队伍整体提升。

（三）创新引领性的成果导向

　　骨干教师的群体特点决定了骨干教师研修要高标准，其校本研修成果设
计应重视创新性和引领性，因为骨干教师的经验、做法、思想都会成为学校
某一阶段的标杆和资源，影响学校其他教师的专业发展方向。此外，学校要
为骨干教师搭建分享交流的平台，激发骨干教师内在潜力的同时，助力全校
教师的专业发展。

第二节　骨干教师自主研修

一、有关自主研修的理念和理论

（一）自主研修的内涵

　　自主研修是教师个体发挥主动性，通过持续地学习、反思和实践，不断
提高自我价值、实现自我超越的活动，是教师专业发展的重要途径。

　　朱小蔓、笪佐领提出"培养自主成长型教师"这一教育人才培养理念，
即"新世纪的教师应该是具有自主选择、自主反思、自主建构、可持续发展

的教师"。[1] 从"教师自主专业成长"为切入点来看，大量优秀教师的成长经历和以往对骨干教师的研究都说明：自主研修是一名教师成长为优秀教师的必由之路，具有自主研修潜质的教师，同时也是能够自主建构、独立反思、可持续发展的教师，这些优秀教师成长为各级骨干教师，在教育领域发挥着引领辐射作用。北京市海淀区曾在 2019 年针对全区所有区级骨干教师做过调研，68.8% 的骨干教师认为，促进其专业成长最大的因素是"自己有发展意向"。可以说，骨干教师个体的主动性，为骨干教师专业发展提供了强大的内驱力，基于这种内驱力的自主研修就成为骨干教师专业发展的重要途径，应该引起教育主管部门和各教师研修机构的重视，如海淀区就把自主研修纳入骨干教师区级研修课程的整体规划。

> 自主研修是一名教师成长为优秀教师的必由之路。具有自主研修潜质的教师，同时也是能够自主建构、独立反思、可持续发展的教师。

骨干教师开展自主研修，主要从两个方面：一是以骨干教师个体研究为主的自我学习。教师在日常教学生活中要养成善于发现问题、解决问题、反思问题的研究意识和习惯，不断提高自己的理论学习水平和实践能力，促进自我专业化成长。二是骨干教师在校本研修或各级各类研修中有选择性地确定研修内容及研修形式，调控研修的过程节奏，监测自我学习效果。骨干教师开展自主研修，有效提升自我教育教学能力、学术水平和综合素养的同时，也能促进其领导力的发挥，影响、引领更多教师发展。

> 骨干教师开展自主研修，主要从两个方面：一是以骨干教师个体研究为主的自我学习。二是骨干教师在校本研修或各级各类研修中有选择性地确定研修内容及研修形式，调控研修的过程节奏，监测自我学习效果。

（二）有关自主研修的学习理论及其启示

1. 有关自主研修的学习理论

（1）成人学习动机理论

开展自主研修的原因和动力是学习动机，是影响学习活动的重要非智力

---

① 朱小蔓，笪佐领. 走综合发展之路　培养自主成长型教师 [J]. 课程·教材·教法，2002（1）：59.

因素。一个人是否能够自觉自愿、积极主动地参加某一活动，并能取得较好质量和效果的关键因素，就是他对这一活动是否具有强烈的心理需求并以此确定活动目标。学习动机通过影响个体在学习过程中的投入水平而影响学习效能，因此，通过对个体动机的干预，能够影响个体的行为，提高学习的效能。

（2）自我导向学习理论

直接支持自主研修的成人学习理论是自我导向学习，它被誉为成人教育的支柱理论之一。这个研究观点最早由成人教育学家塔夫（A. Tough）提出，他认为自我导向学习（self-directed learning）是由学习者制订计划和引导学习活动进行的自我学习[①]，是一种最自然的学习方式。该理论以终身学习为着力点，将成人学习者放到学习中心的位置，突破了以往"外在驱动"型的成人教育模式，转向强调知识内化对个体学习的促进价值。自我导向学习具有自主性、灵活性、普遍性、终身性的特点，它能满足人们在任何时间、任何地点进行学习的需求。它是实现终身教育、终身学习和学习化社会必不可少的条件。

在自我导向学习理论发展过程中形成的三种经典模式——历程取向模式、个人取向模式和个人责任取向模式，能够为促进教师开展自主研修提供借鉴和思路。历程取向模式认为，在学习过程中需要以相关问题或任务为导向，基于学习者自身的经验历程，通过合理利用一定的学习环境（包括学习资源、学习氛围、学习结果评价），有效地帮助学习者实现自我学习的目的。个人取向模式认为，影响学习者学习的因素更多的是基于学习者自身的内部心理、性格及人格等方面的特质产生的，因此，应该使用一定的方法和策略对个体的这些方面加以影响。个人责任取向模式认为，学习者在学习的过程

---

① 姚远峰. 自我导向学习及其与成人教育发展述评 [J]. 河北师范大学学报（教育科学版），2008（3）：103.

中具备一定的责任意识，并且能够付诸一定的行为，能够影响学习的直接效果，其强调学习者对学习的自我决定、自我选择和自我对学习后果负责。[①]

（3）自主学习理论

自主学习的理解维度

自主学习是教育心理学研究的一个重要课题，对成人学习同样具有一定的指导性。其代表人物齐莫曼（B. Zimmerman）认为，当学生在元认知、动机、行为三个方面都是一个积极的参与者时，其学习就是自主的，并提出了一个系统的自主学习的研究框架。[②]

自主学习是自我、行为和环境三者互为因果、相互影响的结果。因此，探讨影响自主学习的因素应从个人内部、行为和环境三个方面着手。

2. 有关理论对骨干教师自主研修的启示

骨干教师是教师群体中的优秀者，具备强烈的自我成长意识和一定的自主研修能力，在骨干教师研修过程中应用成人学习动机理论，重视骨干教师的主体性，激发研修动机，充分发挥骨干教师的内驱力，对骨干教师的自主研修给予引导和帮助，能够有效助力骨干教师进一步发展，促进骨干教师成为名师。

将自我导向学习理论应用到教师培训中，我们可以看到，其不同于"外铄论"观点。自我导向学习理论是把教师——成人学习者——理解为自治的、自由的、以寻求成长为导向的学习者，所以教师发展不能仅考虑外部环境力量的控制，不能只通过以知识、技能为主要内容的训练和传授来实现教师专业发展，而需要构建以教师为本的价值观，把教师始终作为教师教育的核心与目的，作为教师培训的出发点和归宿，强调尊重教师、理解教师、激

---

① 朱彦陈，叶青. 自我导向学习理论的三大模式及对我国成人教育的启示 [J]. 中国成人教育，2018（6）：99-101.

② 庞维国. 自主学习理论的新进展 [J]. 华东师范大学学报（教育科学版），1999（3）：68-74.

励教师和发展教师，肯定教师作为学习主体的价值和意义。

综合三种自我导向学习的经典模式，我们还可以获得如下启发：要在承认每个学习者自身对于学习都具备了无限潜能的基础上，在促进个体自我学习过程中，不但要对学习者自身的经验历程及其自身内部心理方面进行了解和引导，更为重要的是要帮助学习者在自我学习的过程中建立对自身的责任意识。帮助学习者能够更加自觉地参与到学习过程中去，寻找适合自身经验历程、内部心理和人格倾向的学习方式，从而更好地进行自我导向的学习。

自主学习理论对于我们把握自主研修的实质、全面深入地认识影响自主学习的因素，以及探讨促进自主研修的方法，都提供了借鉴和指导。

二、促进骨干教师自主研修的路径和策略

（一）骨干教师自主研修的路径

1. 确立自主研修的意识，制订个人专业发展规划

"凡事预则立，不预则废。"教师的自主发展，有赖于外部环境的改进，更有赖于教师自身的主体意识和主体能力，所以需要骨干教师确立自主研修的意识，能够结合自身价值追求和教育教学需要，积极、自觉和主动地确立目标，制订计划，提升专业素养。

首先，骨干教师要认真分析当前自身专业发展的情况，考虑如何创造专业发展的机会。其次，骨干教师要制订科学、合理的专业发展规划。科学合理的规划能使专业发展具有明确的目的性与方向性，提高发展效率并起到有效调控的作用。特别地，制订规划方案的关键在于执行。骨干教师需要在实施方案的过程中有效地把握内、外在因素，细化方案，并在努力实现目标的过程中，不断根据内、外在因素适当修正与调整，确保个人专业发展规划的顺利实施。

海淀区西苑小学体育骨干教师郭蕊在她的成长故事中写道：她根据学校

要求，在师傅的帮助下从不知道"什么是发展规划"到明确"努力做一名优秀的体育老师"，制订了自己的专业发展五年规划。第一个五年规划使她从新任教师成长为学区级骨干教师，第二个五年规划使她从学区级骨干教师成长为高级教师、区级骨干教师。

2. 选择适合自我发展的研修活动，增强自主研修能力

骨干教师应当结合自我发展中存在的问题，结合个人专业发展规划，有目的地选择和参加适合自我发展的研修活动，在校本研修或各级各类研修中，有选择性地寻求适合自我发展的研修内容及研修形式，调控研修的过程节奏，监测自我学习效果；将思想和行动进行有机结合，在实践中把知识内化、升华，转化为专业素养，多渠道增强自主研修的能力，在开展教育教学实践活动和研究中提高自主研修能力，拓展专业发展通道。

在海淀区骨干教师讲述的成长故事中，大量的骨干教师谈到自己自主自觉地阅读、参加教研等。如海淀区上庄中心小学的龙习平老师，在《阅读厚底蕴　苦练提素养　教研获突破》的成长故事中，把自己从一名农村普通中学老师成功转变为海淀区小学语文骨干教师的原因就归结为阅读和参加教研。

3. 持续反思，梳理提炼个人特色教育教学思想

骨干教师持续自我反思能够有效地促进自我专业成长和发展。写三年教案成不了名师，写三年反思就有可能成为名师。按照建构主义理论，骨干教师头脑中已经存在自己的教育教学经验和思想，需要通过不断地学习和尝试新的理论和实践，在过程中持续反思，逐渐构建出具有个人特色的教育教学思想，并在反思基础上不断地吸收新的信息，交替上升，最终实现骨干教师内在认识和思想的全面更新，转变为名师。同时，骨干教师应建立关于教育教学理论的辩证思维，即在实际教学过程中不断反思，结合自身实际，比较各种理论的利与弊，学会用批判的眼光看待现有理论，并将自己的理解与假

设大胆地在教学实践中尝试，及时利用专业知识解决反思中存在的问题，梳理提炼为个人的教育教学思想，实现进一步发展。

我们很高兴地看到，越来越多的骨干教师认识到持续反思的重要性并掌握了反思的方法。如北京市十一学校龙樾实验中学张磊老师曾谈道："作为骨干教师，我开始关注同一主题教学内容下教学策略与方法的比较，关注课例研究等，每一天的教学反思逐渐走向常态化，教学、研究、反思成为我每一天工作的日常……"

4.示范引领，在自我价值实现中持续成长

骨干教师称号不仅仅是一份荣誉，更是一份责任和义务。骨干教师积累了丰富的教学经验和价值，是区域教育发展的中流砥柱。骨干教师带徒弟培养青年教师，担任项目负责人、教研组长，带领其他教师破解教育教学实际问题，担任校本研修或区域教师研修的主讲教师等方法，都能够充分发挥骨干教师的带头引领作用，对促进所在学校乃至区域的教师教育教学能力提高，推动学校教育质量的提升，起到不可替代的重要作用。

赠人玫瑰，手留余香。在这些活动过程中，骨干教师不再仅仅是输入者，而且成为输出者，示范引领活动，这就促使骨干教师将已有经验进一步内化和提升，在交流和分享中提升自身的专业化水平，实现实践经验向理论的转化。更重要的是，骨干教师在辐射引领的过程中实现了自我价值，获得了成功体验，能够促进提升人生境界，坚定教育理想信念，从而实现持续发展。

（二）促进骨干教师自主研修的策略

骨干教师的自主研修在教师专业发展的进程中起到了非常重要的作用，学校和各级教师研修机构应充分认识到骨干教师自主研修的价值，通过多种策略和方法促进骨干教师自主研修。

1. 建立骨干教师自主研修的激励机制

各级教师管理部门和教师研修机构，以及骨干教师所在学校应建立针对骨干教师的激励机制，采取适当的激励方法和途径，对骨干教师进行有效引导，使每一位骨干教师通过努力获得自我实现和事业成功的机会。

激励包括为骨干教师开展教科研和专业学习提供经费等物质激励，也包括支持骨干教师申报各级教育教学奖项和荣誉、提供各种途径宣传骨干教师的教学成果和先进事迹、通过优秀研修故事案例评选为骨干教师自主研修提供展示平台等非物质激励，激发骨干教师的荣誉感、自主研修的热情和动机，真正将外部的刺激变成内部的力量，促进骨干教师实现真正的成长。

2. 帮助骨干教师制定适合自身发展的学习目标

学校的教学领导和教师培训者要帮助骨干教师树立适合自身发展的学习目标，帮助骨干教师形成发展意识，并对自身的学习结果负责。从骨干教师自身的经验历程特点出发，帮助骨干教师分析其所处的发展阶段，剖析有利于其发展的各种因素，以及目前所需要突破的问题，帮助骨干教师建立一个"看得见"的发展目标。同时，需要对骨干教师的"责任"意识进行引导，即作为骨干教师，需要在自身发展的同时，能够担负起带领其他老师发展的责任和义务，所以学校和教师培训者要帮助骨干教师在学习的过程中树立一定的责任意识。

3. 为骨干教师营造良好自主研修氛围

促进骨干教师自主研修，要为骨干教师营造良好学习氛围。骨干教师学校和各级教师研修机构需要为骨干教师提供满足其需求的学习资源，在培训课程设计和实施中充分考虑骨干教师的特点和发展方向。

同时，还要通过对骨干教师的观察，利用骨干教师之间性格上、经历上、能力上的互补性差异和特点组建学习共同体，构建一种合作的研修文化，在互信、互谅和互助的氛围中为骨干教师提供互相对话、互相交流、互相观摩以及互相支持的活动和时间，帮助骨干教师充分发挥特长，建立作为骨干教师的归属感，使骨干教师能够更加积极地开展自主研修，促进骨干教师个人和教师群体学习的改善和专业的发展。

4.对骨干教师的学习过程进行合理引导

指导和促进骨干教师自主研修要在尊重成人学习者的自我意识前提下进行，这需要在充分调研的基础上了解骨干教师的真实需求。这就既要了解骨干教师的学习目的和经历，也要倾听和发现骨干教师在研修过程中遇到的问题，以提出合理的建议，来帮助其解决相关问题。同时，有必要引导骨干教师对自己自主研修的重要影响因素进行自我分析，以便结合个体心理、性格和人格来改善自主学习。在教师研修的过程中，对骨干教师的学习过程进行合理指导，学校和区域教师培训者可以以不同身份介入骨干教师学习过程，帮助骨干教师完成自我挑战，继而推动其各方面学习能力的发展，引导骨干教师在自我学习的过程中对学习进行合理化管理，建立适合自身发展的学习方式，从而推动骨干教师自我学习能力与教育教学水平的整体提高。

5.帮助骨干教师实现对学习的自我审视、评估和反思

注意以日常观察或相关测验的方式对骨干教师的学习进行评估，帮助骨干教师对其学习结果进行有效的审视、评估和反思。同时，基于评估结果，和骨干教师一起制定出适合其发展的学习方法策略及下一步目标，提升骨干教师自我研修的质量。

我们的思考

1.在校本研修中，应发挥骨干教师领导力，促进校本研修共同体形成；骨干教师通过组织开展专业的教师发展活动，可以提升校本研修品质。

2.针对骨干教师开展的校本研修，需要聚焦真实需求的高端定位，建设专家支持的高品质共同体和创新引领性的成果导向。

3. 自主研修是一名教师成长为优秀教师的必由之路，骨干教师开展自主研修离不开骨干教师本人的坚持和努力，也需要学校及各级教师研修机构的帮助与促进。

你的思考

_____

_____

_____

_____

_____

第六章
骨干教师研修实践案例

本章关键问题

1. 如何多角度和多渠道开展需求调研以期发现真问题？

2. 怎样分析需求，定位恰当的培训主题，指向骨干教师的专业发展？

3. 如何整合资源，并通过线上和线下相结合的方式实施骨干教师研修？

4. 如何对骨干教师培训后的行为进行追踪，以期发挥骨干教师的示范引领作用？

英语阅读教学是英语教学的重要组成部分，承载了教与学的主要内容，对培养学生思维品质等学科核心素养有着关键作用。本案例基于真实的研修需求，确定研修主题和目标，以课堂提问研究为切入点，采用众筹型工作坊研修模式，依据布卢姆认知目标分类理论分层设计阅读教学，培养学生思维品质，解决了小学英语骨干教师阅读教学实践中的实际问题，取得了良好的研修效果。

小学英语："阅读教学课堂提问研究"
众筹型工作坊研修

北京市海淀区教师进修学校　樊　凯

一、研修背景

提问技能是教师的教学基本功，是课堂教学实施的基本技能。提出好的问题，在推动学生深入思考、深度参与方面，发挥着重要作用。但课堂观察发现，很多小学英语教师在阅读教学中还没有将"思维"作为其重要目标，课堂提问总是缺少一定的深度和广度，问题多指向信息的提取与理解，学生的学习只停留在浅表层面，学习深度不够，阅读效能低下。那么，如何将阅读教学的重心从关注阅读内容转到关注学生阅读素养的培养，依据学生的认知规律精心设计课堂提问，激发学生思维的活力，拓展学生思维的深度和广度，从而发展学生的高阶思维能力，提升阅读效能呢？

为破解上述问题，进一步提升海淀区小学英语骨干教师研修的针对性和实效性，2017 年 11 月，项目组在第三期小学英语骨干教师研修班上，基于需求分析设计并实施了以小学英语"阅读教学课堂提问研究"为主题的众筹型工作坊研修。

二、需求调研与分析

为准确把握小学英语骨干教师课堂提问的现状和研修需求，2017年10月，项目组针对参加研修的30名小学英语骨干教师及相关专家开展网络调研，了解骨干教师在开展阅读教学实践中遇到的真实问题，精心规划研修课程，满足并引领学员的研修需求。

经过调研，项目组发现小学英语骨干教师在阅读教学课堂提问方面的研修需求集中体现为以下五点：①问题的针对性；②问题的趣味性；③问题的难易程度把握；④候答时间的把握；⑤提问后的反馈。

结合调研的结果和培训者的专业研判，得出以下结论：

（1）整体来看，小学英语骨干教师更关注策略性、技能型的知识，更想要管用的"招"，对教学观念、理念关注不够。

（2）在课堂教学中，教师对英语学习如何促进学生思维的发展认识不足，导致问题表层化（单一、封闭），往往只需要学生对知识进行简单的回忆和确认，没有注重和强调如何促成学生的认知冲突。未能真正将学生思维引向深入，对于学生高阶思维关注不够，抑制了学生的创造力和想象力。

（3）在文本解读方面存在感性认识有余、理性认识不足的问题。这导致问题指向不明，单调孤立，不能有效地激发学生的动机，脱离学生的经验和水平。

（4）在实施教学时，大多数骨干教师在面向全体学生、理解学生学习需求、关注学生不同能力水平和学习风格以及学习方式的差异等方面重视不够，导致问题随意性强，问题之间关联不大，缺少更深层次的认知功能和驱动价值，未能真正将学生的思维引向深入，未能有效帮助学生建立起深度思维的路径。

因此，此次研修旨在提升小学英语骨干教师课堂提问研究的意识和能力，特别是通过课堂提问促进学生思维发展的意识和能力，使骨干教师有意识地关注课堂提问的有效性，借鉴布卢姆认知目标分类学理论，思考如何设计具有逻辑性关联、螺旋式上升的问题链，帮助学生在理解阅读文本的过程中，获得知识和能力，提升学生的思维品质。

三、课程设计

（一）研修目标

1.提升理论素养，凝练实践智慧

通过集中学习、个人研读、小组讨论、行动反思等多种形式，系统了解布卢姆认知目标分类理论与实践，结合个人英语教学实践经验，形成有效的小学英语阅读教学课堂提问的方法与策略。

2.提升研究能力，固化研修成果

系统学习阅读教学课堂提问研究的方法，养成发现问题和思考问题的意识及习惯，学会运用科学的研究方法指导和检验自身的英语教学实践，并在此基础上撰写一篇指向学生思维品质培养的阅读教学案例。

（二）研修主题

依据上述需求调研的结果，项目组将本次工作坊的研修主题确定为小学英语骨干教师"阅读教学课堂提问研究"。将阅读教学作为小学英语骨干教师课堂提问研究的载体，不仅能帮助改进骨干教师的教学实践，还能提升其研究能力，从而帮助其更好地发挥辐射引领作用。

（三）研修课程

此次研修课程基于成人教育"自愿、经验、自主、行动"的学习原则[1]设计。活动基于参与者的自身需求（自愿），关注参与者自身相关经验（经验），创造练习机会，供参与者动手操作与投入研讨（自主），并指向活动之后的实

---

[1] 斯托洛维奇，吉普斯.交互式培训：让学习过程变得积极愉悦的成人培训新方法[M].屈云波，王玉婷，译.2版.北京：企业管理出版社，2016：62-63.

践改进（行动）。课程基本实施步骤、活动内容与形式如表 6-1-1 所示。

表 6-1-1 研修课程实施的基本步骤、流程、活动内容和形式

序号	基本步骤	基本流程	活动内容	活动形式
一	聚焦主题，激活经验	体验先行	阅读绘本 A "Friend Making Machine"，按照读前、读中、读后的顺序各提一个最有价值的问题；小组汇总讨论，初步将问题进行归类，并简要说明归类依据或理由（55 分钟）	自主分析与小组研讨
		开场讨论	关于最有价值的问题的讨论（25 分钟）	小组研讨与焦点讨论
二	提炼困惑，分析案例	参与式讲授	布卢姆认知目标分类理论（30 分钟）	互动参与式讲座
		头脑风暴	第二次问题分类的讨论（20 分钟）	小组研讨与焦点讨论
三	学习反思，提炼策略	整理命名	研讨关键问题，整理、命名，调整修改完善问题设计（30 分钟）	小组研讨与焦点讨论
		回顾反思	借助焦点讨论，对整场活动进行回顾与反思（20 分钟）	自主分析与焦点讨论

四、课程实施

该课程实施以众筹型工作坊研讨为主要形式，采用系列引导策略与团队共识工作方法，遵循"聚焦主题，激活经验—提炼困惑，分析案例—学习反思，提炼策略"的基本步骤展开，并最终借助反应性层面问题与诠释性层面问题，对整体活动的目标达成度进行检验。具体实施过程如下。

（一）聚焦主题，激活经验

（1）坊主开场，介绍工作坊日程安排。

（2）与参与者共创工作坊参与原则。

（3）开展热身体验活动，参与者自行阅读绘本 A "Friend Making Machine"[1]，了解故事主要人物、配角、场景、关键事件；然后按照读前、读

---

[1] 取自北京师范大学"认知神经科学与学习"国家重点实验室攀登英语项目组编著的《攀登英语阅读系列·分级阅读》第四集（6）。

读前问题设计汇总：
- What is the "friend making machine"?
- Did Rob find the secret? Did Rob get friends?
- What do you think of Dr. Smart's advice?
- Rob is a clever engineer. But he doesn't have a friend. Why?
- Why does Rob want to make a friend making machine?
- What can you see from the cover?
- What is your friend like?
- What does the Rabbit want to do?

读中问题设计汇总：
- If you were Dr. Smart, what advice would you give to Rob?
- If you were Rob, what would you say and do?
- What would Rob say and do?
- What do the animals want?
- What happened when Rob made the machine?
- How does the Rob find the secret?
- Do you agree with Dr. Smart? Why or why not?
- Why does the Rob have no friends?

读后问题设计汇总：
- Do you have any secrets of making friends?
- How do you make friends?
- What is the secret of making friends?
- Does Rob need to make a friend-making machine now?
- How does Rob make many friends?
- What is the secret to make friends?

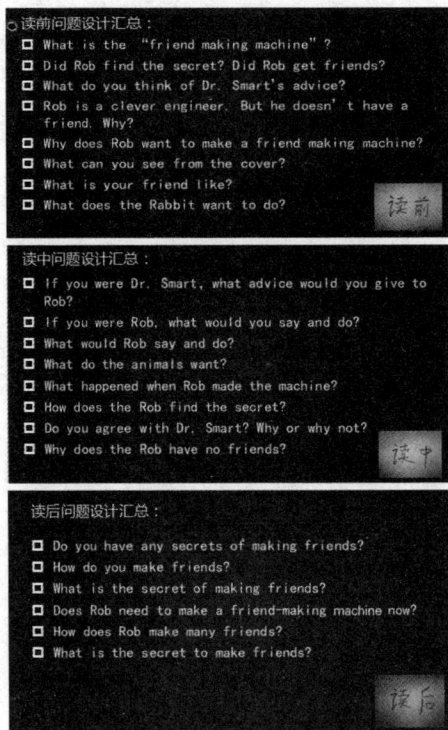

图 6-1-1　各组汇总的读前、读中、读后的最有价值的问题

1组：	2组：	3组：
1. 表面信息	1. 聚焦文本理解	1. 故事文本信息
2. Why？（为什么？）	（细节）	（细节）
3. How？（如何？）	2. 推理判断	2. 内涵挖掘
4. 与学生实际生活相关	3. 语言拓展	
4组：	5组：	6组：
1. 文本推论	孩子认知角度	1. 观察图片
2. 图画	（表面）	2. 阅读文本，直接获取
3. 朋友话题	成人认知角度	3. 找不到答案，深度思考推理
	（深层次思考）	

图 6-1-2　各组问题分类汇总结果

图 6-1-3　集体投票现场

中、读后的顺序各提一个最有价值的问题、小组汇总讨论，将问题进行归类，并简要说明归类依据或理由。汇总结果如图 6-1-1、图 6-1-2 所示。

（4）集体投票评选读前、读中、读后自己认为最有价值的一个问题，并说明理由。（见图 6-1-3）

（二）提炼困惑，分析案例

（1）组织关于提问设计的开场讨论，引出关键问题：有哪些具体的提问技巧有助于增加提问的思维含量，促进学生有意义地输入与有向、有序、有情地输出，提高学生的英语学科关键能力呢？

（2）参与式讲授：布卢姆认知目标分类理论。共分三个部分：一是介绍布卢姆认知目标六个层级；二是介绍不同层级目标的内涵、关键词及分类的方法；三是总结提问设计的基本原则。

（3）基于体验活动，对先前问题设计进行第二次分类。

（三）学习反思，提炼策略

（1）运用引导策略"有收敛的头

脑风暴清单"[1]，研讨关键问题，整理、命名，并形成初步共识。（见图 6-1-4，包括记忆/回忆、理解、应用、分析、评价、创造六个层次。）

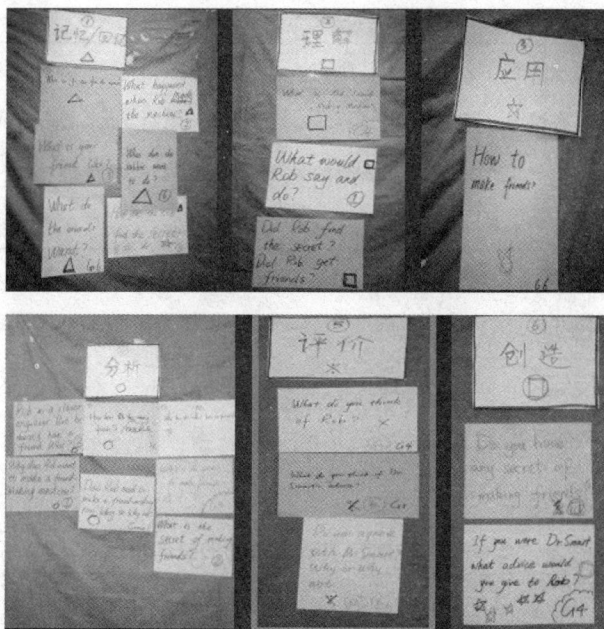

图 6-1-4 第二次分类的结果

　　根据这六个层次，课堂提问也可以分为六个层次：知识记忆性提问、理解性提问、应用性提问、分析提问、评价提问和创新性提问。简单来说，记忆、理解和应用属于初级思维层次活动，分析、评价、创新属于高级思维层次活动。不同层次的提问所调动的思维含量也不同，层次越高，所调动的思维程度越高。因此，要提高学生英语学习的关键能力，设计层次较高的、思维含量高的提问是非常必要的。

---

[1] 有收敛的头脑风暴清单（brainstorming list with closure），是四种基本的引导策略之一，广泛运用于各类参与式工作坊现场。该策略通过情境设定、头脑风暴、整理、命名和反思五个基本步骤，帮助团队围绕特定问题先发散再收拢，逐步产生团队共识，推动团队在共识基础上对相关问题产生更直观且深入的洞察和进一步的行动力。有别于另一引导策略"有收敛的讨论"，该策略需要团队在产生共识过程中将头脑风暴的结果记录在纸上，形成清单。

（2）调整修改完善问题设计。

（3）运用焦点讨论引导学员对整场活动进行回顾与反思。（见表6-1-2）

表6-1-2　学习反思不同层面的问题

客观性层面问题	今天的研修，您看到、听到、记住了哪些？
反应性层面问题	在这个过程中您有什么样的心情、感受或情绪变化？您联想到什么？
诠释性层面问题	哪些研修内容对您有深刻的触动或启发？为什么？
决定性层面问题	您将采取什么样新的具体行动或改进措施？

五、效果评估

（一）学员反馈

通过焦点讨论，学员对研修活动进行了反馈，具体如表6-1-3所示。

表6-1-3　学员对研修活动的整体反馈

思维层面	具体学员反馈
客观性	（1）用心、精心地准备，内容、形式丰富（有讲座、实践活动、案例等），让理论与实践结合。（2）在以往教案撰写过程中，自己的提问设计层级相对比较单一，很多问题都停留在记忆和理解的层面，而应用、分析、评价和创造层级的问题相对较少，这反映出我们平时在阅读教学设计时存在的问题。（3）当我们按照布卢姆认知目标分类理论回顾自己教学设计中的问题时，确实发现了不少问题，也改变了我们某些错误认识
反应性	（1）自觉过去理解太浅显，对于相关理论的层级区分会存在一定的困惑，专家引领解惑后，大家顿有醍醐灌顶之意。（2）以往没有课程意识的指引，教学研究往往凭借自己个人的经验，没有从整体进行教学设计。（3）为了研究所做的付出不可少，每个大咖都不是凭空而来的，无不是经历了学习、实践和反思的过程。反思我们自己，有实践经验，但学习得不够、反思得不够。作为学校的骨干教师，不仅要有丰富的教学经验，还需要有一定的理论基础，能够让理论指导教学，使教学行为有据可依。（4）如何创设问题，真的是需要长期研修的一门教学艺术
诠释性	（1）意识到观念更新的重要性，认识到自己的不足与差距，明确了努力方向。（2）课堂提问设计，让我们对自己的阅读课中提出的问题重新进行了思考。作为工作多年的英语骨干教师，非常惭愧，原来自己的提问只是停留在理解和记忆的层面上。（3）在一节阅读教学中，要兼顾各层面的问题，才能促进学生更好地发展

续表

思维层面	具体学员反馈
决定性	（1）给自己充电，从每一件小事做起，设计好每一次提问。（2）注重问题的设计，要结合布卢姆认知目标分类理论体系，精心设计每堂课的问题，兼顾所有学生的认知基础。同时在每单元的故事教学过程中，要引导学生关注阅读策略，培养学生的阅读技巧，提高学生的思维能力。（3）将所学应用于自己的教学实践

（二）研修成果

基于众筹型工作坊研修，学员围绕课堂提问产生了诸多共识，并在基于布卢姆认知目标分类理论的课堂提问设计策略和阅读教学各环节问题链的设计两个方面达成了研修成果。（见表6-1-4）

表 6-1-4 本次众筹型工作坊的研修成果

研修成果	具体内容
基于布卢姆认知目标分类理论的课堂提问设计策略	（1）记忆性提问：重述信息，重在认知思维。（2）理解性提问：初步掌握，强调表达思维。（3）应用性提问：运用情境，培养实践思维。（4）分析性提问：深入观察，促进深度思维。（5）评价性提问：联动经验，走向高阶思维。（6）创新性提问：拓展延伸，体现创新思维
阅读教学各环节问题链的设计	（1）读前环节问题链的设计：结合学生已知，唤起学生对故事人物和事件的回忆，激发学生阅读故事的兴趣，提升学生思维品质的准确性和开放性。（2）读中环节问题链的设计：学生通过自主阅读故事、交流故事内容和分享故事情节，提升思维品质的深刻性和灵活性。（3）读后环节问题链的设计：学生通过梳理故事信息、归纳总结故事和感悟故事等，提升思维品质的逻辑性和创新性

大家一致认为：提问在教学过程中至关重要，精心设计的、有层级性的课堂提问，从易到难、由浅入深，可以有效启迪学生的思维，让学生积极主动地投入课堂，真正实现学生从学知识到增强思维能力的转变，从而提高学生

> 提问在教学过程中至关重要，精心设计的、有层级性的课堂提问，从易到难、由浅入深，可以有效启迪学生的思维，让学生积极主动地投入课堂，真正实现学生从学知识到增强思维能力的转变，从而提高学生学习英语的关键能力。

学习英语的关键能力。但是问题链的设计如何突出学生的主体地位，如何培养学生独立思考、大胆质疑的能力，以及如何关注批判性思维能力的培养，则是我们下一步需要重点研究的问题。

六、反思与改进

（一）聚焦教学实际问题和教师真实需求，激发学习兴趣，提升学习效果

问题情境是教师专业学习的出发点，而问题的解决和知识的更新是教师专业学习成效的具体表现。[①] 本案例以参训教师的亲身体验（共读同一绘本，设计有价值的提问）为基础，让他们在与同伴之间相互交流、合作学习的过程中获得即时感受，理性反思自己的态度、行为等方面的问题，及时有效地了解问题所在，并通过培训者的引导、与同伴之间的经验分享以及具有针对性的理论学习获得新知，主动形成自己新的价值观、知识观、教学观，提高了学习的主动性。这样的实施过程实现了"实践、研究、反思和学习"四者的融合，激发了骨干教师的学习兴趣，促进其更好地完善教学实践活动，提升了学习效果。

（二）聚焦真实教学情境，和教师原有经验关联，促进有意义的学习

建构主义学习理论认为，个体与环境的相互作用需要情境的激发和动机的导引，即需要创设真实的情境，引导学习者参与到学习中去。本案例通过创设真实教学情境，关联教师已有的经验，采用系列引导策略与团队共识工作方法，精心设计教学主题，组织小学英语骨干教师围绕"阅读教学课堂提问研究"开展众筹型工作坊专题式研修，通过"聚焦主题，激活经验—提炼困惑，分析案例—学习反思，提炼策略"等步骤，引导参训教师发现自己在开展阅读教学实践中的成功经验和实践困惑；通过典型的教学案例分析，引

---

① 秦鑫鑫 . 基于问题的教师专业学习研究 [D]. 上海：华东师范大学，2018：115.

导参训教师结合先前经验以及当前案例情境的反思，产生认知冲突；通过嵌入式学习，促使参训教师从布卢姆认知目标分类理论上分析厘清问题设计表层化等原因及破解的方法，并迁移运用，生成创造性实践智慧，促进真实学习的发生。

（三）聚焦教师教学水平的提高，提供学习支持，促进高水平对话和思考

培训效果的好坏取决于学员的教育教学水平是否切实得到了提高，而不是其他。本案例以解决实际问题为目标，以参训教师的亲身体验为核心的培训形式，使学

> 培训效果的好坏取决于学员的教育教学水平是否切实得到了提高，而不是其他。

习者在相关情境中解决现实问题，并依赖协作学习以对问题的理解与解决提供积极的学习支持，适时搭建专家与学员、学员与学员之间高水平对话的脚手架，引起学员的注意和情感的共鸣，推动他们进行深度思考，并利用参训教师在培训过程中的体验感受加强其自身专业发展，以更好地指导教学实践。

我们的思考

1. 应用于骨干教师研修的"众筹型工作坊"以深度交流和任务驱动为特点。深度交流包括个人观点的激发、集体智慧的汇聚以及专家观点的融入；任务驱动是指合作完成有价值的工作，并促使所学、所思应用其中。

2. 教师自主发展意识是教师专业成长的原动力。对于骨干教师而言，需要形成共享知识、共享经验、共享智慧的教师学习共同体，实现资源共建，智慧共生，成长共赢。

3. 激发骨干教师内在热情和潜力，在教学实践中不断发现和创造自身的价值，实现专业认同与专业反思，真正形成专业自觉。在实际工作中强化问题意识，提高对问题的理性分析与决策的能力，在不断的问题解决中，实现自身的专业发展。

你的思考

教研转型背景之下如何实现骨干教师研修从"专家讲授"向"众筹学习"的转变，这既是国家对教师培训工作的政策要求，更是摆在每位专业培训者面前的一道现实命题。本案例采用众筹型工作坊研修模式，在传统教师培训的各个环节中嵌入众筹学习的特征和内容，实现了从研修需求调研、研修主题和目标设定、研修课程设置到研修实施和评价的全过程"众筹"，从而有效提升了海淀区初中英语骨干教师研修的质量。

初中英语："读写教学课堂研究"众筹型工作坊研修

北京市海淀区教师进修学校　李琳琳　王永祥

一、研修背景

为进一步加强海淀区中小学高层次人才队伍建设，海淀区教师进修学校着力推进中学英语骨干教师的专业发展，从海淀区中学英语学科带头人及骨干教师中筛选出有较大发展潜力的中青年教师进行重点培养。该项目采用分初、高中学段，30人组班的形式进行众筹型工作坊研修，以进一步提升海淀区中学英语骨干教师研修的针对性和实效性。

现以2020年4月第三期初中英语骨干教师研修班为例，阐述众筹型工作坊设计与实施的具体过程。

二、需求调研与分析

在进行本次工作坊的需求调研时，培训者实质上经历了以下四个步骤：一向自我求证，二向书本求证，三向他人求证，四向实践求证。前两步是为确定研修主题所做的调研求证，后两步则是为设置研修课程所做的调研求证。

（一）向自我求证

一般来说，中学英语教学按照技能维度可简单划分为听、说、读、写四种课型。在教学实践中，整个中学阶段读写结合教学占了很大的比例，这也是当今中学英语教学的研究热点。同时，培训者基于多年的教学及教师培训工作实践，认为当中学英语骨干教师掌握这种基本而又相对重要的课型后，就能实现向其他课型的正迁移。即以一种课型作为基本的出发点和突破口，来实现提升中学英语骨干教师教学能力和研究能力的目的。

（二）向书本求证

向书本求证就是在自我求证的基础上对相关的研修主题进行文献综述。培训者通过前期的文献研究发现，读写结合教学可以基于同一话题实现语言输入与输出的有机结合。并且，读与写在思维方式上一脉相承：读从整体到局部可分为读文体、读结构、读主旨、读细节；相对应地，写也可分为考虑文体、构思结构、写主题句、写支撑细节等不同的阶段。这些都为本次研修提供了学科的理论基础和视角。

（三）向他人求证

向他人求证就是要利用好不同类型的专家资源帮助进行需求调研结果的分析与论证。专家的类型主要包括以下三类：理论型专家（高校教授）；实践型专家（一线的特级教师或名师）；培训类专家（如专业的培训者、企业的培训师等）。

理论型专家主要是确保研修主题与内容的科学性，为研修课程增添理论的深度。实践型专家可以保证研修课程的实践导向和问题导向，帮助发现初中英语骨干教师读写教学实践中的真问题，针对问题设置研修课程并最终指向问题的解决。培训类专家则主要从课程实施的角度提供建议，以提升课程实施过程的参与性与互动性。

理论型专家主要是确保研修主题与内容的科学性，为研修课程增添理论的深度。实践型专家可以保证研修课程的实践导向和问题导向，帮助发现初中英语骨干教师读写教学实践中的真问题，针对问题设置研修课程并最终指向问题的解决。培训类专家则主要从课程实施的角度提供建议，以提升课程实施过程的参与性与互动性。

（四）向实践求证

首先，海淀区教师进修学校进行了全样本、大数据的中小学骨干教师专业发展现状与需求调研。调研发现，骨干教师一般都具备很丰富的教学经验，而需要提升的是教学研究能力，从而更好地发挥学术领导力，调研报告也建议骨干教师研修适合采用工作坊的研修方式。

其次，培训者参与了教育部组织的"教师研修课程指导标准——义务教育英语学科教学"的研制工作，此标准为级差描述性的标准，便于教师进行自我评估或实施第三方诊断。

正是基于以上两项实证研究成果，培训者开发了需求调研问卷，从初中英语骨干教师对于阅读与阅读教学、写作与写作教学的理解和认识入手，进而按照教学的基本流程，从阅读与写作教学的目标确定、阅读与写作教学活动的设计与实施到阅读与写作教学的学习评价与教学调整，利用问卷网（www.wenjuan.com）进行相应的研修需求网络调研，全方位了解初中英语骨干教师的读写教学理念与实践行为，最后进行归因分析，从而更细致地定位研修需求和规划研修内容。

培训需求调研问卷

（五）需求调研的结果

对于阅读与阅读教学的本质、写作与写作教学的本质，初中英语骨干教师都有比较深入到位的理解。其研修需求更多地体现在教学实践层面。具体来说包括如下三个方面。

一是对于读写教学方法和研究方法等理论知识的需求。因此，在研修中要基于初中英语骨干教师的实际需求，补充相应的教学理论知识或研究理论知识。

二是对于具体的读写教学策略、创新性读写教学实践案例等的需求。这类需求相对来说更迫切和集中，如读写教学中的学习评价与教学调整、读写教学目标的制定、阅读和写作策略方法与指导等。

三是初中英语骨干教师对于自己的本土实践经验的科学性还有所怀疑，特别想要参考借鉴一些有创新性的读写教学案例，以期突破以往的经验和实践。因此，帮助初中英语骨干教师梳理已有的教学经验形成教学智慧，同时补充一些典型成功案例，并对接和阐释案例背后所蕴含的教学理论和理念，应该是本次工作坊研修的着力点。

当以上五个环节完成之时，就实现了对研修需求、研修主题和目标、研修课程的"众筹"过程。剩下的工作就是依据"众筹"的结果将其转化为相应的文本。

三、课程设计

（一）研修主题与目标

1. 研修主题

依据上述需求调研的结果，培训者将本次工作坊的研修主题确定为初中英语骨干教师"读写教学课堂研究"。如前所述，在复杂的初中英语教学实践中，实际上会存在多种多样的亚型（variation），而由于读与写这两种技能之间的关联，读写教学无论是在理论上还是在实践上，都成为近年来的研究热点。课堂研究的实质是在课堂中进行课程与教学问题的研究。在课堂中做研究，对于教师来讲，是行动中的研究，是其成为真正的研究型教师的有效途径。因此，将读写教学作为初中英语骨干教师课堂研究的载体，不仅能帮助骨干教师改进教学实践，还能提升其研究能力，从而更好地发挥其辐射引领作用。

2. 研修目标

（1）提升理论素养，凝练实践智慧。通过集中学习、个人研读、小组讨论、行动反思等多种形式，系统了解读写结合教学理论与实践，结合个人英语教学实践经验，形成科学系统的初中英语读写教学方法与策略。

（2）提升研究能力，形成学术成果。系统学习课堂研究的方法，养成发现问题和思考问题的意识及习惯，学会运用科学的研究方法指导和检验自身的英语教学实践，并在此基础上撰写一篇读写结合课例研究论文。

（二）研修课程

在具体设置研修课程时，采用以终为始的逆向设计思路，即从工作坊的最终成品（product）出发，倒推设计研修课程，同时重点考虑以下三点逻辑匹配：①研修内容和研修目标间的逻辑匹配；②研修内容与研修形式间的逻辑匹配；③研修内容和研修评价间的逻辑匹配。

> 在具体设置研修课程时，采用以终为始的逆向设计思路，即从工作坊的最终成品（product）出发，倒推设计研修课程，同时重点考虑以下三点逻辑匹配：①研修内容和研修目标间的逻辑匹配；②研修内容与研修形式间的逻辑匹配；③研修内容和研修评价间的逻辑匹配。

在课程内容上，需要具体对接研修需求，并注意以下两条课程设置的主线：一是先输入后输出，凸显研修外显的内容逻辑主线；二是注意内隐的心理认知逻辑主线，使研修课程设置符合成人学习的规律。本次工作坊课程设置如表6-2-1所示。

表6-2-1 初中英语骨干教师"读写教学课堂研究"众筹型工作坊课程设置

课时	专题名称	活动内容	活动形式
第1天：读写教学 理论与实践			
上午	读写教学课堂研究	1. 课堂研究的类型与功能	抛锚式问题引导与建构
		2. 读写教学课堂研究案例分析	案例分析与小组研讨
下午		1. 读写教学的原则与方法	互动参与式讲座
		2. 对照分析，确定研究点	自主分析与小组研讨

续表

课时	专题名称	活动内容	活动形式
作业		基于读写教学的真实问题确定研究点，为第二天的学习准备一份读写教学设计	

第2天：读写教学设计优化与课例研究论文框架

课时	专题名称	活动内容	活动形式
上午	读写教学设计评析	1. 读写教学优秀教学设计分享	分享式阅读
		2. 比照案例，修订自己的教学设计	小组研讨、个别指导
下午	课例研究论文案例分析	1. 课例研究论文引入、讨论、分析与点评	案例参与式讲座
		2. 课例研究论文的框架与写作要点	思维导图、焦点讨论
作业		改进自己的读写教学设计，在接下来的一周内进行课堂教学实践，为第三天的教学设计改进提供实证依据	

第3天：理论再认识与论文框架撰写

课时	专题名称	活动内容	活动形式
上午	教学设计改进	1. 理论回顾与再认识	思维导图、有收敛的讨论①
		2. 实践对接与研讨，第二次改进教学设计	小组研讨、个别指导
下午	课例研究论文写作	1. 论文框架与写作要点回顾	思维导图
		2. 撰写论文提纲	个别指导
		3. 抽样展示、分享与点评	焦点讨论
作业		在接下来的三个月内依据论文写作提纲撰写一篇读写教学课堂研究论文，通过微信群上传和分享	

（三）研修方式

本次工作坊考虑到初中英语骨干教师日常繁忙的教学工作，理论学习以集中授课与个人研读相结合的灵活形式进行；而实践学习则根据骨干教师的

---

① 有收敛的讨论（conversation with closure），是四种基本的引导策略之一，广泛运用于各类参与式工作坊现场。该策略运用情境设定、头脑风暴、整理、命名和反思五个基本步骤，帮助团队围绕特定问题先发散再收拢，逐步产生团队共识，推动团队在共识基础上对相关问题产生更直观且深入的洞察和进一步的行动力。有别于"有收敛的头脑风暴清单"，这一引导策略在头脑风暴与整理环节均无须做书面记录，口头完成即可。

自我时间安排，与日常教学工作紧密结合，分散展开。同时，充分利用信息技术手段，努力实现互联网＋教师研修，即采用O2O（Online To Offline，线上到线下）的混合式教师研修模式。具体来说，就是通过微信群这一社交平台向骨干教师推送相应的讲义、课件等学习内容，将骨干教师自主研修的过程进行前置。在集中的现场研修阶段，骨干教师基于前置学习的共同议题与专家和同伴进行对话、协商、讨论，从而实现对所学内容的深度理解和建构。

四、课程实施

众筹型工作坊研修的课程实施需要考虑"人"与"事"两个因素。"人"是指参与研修的人员，包括学员与培训者团队。而"事"则指每次研修活动时需要完成的具体的研修任务。也就是说在研修时，首先要激发学员的主观能动性，过程中通过团队协作和培训者的个人修炼来提升研修实施的执行力；其次要不断利用具体的任务去推动研修的进展。这样就能实现研修课程中最重要的两个因素"人"与"事"的双驱动。

（一）教师主体

教师主体是为了发挥学员的主观能动性，促使学员从"要我研修"向"我要研修"转变的基本研修实施原则。教师主体性的体现包括以下两个层面：一是要尊重教师完整而又有差异的人格；二是要尊重教师的个体经验，因为专业的研修特别强调学员已有教学实践经验这一重要研修资源的调动和运用。本次工作坊，培训者将30位初中英语骨干教师分为6组，每组5位教师。在每半天的研修课程开始前，每组教师先进行半小时本土经验的介绍，这就像是一个引子，很快地激发了全体教师的积极参与，而课程也基于讨论顺势延展和生发。

（二）团队协作

众筹型工作坊研修跟以往的教师培训最大的不同就是，常规的教师培训多半是拼盘式的，即一位主讲专家就一个话题进行三个小时的培训，然后换另外一位专家就另一个话题实施培训，这样很难保证培训的连贯性。而本次工作坊所有的研修活动都是在一位主讲专家引领下，整个研修团队协力共同就研修主题不断深入探索、一以贯之，从而构建出对研修主题和内容的深度理解。

（三）自我修炼

培训者自我基本功的修炼也是增强研修实施有效性的基石。在研修实施过程中，培训者要不断修炼以下两种能力：一是概括力，即去情境化，就是要善于将教师具体的、个体的经验提炼归纳为一般的实践性知识；二是叙事力，即情境化，也就是将一般的、抽象的概念放置于具体的教学实践情境中，从而帮助教师实现对抽象理论的深度理解和建构。本次工作坊中，培训者很好地承担起桥梁纽带的角色，打通理论和实践之间的阻隔，积极帮助骨干教师实现理论与实践之间的相互转换，既引导骨干教师积极探寻教学背后的理论支撑，又帮助骨干教师建立起抽象的理论与具体的教学情境之间的关联，从而使教师更好地体会到理论的价值和作用，产生创建自己的"小理论"的强烈愿望。

> 培训者要不断修炼以下两种能力：一是概括力，即去情境化，就是要善于将教师具体的、个体的经验提炼归纳为一般的实践性知识；二是叙事力，即情境化，也就是将一般的、抽象的概念放置于具体的教学实践情境中，从而帮助教师实现对抽象理论的深度理解和建构。

（四）任务驱动

在每次活动前，要明确阶段研修目标；阶段活动结束时，要提出具体的研修任务或作业布置，作为下次工作坊研修活动的资源起点。本次工作坊研修分别采用了"ORID"[①]、"KWLH"[②]、"PMI"[③] 和 "GPS"[④] 四种反思框架，去帮助学员及时总结反思每一天的研修内容，为最后论文的撰写不断地积累素材。扫描二维码，可以看到一位初中英语骨干教师的 ORID 反思记录。

学员 ORID 反思记录

如上所述，通过持续调动和匹配骨干教师工作坊研修的两项重要因素"人"与"事"，就能驱动研修课程实施的全过程"众筹"。

五、效果评估

对于参加工作坊研修的初中英语骨干教师来说，研修效果评估一来可以帮助自己检验学习效果，二来可以促进学习转化和成果固化。对于培训者来说，研修效果评估主要不是为了评价工作坊研修质量的高低，而是为改进今后的研修工作提供实证数据。

（一）反应性层面评估

工作坊结束后，培训者设计了众筹型工作坊研修评价调查问卷。调查结果显示，对研修的总体满意率高达 90.0%。这在以往的研修项目中并不多见，说明相对于常规的教师研修，本次众筹型工作坊研修无论是方式还是内容，都更受骨干教师欢迎。骨干教师普遍认为本次研修针对性强，研修主题和内容非常贴合教学实际，获得感超过预期，具体统计数据如表 6-2-2 所示。

研修评价反馈调查问卷

---

① ORID：O=observe（你的观察）；R=react（你的反应）；I=interpret（你的理解）；D=decide（你的决定）。
② KWLH：K=what I know（已知）；W=what I want to know（想知）；L= what I learnt（已会）；H=how can I learn more（想会）。
③ PMI：P=positive（好的）；M=minus（差的）；I=interesting（感兴趣的）。
④ GPS：G=gains（收获）；P=problems（问题）；S=suggestions（建议）。

表 6-2-2　初中英语骨干教师"读写教学课堂研究"
众筹型工作坊研修反应性层面评估量化数据统计 ①

项目	与实际需求的匹配程度	提供互动交流的机会	促进对读写教学的理解	专家理念与研修方法的适切度	对研修的总体满意程度
比较符合 / 满意	7人 23.3%	4人 13.3%	8人 26.7%	9人 30.0%	3人 10.0%
符合 / 满意	23人 76.7%	26人 86.7%	22人 73.3%	21人 70.0%	27人 90.0%

（二）跟进研修

为促进参加研修的初中英语骨干教师的学习转化，真正实现学以致用，本次工作坊研修还设计和实施了后续跟进研修，即研修后组织本次研修班的教师参加"海淀区＋通州区"初中英语创新型读写教学实践活动。有 6 位海淀区的骨干教师与通州区的骨干教师进行了同课异构，教学效果良好，受到与会专家的一致好评，这 6 位教师的教学设计和案例还在后续市区级评比中全部获奖。这说明通过本次工作坊研修，参加研修的初中英语骨干教师更新了教学理念，改进了教学行为，提升了教学质量。

（三）成果固化

研修结束后，所有参加研修的 30 位骨干教师全部提交了读写结合教学课例研究论文，培训者结集复印后，将其发放给参加本次工作坊研修的每位骨干教师作为后续自主研修的资源。这些课例研究论文中，有 5 位教师的论文在《英语学习》《基础外语教育》《中小学外语教学》等学科专业期刊上发表，扩大了参加研修的骨干教师的学术影响力和辐射面。

不难发现，通过效果评估，实现了将教师个体经验向集体智慧的成功转化与固化，这正是众筹型工作坊的主要特征和功能。

---

① 因为参加本次工作坊研修的初中英语骨干教师中没有人选择"（比较）不符合 / 不满意"，因此，表中只列出了选择"比较符合 / 满意"和"符合 / 满意"的人数及百分比。

六、反思与改进

（一）培训者的课程领导力还有待提升

研修的实质载体就是研修课程，课程的科学性很大程度上决定了研修的针对性和实效性，所以，培训者课程领导力的高低也就决定了教师研修课程最终质量的高下。在今后的骨干教师众筹型工作坊研修中，培训者更应主动提升自己的课程领导力，要对自己有一份专业自信。在跟专家沟通时，要充分表达自己对课程建构的基本思路，对具体的研修内容可以提出自己专业的见解和建议，有时甚至需要一种坚守和坚持，不能听任专家意见。从一定意义上讲，这正是培训者自我专业性的体现。

> 在今后的骨干教师众筹工作坊研修中，培训者更应主动提升自己的课程领导力，要对自己有一份专业自信。

（二）工学矛盾还有待进一步疏解

虽然在本次工作坊研修前期，海淀区骨干教师研修项目组做了很多的沟通工作，但是在实际研修过程中，仍有少部分参加研修的初中英语骨干教师因为学校安排的各种任务或工作而无法前来。事实上，骨干教师需要这样一段脱离工作环境的集中研修，因为教师的自主学习往往是碎片化的，无法实现对某一研修主题的深度学习。要解决这一问题，一方面，需要学校充分配合，意识到骨干教师研修对教师专业发展和教师队伍建设的重要意义；另一方面，研修者还要进一步提升信息技术能力，开发和建设更多更高质量的线上教师研修资源，丰富供给，帮助实现骨干教师的自主研修。

> 研修者还要进一步提升信息技术能力，开发和建设更多更高质量的线上教师研修资源，丰富供给，帮助实现骨干教师的自主研修。

我们的思考

1.众筹型工作坊研修首先应进行多方互证需求调研：一向自我求证，二向书本求证，三向他人求证，四向实践求证。通过多方互证，需求调研就实现了对研修需求、研修主题和目标以及研修课程的"众筹"过程。

2.众筹型工作坊研修的课程实施需要综合考虑"人"与"事"两个因素，即通过持续调动和匹配这两项重要因素，驱动工作坊研修课程实施的全过程"众筹"。

你的思考

随着课程改革的逐渐推进，国家层面对教师的职后教育越来越重视。海淀区教师进修学校一直专注区域教师特别是骨干教师的专业提升工作。在语文学科方面，我们开展了形式多样的研修活动。下文以 2017 年 9 月至 10 月开展的研修为例，为大家呈现混合式研修的特点。

高中语文："整本书阅读教学"混合式研修

北京市海淀区教师进修学校 赵杰志

一、研修背景

为进一步加强海淀区中小学高层次人才队伍建设，海淀区教师进修学校着力推进中学语文学科骨干教师的专业发展。中学语文学科骨干教师研修项目分初、高中学段，分别按 30 人组班，采用工作坊形式研修，强化研修的针对性和实效性。

在高中语文学科中，整本书阅读教学具有重要意义。新高考背景下，高中语文教师需要充分了解整本书阅读的价值，通过设计符合学生认知能力且具有综合性和一定挑战性的学习任务，引导学生阅读整本书，拓宽阅读视野，建构阅读整本书的经验，帮助学生形成适合自己的读书方法，提升阅读鉴赏能力，养成良好的阅读习惯，进而形成正确的世界观、人生观和价值观。

> 通过设计符合学生认知能力且具有综合性和一定挑战性的学习任务，引导学生阅读整本书，拓宽阅读视野，建构阅读整本书的经验，帮助学生形成适合自己的读书方法，提升阅读鉴赏能力，养成良好的阅读习惯，进而形成正确的世界观、人生观和价值观。

二、需求调研与分析

开班之前，为了让高中语文学科骨干教师研修更具针对性，我们做了

研修需求调研。大多数填写问卷的骨干教师提出了两个备选研修主题：单元整体教学（所占比例为 31.3%）和整本书阅读教学（所占比例为 63.2%）。基于此，我们开设了两个研修班级，并确定了其中一个班的研修内容为整本书阅读教学。为了让研修达到好的效果，我们还为报名参加研修的骨干教师提供了学习材料：《北京市中小学语文学科教学改进意见》和 2017 年《普通高等学校招生全国统一考试北京卷考试说明（文科）》。

随后，给他们下发了调研问卷，得到如下一些调研结果。（见图 6-3-1、图 6-3-2、表 6-3-1）

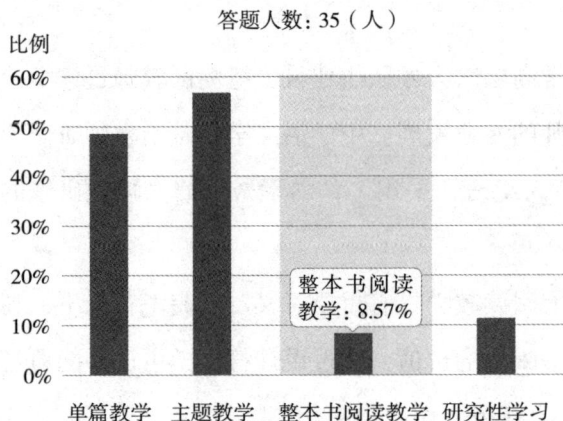

图 6-3-1　骨干教师最擅长的四种
语文教学组织情况

图 6-3-2　骨干教师对自己实施
"整本书阅读教学"策略的总体感受

从以上两张图来看，骨干教师认为自己在整本书阅读教学上存在一定短板；从整本书教学策略的反馈数据来看，比较满意和很满意的合计占 34.29%，这为本次研修提出了很高的要求。

表6-3-1　骨干教师在整本书阅读教学中的实践

学员编号	下列四种语文教学组织中，你所在的教学专长组的总体感受是什么？	你对自己实施已实践"整本书阅读教学"的策略总体感受是什么？	基于新一轮课改提出语言建构与运用、思维发展与提升、审美鉴赏与创造、文化传承与理解的目标定位，贵校或教研组、学科组"整本书阅读教学"策略做了哪些有益的尝试？	基于新一轮课改的要求和语文教学需求，你对本次培训的期待是什么？	除了正常的语文课，你还安排了哪些活动鼓励学生阅读？	在带领学生开展整本书阅读教学时，采用了哪些方法或策略？	近一两年，你自己阅读了哪些专业图书和专业期刊？	假期中，你布置了哪些学生阅读图书，如何检阅学生的阅读效果？
2	单篇教学	一般	进行了一些语文学科专题教学的尝试，在经典名著导读方面带领学生读名著并开展绘制阅读小报、书法比赛等学科活动	希望能够和大家一起交流整本书阅读的切入点，好的落实阅读的方式方法	举行演讲比赛、手抄报比赛等	拿出下午的自习课带领学生阅读，讲评学生的书评，给之以鼓励，使之具有成就感	图书主要是重读高考要求学生阅读的经典名著。期。期刊主要是要阅读《中学语文教学》	假期布置了《边城》和《四世同堂》阅读，主要是让学生概括情节，分小组总结，开学交流成果
3	主题教学、整本书阅读教学	比较满意	①针对核心素养确定单篇及主题阅读教学目标；②在阅读教学写作教学中，针对不同文体确定不同的思维提升及发展能力指向和目标；③将语言运用与建构的素养培养与读写活动的具体设计相结合；④在文化经典教学中突出传承理念，古为今用，批判吸收	将核心素养落实到语文教学的具体做法上	①与课堂链接课本的延伸阅读；②高考要求的名著阅读；③以要人阅读的深入阅读，《论语》《老子》等经典	①以篇目阅读带动整本书的阅读（核心概念）、关键句（主题句）为切入点的深入阅读；③以主要人物为核心梳理人物关系，建构全书框架的整体阅读等	高考要求阅读的名著及相关文章或图书；《语文学习》《中学语文教学》《中学语文教学参考》等专业期刊；《美文》《美学散步》等阅读助读图书；《老子》《论语》等文化经典；《诗经赏辞典》；《诗经》及《论语》相关解读图书	高考要求阅读的名著及相关文章或图书；《论语》《老子》等经典；高考要求阅读的名著；余秋雨、鲍鹏山、梁衡等人的文化散文

续表

学员编号		你对自己实施"整本书阅读教学"策略的教学专长总体感受是什么?	基于新一轮课改提出语言建构与运用、思维发展与提升、审美鉴赏与创造、文化传承与理解的目标定位,贵校或教研组、学科组做了哪些有益的尝试?	基于新一轮课改的要求和语文教学需求,你对本次培训的期待是什么?	除了正常的语文课,你还安排了哪些活动鼓励学生阅读?	在带领学生开展整本书阅读教学时,采用了哪些方法或策略?	近一两年,你自己阅读了哪些图书和专业期刊?	假期中,你布置学生阅读了哪些图书,如何检查学生的阅读效果?
10	主题教学	一般	课改以来,语文活动增加,在课堂上增加研究性任务,增加表达、写作(日记)的交流效果,还有戏剧编排、表演,诗词大会等诸多活动	学生学习时间有限,这种情况下整本书阅读如何保证效果,在整本书阅读进入考试、带有功利性目的之后,这样的阅读难免也会被"研究",如何使我们的教学落地而空于"钻";我们的学生和考试中文系水平未有要求过高,而如果只是阅读一下,会逐渐遗忘或停留在基本了解层面,这样的阅读难于把握,期火候待解决	带着问题写文评、书评,并进行交流分享;增加专家讲座,引领学生深入理解	阅读任务拆解,带着问题写文评、书评,并进行交流分享;增加专家讲座,引领学生深入理解	《大江大海1949》《人类简史》《语文教学与参考》等	阅读《四世同堂》《老人与海》,要求学生写阅读笔记和读后感

之后，针对其中的部分学员，我们又进行了访谈。访谈问题为：

（1）在整本书阅读教学中，你认为实施过程中遇到的最大问题是什么？

（2）本次研修，你最喜欢怎样的研修方式？

（3）基于工作等因素，你最喜欢怎样的研修时间安排？

> 面对大部头的整本书，学生存在一定的畏难情绪；教师在阅读指导中缺乏策略，多是用考试驱动学生阅读；整本书阅读课的设计与实施仍存在随意性与边缘性，淡化了学生的进阶体验；教师自身阅读情况，在一定程度上也制约了对学生的阅读指导。

接受访谈的老师们充分发表了自己的看法。从整本书阅读教学实践来看，存在以下问题：①学生存在一定的课业负担，面对大部头的整本书，学生存在一定的畏难情绪，阅读兴致不高；②教师普遍认同整本书阅读的价值，但在阅读指导中缺乏策略，多是用考试驱动学生阅读；③整本书阅读课的设计与实施仍存在随意性与边缘性，授课教师以考试要求为唯一导向实施教学，淡化了学生的进阶体验；④教师自身阅读情况参差不齐，在一定程度上也制约了对学生的阅读指导。

在研修方式上，受访的骨干教师普遍喜欢高端讲座、参与式研讨、课例分析。老师们希望研修能触动他们的深层次思考，为他们的实践活动提供便于落地的思路和创新的动力。

从研修的时间来看，多数老师喜欢隔周的三整天研修，他们认为这样的研修能聚焦重点，突出思考、实践、反思、提升的闭环式研修效果，也解决了工学矛盾的问题。

三、课程设计

真正的阅读无法发生，教学便失去意义。因此，只有科学地认识整本书阅读教学并能系统地进行设计，才能发挥阅读在提升学生语文素养等方面的重要作用。整本书阅读是弥补浅阅读、碎片化阅读、伪阅读（纯为应试的阅读）的最佳方式。

（一）研修主题与目标

1. 研修主题

高中语文骨干教师"整本书阅读教学"。

2. 研修目标

（1）增强阅读意识，形成阅读习惯，发挥引领作用。

（2）学习、丰富整本书阅读教学的方法与策略。

（3）提升整本书阅读教学活动设计与实施能力。

（二）研修课程

基于上述研修主题与目标，我们设计了如下研修课程。（见表 6-3-2）

表 6-3-2　高中语文"整本书阅读"教学设计与实施策略研修课程内容

模块序号	时间、地点	活动内容	活动环节或形式	主讲人及单位
第一模块	9 月 12 日上午；3 号教室	方案介绍；整本书阅读教学案例分享——《边城》	方案解读；建班分组；专题讲座；课例学习；工作坊形式小组研讨	赵杰志，海淀区教师进修学校；倪莉，北京师范大学第三附属中学
第二模块	9 月 12 日下午；3 号教室	整本书阅读教学内容确定与活动设计	观摩特级教师教学录像；参与式讲座	吴欣歆，北京教育学院；赵杰志，海淀区教师进修学校
第三模块	9 月 19 日上午；3 号教室	从阅读到表达的学习活动设计——整本书阅读输出	专题讲座；课例学习；工作坊形式小组研讨	何杰，北京师范大学第二附属中学；赵杰志，海淀区教师进修学校
第四模块	9 月 19 日下午；3 号教室	核心素养下的整本书阅读教学	专题讲座；工作坊形式小组研讨	李煜晖，北京师范大学第二附属中学；赵杰志，海淀区教师进修学校
第五模块	10 月 18 日上午；北京市十一学校	整本书阅读教学现场课；北京市十一学校整本书阅读教学实践	观摩现场课；分组研讨；专家点评	霍轶、闫存林等老师，北京市十一学校
第六模块	10 月 18 日下午；北京市十一学校	学员论坛：整本书阅读教学经验交流；研修总结	学员代表交流案例；班主任总结；学员评优	4 位学员；赵杰志，海淀区教师进修学校

（三）研修方式：混合式研修

本次研修要突出学员的主动性。在 3 天的研修中，他们不仅是输入者，更成为了智慧的输出者。为此，研修中我们充分利用了线上线下混合的方式，让参训的骨干教师在深度的卷入中获得研修实效。最值得一提的是，研修方式是为研修内容服务的，研修充分发挥骨干教师的优势，在拓宽思路、提炼经验上给予了跟进式指导。比如，在高端讲座中，穿插了学员和讲座专家的互动交流环节；有的专家也积极鼓励学员参与，开展了工作坊等形式的研修，达到了很好的效果。

> 线上线下混合的方式，让参训的骨干教师在深度的卷入中获得研修实效。研修充分发挥骨干教师的优势，在拓宽思路、提炼经验上给予了跟进式指导。

（四）学员研修成果要求

研修前要求：①提交一份实施过的整本书章节的学习活动设计或整本书阅读的教学设计。文档形式为主，可附 PPT 或学生作品。②请于培训前阅读《论语》《呐喊》《边城》。

研修后要求：①结合研修所学，修改完善研修前所交的"整本书章节的学习活动设计"或"整本书阅读的教学设计"，请一定用红色标注修改处及其理由；或者写成完整的教学案例。②关于整本书阅读教学的 1—2 年计划。③研修收获与思考"千字文"或者小论文。

四、课程实施

混合式研修对课程设计和组织者来说是个难点，它打破了原有的以讲座为主体的研修方式，仍需要不断探索和实践，不断提升参训教师的代入感、参与感，给他们更多的话语权。这不仅是研修方式的改变，更对讲座专家提出了新的挑战。

（一）充分挖掘线上和线下的优势

线下的研修优势很明显，参加研修的骨干教师很容易被专家的学识修养打动，加之面对面的交流可以及时互动。可以说，这样的研修方式一直是被认可的。所以，本次研修课程安排了三个高端讲座，让讲座发挥更好的引领、激发作用。

当然，随着信息技术的研究逐步在教育领域推展开来，线上的优势也成为更多老师研修的不错选择。在本次研修中，除了使用邮箱、微信、问卷网、网盘等下发和上交资料外，我们还将课程中的某些资源放在了线上，如课例视频、讲座视频、互动交流等资料，让研修更充分、更扎实。

（二）充分发挥专家和学员的优势

研修活动有两个主体，就是专家和学员，要充分发挥他们各自的优势，这样才会收获满意的研修效果。

研修中，我们反复斟酌，遴选出专家，他们除了有很好的理论研究外，还要有实践方面的经验或指导经验。实践证明，这些专家的讲座和指导达到了很好的效果，学员非常满意，这就让他们的优势充分发挥出来。当然，为了让他们更加"亲民"，研修前我们还与他们进行了大量的沟通，请他们除了要将自己擅长的内容通过讲座的方式表达出来，还要多向学员提问，听取学员的想法，并建议他们开展工作坊研修，将讲座与实践结合起来，以达到更好的效果。

参加研修的学员均为骨干教师，他们有着较为丰富的实践经验，他们中的一些人也曾在区级层面做过教材教法分析，如何让他们更充分地动起来、更系统地说出来，是我们一直研究的问题。为此，我们有意识地给他们布置了课上和课下研讨的任务，让他们深度思、集体研，不断让他们的思考发生"聚合效应"，从而引发他们更进一步研究和实践的意识。

五、反思与改进

经过隔周三个整天的线下研修和之后近一个月的线上研修，这期骨干教师研修画上了圆满的句号。后期，参训老师填写了

培训反馈问卷

骨干教师培训反馈问卷。部分结果如表 6-3-3、表 6-3-4 所示。

表 6-3-3 骨干教师对课程、教学、培训管理等方面的感受与想法

感受与想法的表述	十分符合（%）	比较符合（%）	符合（%）	基本符合（%）	不符合（%）
培训课程目标明确	80.00	16.67	3.33	0.00	0.00
课程内容紧密围绕课程目标	83.33	16.67	0.00	0.00	0.00
培训课程体系具有完整性	73.33	23.33	3.33	0.00	0.00
培训课程符合我的需求	70.00	23.33	6.67	0.00	0.00
培训形式服务于培训内容	76.67	23.33	0.00	0.00	0.00
授课教师和指导教师讲授内容能够引发我的思考	80.00	16.67	3.33	0.00	0.00
培训组织有效、管理规范	90.00	6.67	3.33	0.00	0.00
我对培训整体满意	86.67	10.00	0.00	0.00	3.33

表 6-3-4 骨干教师对于此次培训的整体感受

问题	回答
对于此次培训，你有什么感受？对今后区里组织中学语文（高中）骨干教师培训，你有哪些建议？	本次研修理论和实践相结合，在名师指导下，在真实的课堂中充分地思考和碰撞思维
	此次培训拓宽了我的教育教学视野，聆听和交流让我获益匪浅
	可以多组织听课活动，这个非常有时效；还可以组织老师们多讨论，这次研修活动讨论不够充分
	高效、务实的培训特别好！老师们平时的工作很忙，但真的特别渴望充电学习。与最先进的教育理念接轨，不断提升教育的理念，是特别有帮助的
	务实，能激发老师对整本书阅读教学的深入思考，从而改进自己的教学
	在琐碎的日常教学中，此次的培训给我系统学习他人反思自己的机会。有理论，有实践；有高度，接地气。希望可以用学到的理论指导自己的实践，用他人的实践启发自己的实践。希望今后区里可以让讲座专家和优秀教师给参加培训的老师们就培训主题提供自己认为最值得读的书单，不求多，但求精
	感觉非常解渴，解决了我很多困惑，所请专家都很棒，给我很多启发。这次对于整本书阅读的指导有了清晰的认识。希望今后还能有这样有针对性的培训

从上页表可以看出，参加研修的骨干教师对本次研修给予了充分的认可。另外，他们的研修作业也充分印证了这一点。本次研修带给他们的收获不仅仅是整本书阅读教学这一个领域，还将会改变他们的教育行为。下面表6-3-5呈现了北京市十一学校黄娟老师的整本书阅读学案的部分内容，从中可以看出研修带给她的深度思考。

当学生按照导读设问、活动指引等方法，陆陆续续读完全书或至少一多半，对人物有了自己的初步理解，兴趣较浓之时，黄老师以薛宝钗人物形象分析为例（兼及贾宝玉和林黛玉），引导学生如侦探般关联多角度信息，全方位理解《红楼梦》人物形象，去除碎片化阅读的片面性。

表 6-3-5　研修学员整本书阅读学案示例

角度	内容及初步分析（表）	总评（里）
一、《红楼梦》中诸人公评		"蘅芜君"：君子形象
二、众人对薛宝钗都是称赞不断，那薛宝钗是怎么对待他人的呢？		对人宽厚，留有余地：君子作风
三、探看薛宝钗不为人知的另一面	（衣着装扮、环境）治家才能；与人相处	有大才却不显，有德行却深藏——杨绛评价
四、薛宝钗的才气表现在什么方面？	食蟹绝唱；与湘云讨论作诗选题；"好风凭借力，送我上青云"	类似贾雨村的什么诗？为何矛盾？
五、薛宝钗的处境是怎样的？（可套用一句诗）	第四十五回《金兰契互剖金兰语 风雨夕闷制风雨词》："我虽有个哥哥"这一句省略了哪些内容？贾母喜欢薛宝钗吗？请至少说出两处文本依据。请根据原文相关信息，说明薛宝钗与林黛玉二人身份的差异	薛宝钗的朋友圈，画风是怎样的？

续表

角度	内容及初步分析（表）	总评（里）
六、薛宝钗在日常生活中该如何自处？	第五十五回《辱亲女愚妾争闲气 欺幼主刁奴蓄险心》中，"三驾马车"受托照管大观园，宝钗做了什么事？这意味着什么？为什么要这样？	找准在大观园的位置
七、薛宝钗是否从不生气，不使小性子呢？	请至少找出两处文本依据	曹雪芹塑造人物的用心良苦
八、"君"是怎么炼成的？	请以文本依据分析：薛宝钗的成长是一个主动接受社会规训、按社会主流标准来改造自己，满足社会要求的过程。因而要吃"冷香丸"来压住这"从胎里带来的一股热毒"	请关联《病梅馆记》，说出你的理解
九、炼好了的"君"，是怎样对待他人的？	薛宝钗如何对待不同阶级的人？是从本心、真心出发，还是从外在规则出发？她自己的人性、天性保全有几分？请至少找出两处文本依据，并做分析。 之后回答：这一路径始于何时又终于何时？	"双峰并峙，二水分流"
十、对照分析：《红楼梦》中的非君子、"孽障"们	以凤姐、湘云、宝玉、黛玉、宝钗对下人的态度加以分析。 注意：关注不同环境中的日常气氛，比如王夫人处、潇湘馆	大观园中真诚对待下人的人是谁？
十一、"君子"与"非君子"的迥异表现是什么？	以第七回周瑞家的送宫花为例，分析周瑞家的地位和自我认知以及送宫花的路线，并结合贾府的礼仪要求，分析该行为是否合理； 对比宝钗、三春、凤姐、黛玉对待周瑞家的不同在哪里，然后结合第三回"不肯多说一句话"分析黛玉为何"小性儿"	林黛玉是怎样对待旁人的？
总结	《红楼梦》气象万千，切不可单凭只言片语定人物	我的阅读体悟

反思本次研修，还有做得不充分的地方。首先，尽管需求调研比较充分，但是因为工学矛盾等问题，一些对这一研修内容感兴趣的老师没能参加本次研修；其次，虽然研修课程经过了反复论证，但因为研修课时的限制，有些研修内容展开得还不是很充分；最后，虽然本次研修确定了混合式研修

的方式，但是线上研修的方式还有不少方面值得继续研究，在保证研修效果的基础上，需更好地解决工学矛盾的问题。

我们的思考

1.混合式研修赋予了研修新的内涵和意义，让研修更具活力。

2.线上研修和线下研修具有各自的特点，要充分研究实践，及时论证改进。

3.混合式研修能够充分调动骨干教师的研究意识和参与积极性，但还要加强系统性研究，让研修内容聚焦、研修方式多样、研修成果丰富，更能适应教师学习方式的转型升级，为教师的专业发展提供持续的动力。

你的思考

_____

_____

_____

_____

2018 年 1 月,《普通高中数学课程标准（2017 年版）》颁布。2019 年 9 月，高中新教材在全国开始推广试用，2019 届的高中生也迎来了新形式的高考，同时，各地中考改革的方案也在不断调整中。国家层面的政策和变革都对中学数学教学提出了新的挑战和新的要求。面对新课标、新教材、新中高考改革，区域层面如何才能引领骨干教师深刻领会新课标的理念，把握新教材的变化，在教学中探索以培育核心素养为目标的教与学？如何在骨干教师研修课程设计中，满足因学段、所处学校、面临的具体问题等差异而产生的骨干教师多样化研修需求，设计切合骨干教师教学实践需求的研修课程？围绕以上问题，我们在海淀区中学数学骨干教师研修课程的设计和实施过程中，进行了一些尝试与探索。

中学数学:"指向核心素养发展的教学领导力提升"混合式研修

北京市海淀区教师进修学校 马 萍

一、研修背景介绍

《普通高中数学课程标准（2017 年版）》明确提出了数学学科核心素养，这为学生的培养和数学教师的专业提升指明了目标和方向。面对新课标、新教材、新中高考改革，区域骨干教师研修肩负着帮助中学数学骨干教师深刻领会新课程的精神，把握新教材变化与核心素养考查方式的变化，探索有效培育核心素养的教学方式等重任。同时，近年来，海淀区的中学数学骨干教师类型愈加多元，有多次被评为骨干的资深骨干教师，也有第一次被评选的新骨干教师，研修课程的设计如何满足骨干教师多元化的需求，也成为我们培训者要考虑的重要问题。

海淀区中学数学骨干教师研修，依据"聚焦关键问题整体设计，满足多样化的研修需求"的原则，以公共必修课程和专业必修课程为载体展开，具体研修课程的设计与实施过程如下。

二、需求调研与分析

为把握新一轮骨干教师的专业发展现状和研修需求，为骨干教师再发展提供精准的专业支持，2019年6月到7月，海淀区教师继续教育办公室面向全区176所学校中小学骨干教师开展调研。其中，313名初、高中数学骨干教师（含市级骨干教师及市级学科带头人）参与了此次调研。调研依据教师专业标准，结合骨干教师特点，以骨干教师领导力为核心展开。

（一）海淀区中学数学骨干教师专业发展现状

从调研数据可以看出，海淀区中学数学骨干教师的年龄分布合理，学历水平高；85%的教师毕业于师范院校，教学基本功扎实；73.64%的教师"所学即所教"，所学专业和所教学科匹配度较高，教学的专业知识的水平和积累能够满足教学的需求。

此外，调研数据显示，骨干教师的教龄分布合理，半数以上的骨干教师都具有中级职称，58.71%的教师在校担任相应职务。其中，占比最高的三项职务是教研组长、备课组长和年级组长。近半数（48.73%）的骨干教师兼任班主任，兼任班主任的平均年限为14.27年，最长为35年。（见表6-4-1）

这些数据一方面反映出中学数学骨干教师在海淀区学校的引领和辐射能力较强，但另一方面也表明，骨干教师的研修课程的设计与实施需要更加贴合教学实际，要能够对一线教学起到更高的、真正的引领作用。

表 6-4-1　参与调研的中学数学骨干教师在校担任职务状况（单位：人）

	备课组长	教学主任	教研组长	年级或德育主任	兼任班主任	其他	总计
初中数学	36	13	18	27	83	72	166
高中数学	29	8	20	20	73	70	147
总计	65	21	38	47	156	142	313

从新评骨干教师的类型看，34% 的中学数学骨干教师是此次新评的骨干教师（初中 58 人，高中 47 人，共计 105 人），这是骨干教师团队的新生力量；而约三分之二的骨干教师是再次被评选的，我们称之为资深骨干教师。因此，如何针对不同类型和层次的骨干教师进行不同的课程设计，满足不同层次、不同类型的研修需求，是我们开展骨干教师研修需要考虑的一个核心问题。

（二）海淀区中学数学骨干教师的研修需求

通过对调研数据的分析，我们发现，新一轮中学数学骨干教师的研修需求主要体现在以下三个方面。

1. 指向核心素养培育的课堂实施与评价

24% 的教师对于学科核心素养只有文字上的浅层理解，22% 的教师还不能将学科知识与社会主义核心价值观教育有机融合；接近 28% 的教师平时很少使用"单元整体教学"，只是在公开课上才尝试。这些数据表明，接近三分之一的骨干教师对核心素养的认识与理解存在不足，对如何在日常课堂教学中的落地核心素养的培育缺乏深入的认识与理解，这些是骨干教师研修课程的重点和难点所在。

此外，68% 的教师在设计学习评价时，只针对核心知识的落实情况进行检测，并没有关注如何将核心素养在教学实践中体现与落实。因此，研修设计中要进一步突出对核心素养的深入理解，关注学生学习方式变革，探索指向核心素养培育的教学与评价的实践方法，让方针政策落地、落实。

2. 系统规范的学术能力的培养与提升

31% 的教师对于教育教学行为背后的理论依据说不清楚；50% 的教师在教科研过程中对于研究方法的科学规范应用欠缺；37% 的教师认为，总结梳理自己的教育科学实践并形成论文一直是短板。因此，提高骨干教师的教学理论水平、研究能力非常有必要。

3. 对于学生的系统认识与理解

数学骨干教师对于学生认知的困惑和问题比较多，问题集中于学生学习兴趣的激发、学习动机的提升、学生差异带来的挑战，缺少对于学生的认知规律、心理特点的系统认识，缺乏师生沟通技巧等方面的专业知识。

如何通过数学教学，提升学生的数学素养，达到立德树人的课程目标，是目前每一位数学教师关注的重点和难点。核心素养的落地，需要将日常备课的理念由"备学生"转向"研究学生"。那么，到底研究学生的哪些方面，如何研究，如何根据学生的情况调整自己的课程与教学，如何将核心素养的培育落实到具体的教学环节中……都应当是研修课程关注的重点内容。

三、课程设计

（一）研修目标

根据需求调研的结果及相应分析，我们确定了如下四个方面的研修目标：

（1）能够准确理解深度学习的本质和实现路径（单元学习）；能够明确核心素养培养与深度学习、单元学习的关系；能够理解"教—学—评"的关系。

（2）在实际教学中能够以数学核心素养为目标，设计出培养核心素养的路径。提升教学设计的能力，能够独立撰写核心内容的单元主题教学案例；

能够以学生为主体开展教学活动，科学地了解学生情况，有针对性地采取措施。

（3）能够建立"单元学习目标与多元评价密切相关"的意识；能够独立命制考查数学核心素养的试题。

（4）能够明确自己的职业发展方向，将教研与教学有机融合，提高教育科研水平，获得作为骨干教师的可持续发展能力，成为海淀区数学教育的中坚力量与领路人。

（二）研修主题

基于调研结果和研修目标，我们将本轮中学数学骨干教师的研修主题确定为"指向核心素养发展的中学数学骨干教师教学领导力提升"。研修将主要聚焦中学数学骨干教师教学领导力的提升，以学生核心素养的培育为核心，开设不同类型的研修课程，以促进不同层次、不同类型的骨干教师在各自的基础上提升教学领导力，同步提升价值领导力、学术领导力和发展领导力。

（三）研修课程

新一轮的骨干教师研修将以学生核心素养的培育为中心，聚焦骨干教师教学领导力的提升，研修课程主要从以下四个方面展开。

1. 深度学习视角下的单元学习设计

"深度学习"是课程改革以来对课程理解和课堂实践的深化，它既是一种理念，也是一种实践指导策略。深度学习是在教师引导下，学生围绕着具有挑战性的学习主题，全身心积极参与、体验成功、获得发展的有意义的学习过程。数学深度学习围绕数学核心内容和学习主题，设计学习活动，以让学生获得关键能力，发展数学核心素养。深度学习教学改进项目能深度契合以核心素养为目标的课程理念。

2. 指向核心素养测评的试题命制研究

随着课程改革的逐步深入，对于学业评价的研究越来越重要，指向核心素养培育的课程评价如何落实在教学中？中高考试题如何评价核心素养？日常教学中如何用好试题，落实核心素养的培育？如何立足核心素养命制试题、设计作业？指向核心素养测评的试题命制研究将通过专家、一线骨干教师的共同研讨，推动骨干教师将核心素养测评落实到具体的教育教学实践中，同时关注学生评价的新变化和趋势，把握试题核心素养视角下的试题命制原则与方向。

3. 数学建模课程设计与实施

作为数学学科六大核心素养之一，数学建模在核心素养中的作用非常特殊，在一个合格的数学建模过程中，学生将综合使用数学抽象、逻辑推理、直观想象、数据处理和数学运算等核心素养，因此，数学建模可以说是六大核心素养的枢纽，而《普通高中数学课程标准（2017 年版）》更是为其赋予了必要的学时保证。

4. 指向学术领导力提升的数学教育研究方法

前述调研显示，骨干教师学术领导力水平最低。61.4% 的骨干教师"对于自己教育教学行为背后的理论依据还说不清楚"；50% 的骨干教师认为"在教科研过程中，对于研究方法的科学规范应用还欠缺"。

在新一轮的骨干研修中，将聚焦骨干教师学术领导力的提升，设计"数学教育研究方法"的系统课程，提升骨干教师教育研究的理论水平和研究规范，以科研促发展，提高教育科研水平，突破骨干教师专业发展的瓶颈，实现可持续快速发展。

四、课程实施

根据骨干教师的研修需求，我们确定了三年研修的整体方案和上述每个

研修主题的目标和内容。2019 年 11 月 1 日，骨干研修项目组举行了海淀区
中学数学骨干教师研修开班仪式。开班仪式分成两个时段：第一个时段由中
学数学骨干教师研修负责人进行新一轮骨干教师研修方案的解读；第二个时
段邀请李尚志教授（我国自己培养的首批 18 名博士之一，国家万人计划教
学名师，博士生导师）做了"核心素养扎根数学教学"的报告。

开班仪式的目的有两个：一是通过中学数学骨干教师研修负责人对三年
整体的课程设计及每个研修主题的内容解读，帮助骨干教师熟悉和了解整
体研修课程设计框架，明晰公共必修课程和专业选修课程的整体安排。同
时，在发给骨干教师的研修方案里，提供了每个研修主题的二维码。骨干教
师通过方案解读，可根据自己的研修兴趣自主选择研修主题，选择结果如图
6-4-1 所示。这就满足了不同层次、不同类型学校的骨干教师对于研修的多
样化需求。

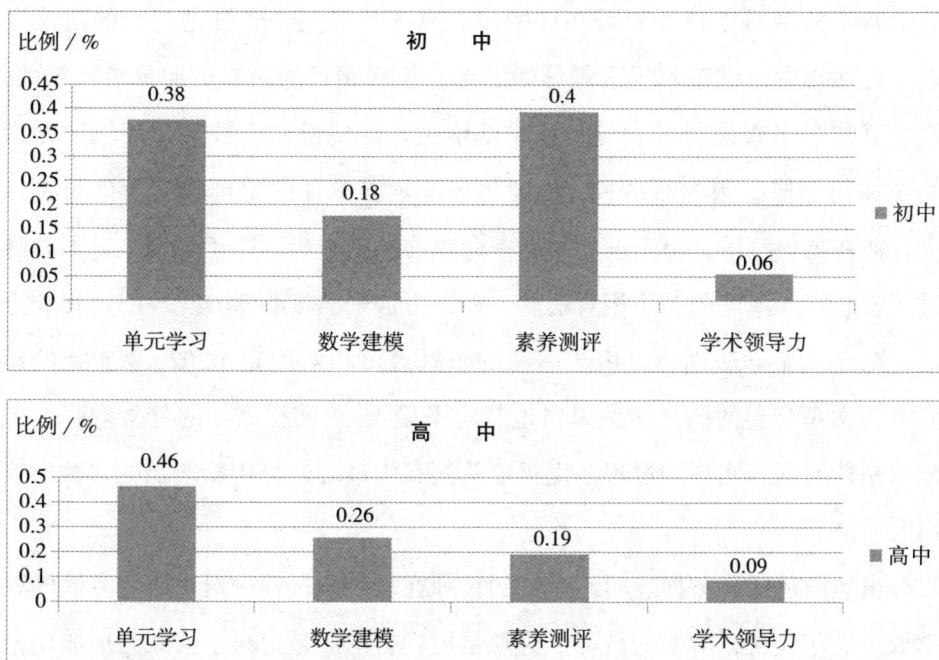

图 6-4-1 中学数学骨干教师自主选择研修主题的数据比例

　　二是通过专家报告，帮助骨干教师明确近三年学科教学的重点和方向，统一认识，即核心素养的落地需要把握重点和本质，要让核心素养的落地扎根数学课堂，将核心素养落到实处。

　　此外，开班的同时也建立了骨干教师微信群，为实现信息与资源的共享，方便学员交流和研讨创建了平台，初步形成了骨干教师学习共同体。

　　从图6-4-1中的数据可以看出，初中数学骨干教师中有40%的老师选择了素养测评主题，38%的老师选择了单元学习设计主题，18%的老师选择了数学建模主题。高中数学骨干教师中有46%的老师选择了深度学习视角下的单元学习设计主题，26%的老师选择了数学建模主题。可见，中学数学骨干教师更加关注如何通过单元学习设计，来提升学生的核心素养。

　　从图6-4-1中的数据还可以看出，相比高中，初中数学骨干教师选择"指向核心素养测评的试题命制研究"专题的人数比例更高，由此看出初中数学骨干教师对于核心素养测评的研修需求比较高。通过进一步的访谈发现，近两年中考试题基于素养导向的考查使得题目的命制更加灵活、新颖，能力立意的考查使得试卷的整体难度增大，也使得初中数学骨干教师尤为关注如何把握命题的原则和方向，将核心素养测评落实到教学设计与实践中。而在高中阶段，由于近几年高考命题的风格和难度趋于稳定，骨干教师对于核心素养测评的关注相对就低一些，更加聚焦核心素养实现的过程和方法。对于高中学段而言，由于高考的出题难度相对稳定（2020年实施的新高考，文理合卷的高考命题风格也基本平稳），这使得高中的骨干教师会更加聚焦核心素养实现的过程，也更加关注高中核心素养中新增加的"数学建模"研修。

　　虽然前述调研数据表明，50%的教师在教科研过程中对于研究方法的科学规范应用欠缺，37%的教师认为总结梳理自己的教育科学实践并形成论文一直是短板，但实际选择"数学教育研究方法"这一指向学术领导力提升的研修主题的教师比例却并不高。通过进一步的访谈发现，在骨干教师看来，数学教育研究的理论如何在教学实践中应用是难点，由于理论层面的学习不能直接应用于教学实际，骨干教师便对这个研修主题没有太多的关注。事实上，用研究的眼睛审视教学过程，观察过程中的有效、低效和无效，进而找到策略和模式，要比单纯只埋头教书更有利于提升教师对学科本质的理解；而对学科思想方法的提炼和认识，更能够帮助骨干教师从大概念、大观念层面理解学科。骨干教师这一选课数据也促使我们反思并意识到，或许聚焦课堂行为改进的行动研究方式，才更加有利于提升骨干教师的教科研意识和能力水平。

自 2019 年 11 月起，聚焦中学数学关键问题的海淀区中学数学骨干教师研修逐步有序展开。为了达到较好的研修效果，让骨干教师在研修中聚焦"真问题"进行思考、研讨、交流、提升，进而能够指导骨干教师后期的中学数学教研工作，做到为其持续赋能，我们在专题研修的实施过程中，注重遵循以下研修原则。

1. 研修前，要围绕研修主题进行需求调研，提高研修的针对性

每次骨干教师的研修，聚焦研修主题的教师需求调研是我们首先要做的工作。依据需求调研，聚焦重要问题，构建和调整课程内容框架，能够使研修更有针对性，提高研修效果。

例如，在高中数学骨干教师"数学建模"课程设计与实施研修班开始前，为了让此次工作坊的研修更有针对性，解决数学建模中的实际问题，我们对已经报名参加工作坊的 70 位骨干教师进行了前期的调研，调研主要是了解即将参加培训的教师对于数学建模教育的认识、数学建模在学校普及的障碍、数学建模对教师要求的最重要的素质等方面。通过调研，我们发现：①老师们对数学建模的理解参差不齐，部分老师对数学建模的理解还停留在解应用题的程度；②老师们觉得最大的困难在于缺少数学建模案例，以及数

学建模的课堂设计；③只有少部分老师曾经在课堂上讲授过数学建模类型的课程，大多数老师没有数学建模教育实践。

通过调研分析，我们将高中数学骨干教师"数学建模"课程的研修重点放在如下三个方面：①明确数学建模的基本方法、过程、难点和重点；②掌握基本的数学建模方法和典型案例；③掌握数学建模的课堂设计方法。主要聚焦中学数学骨干教师数学建模的教学领导力提升，开设不同类型、不同层次的研修课程，促进他们对数学建模课程的理解，并指导他们掌握在实际教学过程中提升数学建模的教学设计的能力，最终提高其数学建模的教学能力。

前期围绕研修主题的调研，帮助我们提前了解了骨干教师对于研修主题的研修需求和研修重点，便于项目组进一步调整研修课程，使研修更有针对性，进而解决骨干教师的"真问题"，达到预期的研修效果。

2. 研修中，要充分调动教师的积极性，实现智慧共享

中学数学骨干教师具有丰富的教学经验和实践积累，因此，区域骨干教师研修要创立"学习共同体"。这样一来，一方面可以实现研修资源和智慧的共享，另一方面也能够以团队支持来促进个体的发展。创立学习共同体的目的是让骨干教师通过参加研修，梳理凝练自己的研修成果，建设优质课程资源；同时也能够有展示的机会和交流的平台，宣传和推广研修成果，从而在学校和区域更好地发挥自身引领示范作用。

研修中，要以主题任务为线索，进行问题预设，师资方面要提供必要的支持和帮助（包括理论和工具等）。通过即时问题呈现、作品互评等，持续跟进学员学习过程，充分调动学员积极性，促进学员专业知识的建构生成，实现智慧共享。

因此，研修中，要以主题任务为线索，进行问题预设，师资方面要提供必要的支持和帮助（包括理论和工具等）。通过即时问题呈现、作品互评等，持续跟进学员学习过程，充分调动学员积极性，促进学员专业知识的建构生成，实现智慧共享。

3. 研修后，要跟进指导，持续赋能，助力教师成长

聚焦中学数学关键问题的骨干教师研修，以中学数学教学实践问题的解决为导向，促进研修者积极的经验建构与实践运用，提升分析问题与解决问题的能力。但是骨干教师的区级研修时间有限，为了将研修的成果应用于教学实践，就需要跟进指导、持续赋能，助力教师成长。具体来说，可以将骨干教师研修和各个学校的校本研修结合起来，将骨干教师研修中的主题结合学校教学中的"真问题"，开展研讨、分享、问题解决的活动，切实提升学校的教育质量，为骨干教师的发展持续赋能。

> 骨干教师的区级研修时间有限，为了将研修的成果应用于教学实践，就需要跟进指导、持续赋能，助力教师成长。具体来说，可以将骨干教师研修和各个学校的校本研修结合起来，将骨干教师研修中的主题结合学校教学中的"真问题"，开展研讨、分享、问题解决的活动，切实提升学校的教育质量，为骨干教师的发展持续赋能。

五、效果反馈

1. 研修课程切实提高了骨干教师的研修积极性和有效性

骨干教师通过方案解读了解了研修课程的设计与实施方案，并根据自己的需求和兴趣，自主选择参加相应的工作坊研修，这就使得学员的主动性和参与度都非常高；而具体到每次课上，其参与研讨的程度也非常深入；研修后提交的研修案例整体水平也较高。有目的的研修推动学员将教学的思考应用到教学实践中，取得了良好的教学效果。

2. 研修课程为骨干教师建立了学习共同体，研修得以延续

短暂的研修活动结束，并不意味着思考和实践的结束。以数学建模工作坊为例，数学建模研修班结束后，相应的教师工作坊交流群成为海淀区为对数学建模感兴趣老师搭建的一个学习交流平台，群里常有教师共享各种相关报告和学习资源；同时，工作坊也推动了更多老师参与到北京市和国家级数学建模的教学活动中。例如，骨干教师研修班的六位老师参与了北京与澳门教师合编电子书，助力澳门学生参加四校联考的活动。（见图6-4-2）这些活

动使得海淀区的中学数学骨干教师在更大的平台上得以展现自己的风采，发出海淀区骨干教师自己的声音。

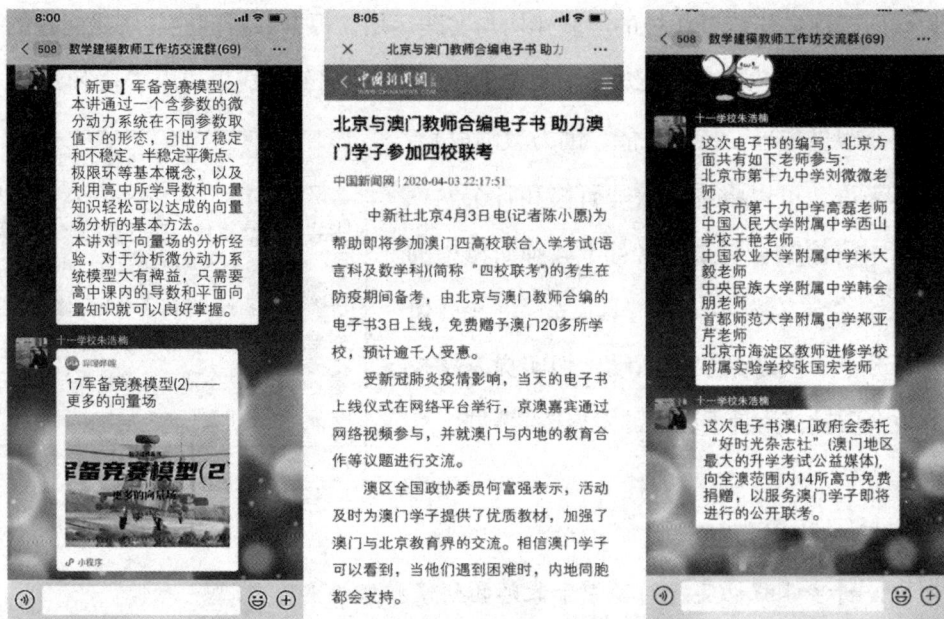

图 6-4-2　数学建模工作坊微信交流及北京与澳门教师合编电子书的相关报道

3. 研修课程聚焦一线教学关键问题，有利于整体提升区域数学教学水平

海淀区中学数学骨干教师来自不同类型的学校，但是，通过这样的自主选择研修内容的方式，对同一个关键问题感兴趣的老师就能够集中在一起，通过专家引领、经验共享、行动研究等方式，共同对教学中的关键问题进行思考、实践、反思，这就有利于整体提升区域数学的教学水平。

六、反思与改进

教育教学中的关键问题，会随着社会、教育教学的变化不断发展。教研需要及时调整、转型，才能满足教育的发展需求。例如，2020 年初，由于突如其来的新冠肺炎疫情，教育系统开展了大规模在线教育教学。由此就会带来如何进行高质量的线上教学设计与实施；如何将线上线下有效融合，更好地促进学生学习等新的关键问题。作为培训者，我们也需要进一步思考诸如"怎样开展骨干教师研修才能帮助其更好地适应智能时代的教师专业发展"等新问题，并在不断的实践探索中积极尝试和寻求答案。

我们的思考

1. 本轮中学数学骨干教师研修，依据"聚焦关键问题整体设计，满足多样化的研修需求"的原则，引领骨干教师在个人感兴趣并擅长的领域进行深入的研讨、探究与思考，同时为骨干教师的专业发展提供了发展的方向和平台，助力骨干教师不断成长。

2. 骨干教师研修还需要根据社会发展和教育政策的变化，不断地调整设计、不断更新，引领骨干教师们的教学和研修成长。

你的思考

_____

_____

_____

_____

近年来，海淀区教师进修学校不断充分挖掘优势资源，针对中学物理骨干教师，与中国科学院（简称"中科院"）联合打造定制式高级研修课程，让物理骨干教师走进中科院的真实场馆，近距离沉浸式学习学科前沿知识。

中学物理："科学素养与实验技能提升"浸润式研修

北京市海淀区教师进修学校　田成良

一、研修背景

科学学科骨干教师在区域教育发展中承担着科学教育的责任与使命，对于我国科技人才的培养起着十分重要的作用。根据《海淀区"十三五"时期幼儿园、中小学、职业高中教师培训工作指导意见》，科学学科骨干教师研修成为区域教师培训工作的重点。

科技发展日新月异，科学技术与科学知识相互促进，推动了社会的发展与变革，这就决定了科学研究具有理论面宽、实践性强的特点。科学学科骨干教师的研修，也应突出以上特点，即应拓宽骨干教师的科学视野，提升其科学素养，突出研修的实践性。中国科学院作为国家在科学技术方面的最高学术机构和全国自然科学与高新技术的综合研究与发展中心，具有极为丰富和优质的科学资源，对于科学类骨干教师而言，这些宝贵的资源是完全可以开发为优质的研修课程的。

海淀区充分发挥区域内中科院的优质资源优势，根据区培训工作计划，本次研修聚焦中学物理学科，结合中学物理骨干教师的实际需求，精心设计实施了相应的浸润式研修课程。

二、需求调研与分析

为使中科院的丰富资源有效转化为骨干教师的研修课程，项目组精心开展调研工作。以 2017 年中国科学院长春光学精密机械与物理研究所（简称"中科院长春光机所"）的研修课程为例，通过微信、电子邮件、访谈等形式，把物理骨干教师的需求摸清，并且把这些需求与高考改革实时对接，力求使研修课程有效服务一线教学。结合中科院长春光机所的资源，经过调研发现，物理骨干教师期望了解和学习的相关内容主要包括：最新光学前沿知识，大口径光栅望远镜的原理，常见的光学研究方法、科学研究价值及成果转化等。

三、课程设计

针对一线教师的真实需求，带着老师们的问题，项目组再一次对接中科院的科学家们，共同探讨如何将高深的科技前沿知识变成符合骨干教师的研修课程。基于调研和研讨，项目组最终确定了课程开发的思路：一是结合光学研究的历史和未来，认识科学研究历程；二是利用大口径光栅望远镜和激光技术，认识科学研究的方法；三是利用速摄影技术和遥感技术，认识科学研究的价值；四是利用参观天文台观测站和光学科技馆，拓展科学精神；等等。项目组通过与骨干教师和科学家之间的多轮沟通，在上述思路基础上，最终确定了具体研修主题和研修课程。

（一）研修主题

本研修力求拓宽骨干教师视野，帮助骨干教师认识学科本质，提升学科能力。基于上述课程设计思路，本研修主题确定为：中学物理骨干教师"科学素养与实验技能提升"浸润式研修。

（二）研修目标

研修课程设置要凸显学科本质、前沿价值和实践体验，并在基本原理、教育应用等方面充分考虑骨干教师的现状基础，增强课程的可理解性和实用性，以期帮助骨干教师深度了解科技前沿的发展动态，拓宽科学视野，提高科学实践技能。具体研修目标如下：

（1）通过专家讲座和实践参观，优化物理知识结构，提升科学文化素养。

（2）通过光学实验操作，提升实践能力和实验技能。

（3）通过专家讲座和互动交流，拓宽科学视野，加强科技与课堂的紧密联系。

（4）深入理解科学本质和学科能力，为学生的全面成长提供动力源泉。

（三）研修课程

研修课程设置旨在通过专题任务设计，促进骨干教师积极思考和分析问题，主动寻找前沿科技内容与光学学科教学内容的内在联系，进而探索促进光学教育发展的具体教学路径。具体课程安排如表6-5-1所示。

表6-5-1　中学物理骨干教师"科学素养与实验技能提升"浸润式研修课程安排

行程时间	活动地点	活动安排（40人）
第一天	中科院长春光机所	（1）开班仪式：研修方式和内容日程安排布置；建立班委和学习小组 （2）光机所概况介绍（主讲人周立勋）：介绍中科院长春光机所概况，展示光机所在科技创新、成果转化和人才培养等各方面的突出成果 （3）实践参观：长春光机所所史展馆参观
第二天	中科院长春光机所	（1）专家讲座 主题讲座1（主讲人周立勋）：从古人钻木取火到现代量子通信 主题讲座2（主讲人肖含）：光学工程——从大口径光学望远镜到航天航空遥感 主题讲座3（主讲人于海利）：感知色彩的眼睛——光栅（认识衍射光栅，学习大口径反射镜制造过程） （2）互动交流：小组研讨，学员与专家互动
第三天	中科院长春光机所	（1）主题讲座4（主讲人俊培）：奇妙的太空探索（"天绘一号"航天相机、"吉林一号"卫星、"天宫一号"超光谱成像仪参观介绍） （2）实践参观：国家天文台长春人造卫星观测站（卫星激光测距研究室、光电观测研究室等） （3）小组研讨：作业准备，成果汇报准备

续表

行程时间	活动地点	活动安排（40人）
第四天	中科院 长春光机所	（1）光学技术分组实验1（注：A、B组交互进行——A组光拍法测光速实验，B组光电探测器实验） （2）光学技术分组实验2（注：A、B组交互进行；A组电能转换实验，B组光速摄影原理实验）
第五天	中科院 长春光机所	（1）参观考察：长春中国光学科学技术馆 （2）小组汇报：学习答辩，查阅文献资料，学习汇报和论文写作，反思提升

（四）研修方式

通过专家讲座、现场观摩、实验操作、分层研讨、反思交流等多种方式展开浸润式研修，研修过程立足科技前沿，力求拓宽骨干教师的科学视野，促进其在动手实践中强化对学科本质的理解，提升科学素养和实验技能。

四、课程实施

（一）专家讲座

专家讲座立足学科前沿知识，旨在拓宽骨干教师的视野。本期研修以中科院长春光机所的研究核心技术为例进行学习。学员们首先聆听了于利海副教授的讲座《感知色彩的眼睛——光栅》。他从天文发展及科学精神大事记的角度，按时间序列简述了天文学史以及对科学发展的贡献，详述了长春光机所承担光栅刻划机的历史和政治背景、研制过程中面临的挑战、科技公关中的成功和失败、项目研究的重大意义等。于副教授的报告激起了学员们的求知热情，报告中和报告后学员纷纷提出很多问题与于副教授互动交流。学员由此了解了我国光学工程事业蓬勃发展的历程，体会到光学在人类探索世界的旅途上所起到的重要作用，认识了我国天文学的发展过程和重要意义。

（二）参观考察

在理论的引领下，学员们走进实践场馆，观看科学家研究的成果，感悟我国科技前沿的发展。本次研修组织大家参观了中科院长春光机所所史展览馆，了解了电影经纬仪、高分辨率成像光谱仪、星光仿真器、谐波传动装置等现代光电精密仪器的设计、开发和主要应用；参观了长春中国光学科学技术馆，这里陈列了很多跟光学相关的科普仪器，展示了很多神奇的光学现象。（见图 6-5-1）此外，学员们还走进吉林省光电子产业孵化器，了解了光电子技术在实际生活中的应用意义，聆听了技术人员介绍光电子产业孵化器如何把科学技术转化为商品，服务人类社会的过程。

参观考察的活动内容丰富而富有意义，学员们被我国在很多领域取得的科研成果所震撼。科学技术人员严谨的科学态度和强烈的责任感深深地感染了学员们，留给学员们的思考也很多：如何将所学、所感传递给学生们？如何培养学生的科学态度和责任感？如何引导学生成为祖国下一代科研事业的担当者？大家深感任重而道远。

图 6-5-1　参观长春中国光学科学技术馆

（三）实验操作

为培养骨干教师的实验技能和实验能力，体会科学研究的严谨性和科学性，让教师和科学家一起参与实验研究。骨干教师走进中科院长春光机所光学实验室，深入了解科学家们的工作与研究，亲身体验科学实验的过程与操作。学员们像学生一样，讨论实验原理，严谨细致地操作，并不断思考哪些实验可以应用于中学教学中。这一环节也受到了学员们的高度好评。代表性的实验内容及实验现场如表6-5-2、图6-5-2所示。

表6-5-2　浸润式研修中开展的代表性实验内容

实验名称	实验步骤	实验过程
制作光电小车	（1）了解光电转换原理 （2）按要求组装电路 （3）调试性能，测试光电转换小车的运行情况等，从能量的角度认识光电转换原理	学员分三个组，每组由一名专业实验员全程讲解、演示和指导。实验员讲解演示结束后，教师按实验步骤操作。做实验不只是简单体验，而是要促使学员们理解实验目的，明确基本流程，实践关键步骤，表征实验结果，反思实验原理
衍射光栅色散实验	（1）按原理图确定各元件的位置 （2）打开激光器，调节针孔到物镜的距离和凸透镜的位置，使得出射光为平行光 （3）调节两面半反半透镜和两面全反镜的位置，在白屏上得到两个光斑 （4）调节半反半透镜和全反镜的微调旋钮，使得两个光斑大体重合	学员们在实验人员的指导下，通过机械刻划和全息方法制作高精度衍射光栅；体验大光栅刻划的过程；了解光栅光谱仪具体可以有哪些应用

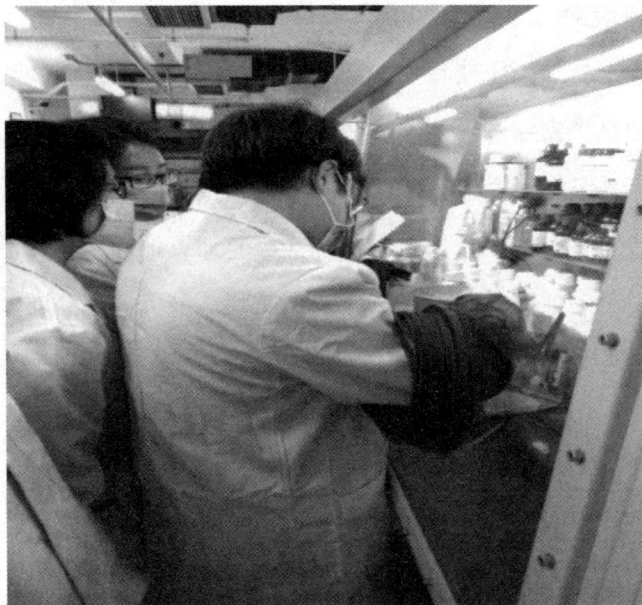

图 6-5-2   走进中科院长春光机所进行实验操作

（四）互动交流

在五天研修中，有高质量的输入，有积极的思考，还有充分的互动交流和转化输出。研修中安排了充足的专家对话和交流研讨，学员们从学科教学角度，提出了自己关切的问题，专家也对问题做了耐心而深入浅出的解答和回应。此外，通过教师分组学习、集体讨论，学员又进一步梳理、反思研修内容，思考挖掘科学教育的真正价值。研修期间，各小组在每天晚上都就学习成果和体会进行了充分讨论（见图 6-5-3），内容涉及"基于真实问题的教学思考""科研思维在日常教学中的渗透""拓宽科学视野，落实核心素

图 6-5-3   晚上学员们的自主学习和分组研讨

养"等方面。学员们普遍关注到学科观念和思维的重要意义，体验到科学论证的严谨与艰辛，更感受到科学的社会责任，进一步理解了学科育人的深刻内涵。

（五）总结反思

通过浸润式系列研修，每个学员都会用不同的收获和感悟，相互分享学习，进行智慧的碰撞，这会产生 1+1>2 的效果。经过在中科院长春光机所的五天研修，学员们的收获非常饱满，每天都对学习内容进行精彩的微信报道，各组都进行了积极热烈的讨论。在研修总结会上，各小组学员梳理所学所感，联系物理教学、学生培养等话题分别谈自己的收获和感悟，有的还表达了一定要把所学内容转化为学生学习资源的决心。（见图 6-5-4）

图 6-5-4　小组研修汇报

通过此次内容丰富、形式多样的研修，学员们积累了素材，开阔了视野，延伸了知识，提升了境界。此外，学员们开始将所学所获与教育教学相联系，在促进个人专业成长的同时，积极探索提升学生科学素养的新思路。

五、研修保障

本次研修在研修前、研修中和研修后分别设计了任务驱动、交流反思和汇报展示等环节，从研修规划和研修形式上进行了创新，这也在整体流程上保障了研修效果。

（一）研修前任务驱动

研修前聚焦目标，采取任务驱动，有利于研修目标的

部分学员研修成果

达成。始终关注研修内容和任务，有效提升研修效果。去中科院长春光机所参加研修前，学员们领到的研修任务包括设计一场科普报告、根据研修内容设计教学案例或教学设计，以及利用研修素材改编试题等。研修任务和研修课程紧密联系，并服务于自己的课堂，这大大激发了学员的研修兴趣。

（二）研修中交流反思

研修中，学员认真梳理真实的感悟和体验，提炼真实的收获，并与自己的工作进行对接，思考如何有效迁移到课堂教学中去。研修中的反思，也促使学员更新了自身理念，推动其将理念转化为自身的教育教学实践，进而促进学生的发展。

（三）研修后汇报展示

研修中，项目组为学员努力搭建各种展示机会和平台，满足骨干教师期望被认可的心理需求，激发其学习热情，助推研修成果的转化。在浸润式研修结束时，项目组又安排小组汇报交流，结合研修任务，按照小组分工，学员们充分研讨、合作完成任务，最后由代表在全体成员面前进行展示。学员展示了结合研修内容设计的教学案例、试题命制等成果，有效激活了学员内驱力，提升了研修效果。

六、研修效果

本次研修借助优质资源，聚焦研修主题，设置合理的研修任务，促进学员进行梳理和提炼，有效地促进了成果转化，助力了骨干教师的课堂教学。各类研修成果梳理如表6-5-3所示。

表 6-5-3　不同类型研修成果梳理

研修成果形式	成果内容	成果价值	受益群体
教学设计	利用中科院研修的资源和素材,与课堂教学进行对接,设计新颖的教学案例	最新的科研资源,聚焦最新的生活和科技前沿,能有效激发学生的学习兴趣,促进学生对科学的热爱	海淀区各学校中学物理教师和中学生
试题改编	利用科学家最新的成果,与新课改对接,紧扣高考、中考的方向,创设科技情境,有效编制和改编试题	利用中科院的最新素材,创设科技和科研情境,有利于考查学生解决问题的能力和核心素养的发展水平	海淀区各学校中学物理教师和中学生
科普报告	利用中科院的研修资源和研修课程,结合中学教学的特征,进行科普宣传,传播科学思想	有利于传播科学思想和方法,弘扬科学精神,激发学生爱国主义情怀,形成科学责任	海淀区各学校中学物理教师和中学生
感悟反思	通过研修中反思交流、小组汇报,加深对科学研究的认识,提升科学探究能力	有利于骨干教师对学科本质的把握,提升学科能力,感悟科学精神	海淀区中学物理骨干教师

此外,学员在研修后均发表了各自的收获,一定程度上也反映了此次研修的效果。部分感言如下:

短暂的五天学习,让我初步了解了光学相关的科学技术发展现状,对光机所科研人员胸怀祖国、放眼世界的奋斗精神敬佩不已。本次学习内容与我们现在的课堂教学密切相关,不仅开阔了我的眼界,也丰富了备课素材。我们今后在光学这部分教学内容上就能够更加与时俱进,跟上现代光学科技发展的脚步。

（北京航空航天大学附属实验学校　夏红胜）

走进科学家研究的"真实"课堂,不仅指科学研究的真实环境,还有我们真实的体验,以及对科学家真实的科研情怀的传承。在真实的课堂体验中,我们不仅对核心素养有了新的认识,更体会到科学家牢记于心的时代使命、家国情怀、责任担当和对事业的坚韧执着。

（北京市海淀区教师进修学校附属实验学校　宋茂卿）

总之，通过此次浸润式研修，学员们了解了科学研究的基本过程与方法以及科学的价值，对科学有了更深入的认识；提升了自身的科学素养与实验技能，进而为促进学生的全面成长提供了动力源泉。研修项目受到了广大骨干教师一致好评，影响力不断扩大，后续还将不断更新与完善。

我们的思考

1. 浸润式研修是一种研修模式的创新，目的是满足骨干教师的个性化发展，这种多元化、递进式的研修，强化认知过程，突出实践体验，不仅拓宽了学科视野，还能帮助把握学科本质。

2. 这种在自然场域下的浸润学习，符合成人的学习规律，体现了团队合作下的自主学习，激发了骨干教师研修的积极性和成就感。

3. 这种研修模式需要借助一定的社会资源，这也是我们未来要进一步整合发展的地方，后期要继续开展新的探索。

你的思考

　　2017 年 11 月，教育部下发了《中小学幼儿园教师培训课程指导标准（义务教育化学学科教学）》①。这一文件的颁布体现了国家对教师培训的导向和要求，强化了培训工作的专业性。它不仅是教师培训工作的重要参考，也是各级教师培训机构、教研机构以及中小学设置教师研修课程、开发和选择教师研修课程资源的基本依据，同时也是教师规划个人专业发展和自主选择研修课程的根本指南。本案例即是运用《指导标准》探索基于标准的教师研修的一种尝试。

初中化学："基于标准促进课程整体理解和实施"混合式研修

北京市海淀区教师进修学校　　陈　颖

一、研修背景

　　本次研修属于《中小学幼儿园教师培训课程指导标准（义务教育化学学科教学）》的培训试验项目，参加试验的培训对象为海淀区部分初三新任教师及区骨干教师。通过此次培训试验，探索基于《指导标准》的能力水平测试结果的分层研修方式，提高培训的针对性和实效性；探索线上线下相结合的混合式研修模式，以适应"互联网 +"时代教师碎片化学习、泛在学习等新方式；通过对区域骨干教师的培训，建立《指导标准》实施后的区域培训者团队；通过问卷测查、课堂表现记录等方式对实施效果进行分析，探查《指导标准》中"身边的化学物质"主题各项指标内涵的准确性，对应的能力水平划分的科学性，验证研修模块及内容的合理性。

---

① 简称《指导标准》，可于中华人民共和国教育部网站查询，详见 http://www.moe.gov.cn/srcsite/A10/s7034/201712/W020171228529433689416.docx。

二、需求调研与分析

为了确定参训教师的起点水平，决定是否采用分班或合班的组织方式，以及明确选取研修重点内容的依据，项目团队基于《指导标准》中"身边的化学物质"主题的具体内容，设计了前测问卷，以集中测试的方式实施了前测。

（一）问卷设计

前测问卷由自评题、简答题和教学设计题构成。自评题是基于各个指标和水平开发的具体陈述，每个三级指标有 4 个选项，对应 4 个水平，教师根据自己的情况选择相应的选项。简答题主要是根据三级指标开发的，每个简答题可能对应 2—3 个三级指标，由专家评定教师写出的答案的水平，例如，"简述'身边的化学物质'主题的内容要点及其对社会发展和学生发展的价值""分析不同版本教材的内容特点和编写意图"等。教学设计题要求教师完成 1 课时"常见的酸和碱"的教学设计。

（二）问卷结果分析

图 6-6-1 为前测问卷中二级指标的教师自评统计结果。

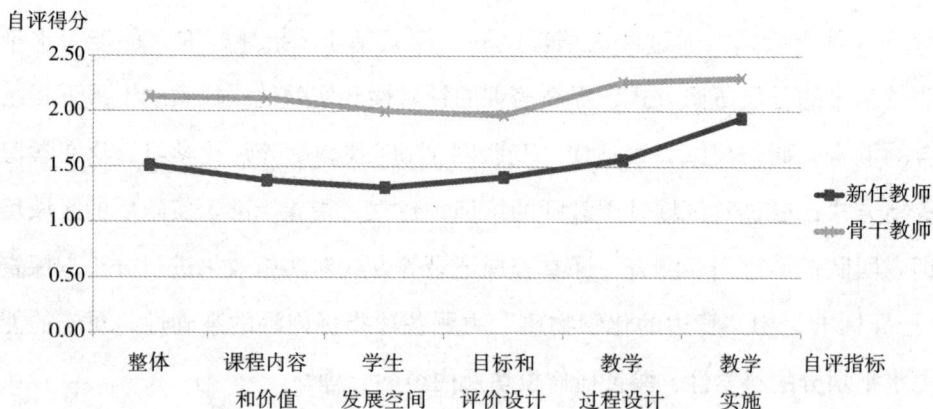

图 6-6-1　整体和二级指标的教师自评均值

可以看到，新任教师在各个二级指标上整体处于《指导标准》所提出的水平一和水平二之间，即"零散笼统、全面但缺乏思路，自主性不高"的水平；骨干教师在各个二级指标上整体处于水平二，即"全面但缺乏思路，自主性不高"的水平。新任教师在二级指标"教学实施"的均值明显高于其他四个二级指标，骨干教师在"教学实施""教学过程设计"的均值高于其他三个二级指标。

相对而言，"教学实施"和"教学过程设计"两个指标更偏重于教学实践层面，骨干教师在这两个能力指标上有一定的经验积累，因此自评的水平均值较高。但值得关注的是，"课程内容和价值""学生发展空间"和"目标和评价设计"这些偏重于教学理解层面的能力指标在很大程度上会制约教师教学实践的能力水平，因此，需要对教师的二级能力指标进行系统的研修课程规划，这样才能有效提升教师的课程理解水平和课程实施能力。

进一步分析二级指标下的各三级指标统计结果，可以梳理出新任教师和骨干教师的具体能力提升点。例如，在对课程的理解和把握上，新任教师和骨干教师均表现为已经建立内容主题内的关联，但是存在与其他主题缺少关联、与其他学段缺乏衔接的问题；在学生认识发展障碍点的分析上，新任教师和骨干教师均表现为能比较全面、具体地说出学生身边的化学物质主题的知识基础及学习困难，并能简单归因，但不能比较全面地列举学生在认识思路、问题解决等方面的障碍点；在评价工具研发上，新任教师只能直接使用教科书中的课后习题和教辅资料作为课内外作业，骨干教师则能够根据"身边的化学物质"主题制定"知识—难度"双向细目表来选择和调整习题，对学生进行评价，但在依据知识、方法、态度等多维的评价规划，选择评价任务和工具方面，还有较大的提升空间。

基于上述诊断，项目团队进一步明确了本次研修的主题、目标、课程模块、专题及各专题研修的重点内容。

三、课程设计

（一）研修主题与目标

本次研修的主题为"基于标准促进课程整体理解和实施"。研修的目标包括：学员通过研修主题下八个模块系列课程内容的学习，建立从学科、课程、学生发展的角度审视教学的系统框架；通过具体的教学案例研究改进，掌握教学设计、实施、反思和学生学习评价的策略及方法，进而促进自身对初中化学课程的整体理解，系统提升自身的学科教学能力。

（二）研修课程内容

基于前测需求分析，项目团队规划了"身边的化学物质"内容主题下八个模块的研修课程内容。具体研修模块、专题及专题研修内容如表6-6-1所示。

表 6-6-1 "身边的化学物质"主题下八个模块的研修课程内容

模块	专题	专题研修内容
模块1："身边的化学物质"的知识体系及其研究进展	专题1："身边的化学物质"主题的内容框架	基于教材的"身边的化学物质"主题进行内容分析，确立具体知识的内容框架，概括"身边的化学物质"的应用前景
	专题2："身边的化学物质"的核心概念和系统结构	梳理"身边的化学物质"主题的核心概念及知识结构；概括元素化合物知识及相关理论知识的系统关系
	专题3："身边的化学物质"的观念和能力	梳理基于典型代表物、基于类别认识物质的一般思路；明确不同元素化合物知识对学生认识物质性质的不同发展阶段的价值
模块2："身边的化学物质"主题的课程内容及教学价值分析	专题1："身边的化学物质"主题初中阶段课标与教材解读	全面解读"身边的化学物质"主题初中阶段课程标准；分析教材中"身边的化学物质"主题内容
	专题2：中学阶段"身边的化学物质"主题整体分析	理解初中、高中各阶段元素化合物主题的内容要求；分析不同版本初中化学教材"身边的化学物质"主题内容

模块	专题	专题研修内容
模块 3：学生关于"身边的化学物质"主题的已有基础和障碍点	专题 1：学生关于"身边的化学物质"已有基础和学习需求	绘制学生在氧气、二氧化碳、金属和酸碱盐方面的已有基础结构图，概括学生的发展目标和发展障碍点
	专题 2：学生关于"身边的化学物质"障碍点、偏差认识分析及其对策	解读学生关于"身边的化学物质"主题应有的方法、态度和观念，认识到学生存在的具体认识和表现；结合具体案例提炼突破障碍点的核心对策
模块 4：学生关于"身边的化学物质"主题的发展空间及发展路径	专题 1：初中学生关于"身边的化学物质"主题的发展目标	描述义务教育阶段"身边的化学物质"主题对学生的知识与技能发展的要求，多角度认识物质的认识发展目标及需建立的学科核心观念
	专题 2：基于教材分析初中生"身边的化学物质"主题发展路径	分析不同版本教材，规划学生对物质的认识发展目标。分析初中、高中阶段学生认识身边的化学物质的角度和思路的发展路径
模块 5："身边的化学物质"主题教学目标的确立、评价标准和评价工具的设计	专题 1：知识目标的确立，评价标准设计和评价规划（知识评价、课后作业的设计）	基于学生在该主题已有知识技能和应有知识技能确立"三维"教学目标，说明目标确立的思路、方法。依据核心知识设计双向细目表，设计纸笔作业和测试题
	专题 2：核心思路和观念的教学目标确定，评价规划和工具设计	基于核心活动设计并使用活动表现评价工具；介绍"身边的化学物质"主题方法、态度的主要评价指标，进行典型试题案例分析
	专题 3：不同维度教学目标的关系及目标达成的关键策略，促进认识发展的活动表现评价	整体把握本主题内容不同维度目标间的关系；结合案例说明认识目标达成的关键策略，自主规划设计、交流讨论。改造和自主设计试题，并在实践中使用

模块	专题	专题研修内容
模块6:"身边的化学物质"主题的诊断指导与教学反思	专题1:基于核心知识的诊断指导与教学反馈	从学生的作业诊断其在从化学视角分析问题方面存在的问题;反思课时教学活动、讲解、思路和方法的落实等
	专题2:基于核心思路和观念的诊断与教学反馈	收集学生的典型答案,明确学生在化学知识、分析解决实际问题方法方面的欠缺,撰写试题讲评教学案例
	专题3:课堂教学中学生学习表现的诊断及指导	基于学生学习表现诊断其困难及成因;提炼指导原则和策略;基于学生学习表现进行教学反思及教学调整
模块7:"身边的化学物质"主题的教学特点、原则和策略	专题1:"身边的化学物质"主题的教学特点、教学方式及教学策略	结合实际教学案例,认识到本主题教学要紧密联系生产、生活实际,使学生真切感受到物质世界的多样性;引导学生通过实验探究身边的化学物质的性质;激发学生学习化学的兴趣,逐步形成"结构决定性质"等观点
	专题2:"身边的化学物质"主题的教学关键问题与对策、实现学生认识发展的教学案例分析及其主要策略	结合实际教学案例,明确多角度认识身边物质的基本思路,在基于代表物和基于物质类别水平上认识"身边的化学物质"的教学关键问题,分析教学应对策略
模块8:"身边的化学物质"主题的教学过程设计与实施	专题1:基于教材的课时教学过程设计与实施	准确把握教材的编写意图,充分利用教材提供的优质资源;对教材内容加以整合,充分挖掘教材承载的多重功能,基于学生学习需求补充活动和素材
	专题2:"身边的化学物质"主题单元整体的教学过程设计与实施	依据主题内容及教学价值的理解和对学生发展空间的认识,整体规划各阶段教学内容、教学策略方法、学生活动等,完成教学设计并实施

（三）研修流程

本次研修共分为三个阶段，分别为研修准备、研修实施和研修总结。研修实施流程如图6-6-2所示。

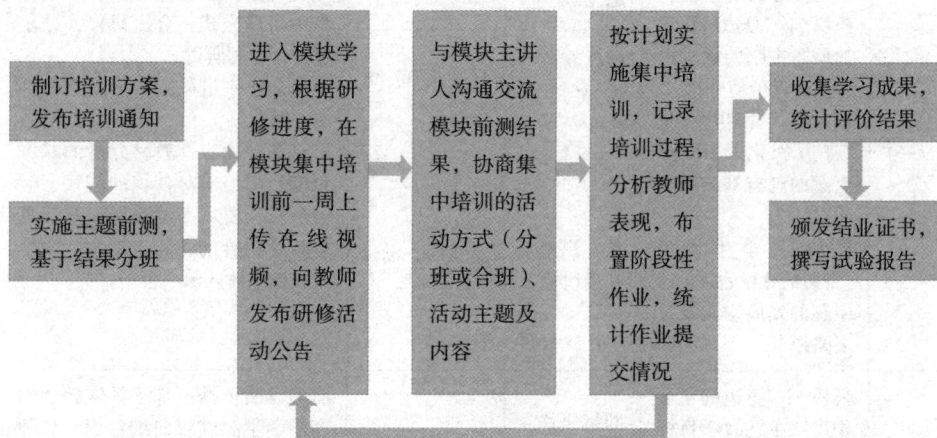

图6-6-2　基于《指导标准》的"身边的化学物质"主题研修实施流程

四、研修实施

研修实施包括学情诊断、课程规划、课程实施和效果反馈四个核心环节，各环节中，《指导标准》均发挥了指导和参照作用。项目团队在研修的班级组织方式上基于前测诊断并兼顾教师的专业发展阶段，将参训教师分为3个班，分别为新任教师班、骨干教师一班和骨干教师二班，每班10—15人。集中研修时，根据研修模块的内容特点及教师的前测结果确定是分班还是合班研修，并对不同的班级设计不同的研修活动。

研修实施历时两个半月，表6-6-2为研修实施的具体活动安排。

表 6-6-2　研修实施的具体活动安排

阶段	模块	形式	时长	前测诊断依据、研修方式、研修内容及策略
模块 1—4	模块 1："身边的化学物质"的知识体系及其研究进展 模块 2："身边的化学物质"主题的课程内容及教学价值分析 模块 3：学生关于"身边的化学物质"主题的已有基础和障碍点 模块 4：学生关于"身边的化学物质"主题的发展空间及发展路径	研修课程简介+主题测试	半天，4 学时	前测诊断依据：主题教学内容的认识结构图。教师自评和专家点评相结合； 集中研修方式：合班研修，分小组进行专题研讨； 针对的水平进阶：水平二至水平三、四； 研修活动内容：教材分析的基本角度，相当于对认识的应用；学情分析，要求出测查题；基于具体教学内容的课程、教材、学生的三维整体认识
		网络研修+在线提交作业	自主时间，8 学时	
		专题讲座+互动讨论	半天，4 学时	
模块 5—6	模块 5："身边的化学物质"主题教学目标的确立、评价标准和评价工具的设计 模块 6："身边的化学物质"主题的诊断指导与教学反思	网络研修+在线提交作业	自主时间，4 学时	前测诊断依据：基于具体教学内容的学生测试双向细目表，教师自评和专家点评相结合； 集中研修方式：分班研修，分小组进行专题研讨； 针对的水平进阶：水平一至水平二，水平二至水平三，水平三至水平四； 研修活动内容：评价任务分析、评价工具分析和设计、评价规划、评价反馈诊断
		案例式讲座+互动研讨	半天，4 学时	
模块 7—8	模块 7："身边的化学物质"主题的教学特点、原则和策略 模块 8："身边的化学物质"主题的教学过程设计与实施	网络研修+在线提交作业	自主时间，4 学时	前测诊断依据：基于具体教学内容的教学案例分析和评价，教师自评和专家点评相结合； 集中研修方式：分班、分组研修； 针对的水平进阶：水平一、二至水平三，水平三至水平四； 研修活动内容：给定主题的单课时教学设计和分析、自选主题的学期教学规划及单元教学设计
		案例分析+互动研讨	半天，4 学时	

注：除网络研修外，其他形式均为线下集中研修。

研修方式为混合式研修，即网络研修与线下集中研修相结合的方式。利用在线微视频开展线上分散研修，利用专题研讨开展线上集中研修。

五、效果评估

（一）基于三级指标体系的精准调研和能力诊断，有效引导教师开展自评

《指导标准》中的三级指标及能力诊断水平采用了教师可能的教学活动或行为表现来呈现，而不是仅仅使用比较抽象概括的"零散""系统"等词语来形容相应的水平界定。上述呈现和表述方式便于教师理解，也使得教师能够将能力水平与自身的教学行为相对应，相对客观地对自身的各项能力指标进行分析和自我评价。培训者按照学员的自我诊断结合专家诊断对学员进行分班设置。模块研修过程中，学员结合能力诊断水平自述研修前和研修后的水平变化，进一步梳理概括了研修要点，并自觉意识到相关教学观念的改变及深化，这将有助于学员在后期教学实践中自觉地利用研修课标作为自我反思和评价的工具，结合研修内容开展教学实践改进。此外，从教师简答题及阶段性作业分析的结果也可看出《指导标准》对教师教学改进的工具性支持。

（二）基于教师前测的分层组班和研修内容设计，增强了研修的针对性

此次研修在内容选取上，利用教师前测及阶段性作业的分析，梳理概括主要问题，在研修中针对问题确定研修重点，确定核心、关键及应然的研修内容，增强了研修内容的针对性，帮助教师解决实际问题。研修过程中，一方面通过专题讲座的视频明确呈现给教师课程内容的要点，另一方面通过集中研修落实相关模块的核心观点、核心理论及核心策略。

此外，在分班研修时，针对新任教师班级和不同骨干教师班级设计不同的研修任务，适应不同教师的阶段性发展特点。例如，评价模块研修中，其中新任教师班的活动为基于具体案例的评价分析；骨干教师一班的活动为表现性评价的设计；骨干教师二班的活动则为自主设计一份评价规划。

（三）混合式研修模式及体验式研修活动，增强了研修的实效性

此次研修采用线上、线下相结合的混合研修模式。其中，线上研修的内容相对于集中研修而言更加完整、全面，教师可以根据自身情况选择性观看。微视频形式的研修内容适应了教师碎片化学习、泛在学习的方式，同时也满足了教师对课程内容的选择性要求。线下集中研修以参与体验式活动为主，主讲者进行研修任务的系统设计，通过驱动性任务探查教师的原有认识，使教师能够较客观地认识和分析自己的现状，然后利用差异性事件和相关理论促进教师转变。研修过程中，培训者对特定能力水平的学员设计了特定的研修任务，如体验性任务评价方案设计、参与性任务小组合作画知识结构图这两类任务，都通过问题驱动有效实现了教师的转变提升。

《指导标准》中系统、完善的指标体系为教师研修在学情诊断、内容规划、课程实施等方面提供了科学的指导依据和良好的工具支持；同时，也对教师研修提出了更高的要求：如何在信息化"互联网+"背景下，基于标准开发内容丰富、层次分明、形式多样的教师教育课程，满足教师共性和个性需求，提高教师职后研修质量，需要教师教育工作者深入实践，持续探索。

我们的思考

1.《指导标准》是中小学教师培训的"导航者"，也是教师专业发展的"掌舵者"。基于《指导标准》规划、设计、实施和评价研修，从标准中来，到标准中去。利用标准能诊断不同教师的学科教学能力水平，并根据诊断结果规划研修课程模块，设计模块内容及具体的研修任务，开展分层培训和评估。这就使得研修从需求调研到效果评估，都有了"抓手"。

2. 线上线下相结合的混合式研修在解决共性问题的同时，也能够满足

教师的个性化学习需求。教师可根据自身情况自主选择课程内容进行线上学习，线上课程的顺利实施需要配套的培训课程资源跟进，线下体验式工作坊的开展促进了教师对关键问题的深度思考和交流。混合式研修整体提升了研修效率。

3.基于标准的研修还处于探索尝试阶段，未来还需进一步将能力层级的表现细化，不断迈向精准诊断，分层展开研修和科学评估。

你的思考

高中通用技术学科骨干教师是推进通用技术学科发展的中坚力量，他们对于核心素养的理解，对于课堂教学的把握，将影响区域通用技术教育的持续发展。因此，我们针对通用技术学科骨干教师的共性需求，梳理出关键需求要素，构建培训课程框架，充实课程内容，组织课程实施，力求将骨干教师研修的每一个环节做深入、做充实。针对目前课堂教学中设计制作过程多为简单仿制，不利于持续驱动学生的学习和创造性思维培养的现状，本案例聚焦创新设计素养，特节选了相关研修项目的课堂教学实施部分，呈现层层剥茧、反复迭代的实践过程与思考，供同行们参考借鉴。

高中通用技术："创新设计素养提升"项目研修

北京市海淀区教师进修学校　张桂凤

一、研修背景

为深化教育领域综合改革，落实立德树人根本任务，发展学生核心素养，海淀区教师进修学校集中对现任通用技术区级学科带头人、骨干教师开展专项培训。结合骨干教师专业发展中面临的课程改革和课堂教学的重点和难点，以"创新设计""深度学习""教学评价"为主线，时时检测骨干教师在学习中出现的问题，通过研修课程的实施，骨干教师能够持续主动探究问题解决方案，完成知识和能力的不断修正，切实提升自身专业发展水平。

二、需求调研与分析

研修项目遵循"最近发展区"原则，尊重骨干教师已有的认知经验。为找准提升专业素养的起点，我们开展了如下的需求调研分析。（见图 6-7-1）

| 构建培训需求库 | → | 提取需求高频词 | → | 聚焦主要需求问题 | → | 分解问题，调研具体需求 | → | 细化聚焦典型需求问题 |

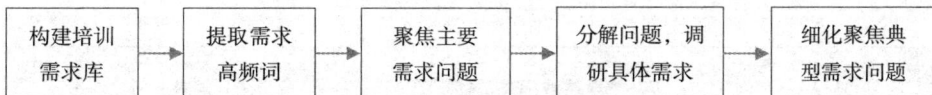

图 6-7-1　骨干教师需求调研流程

　　通过部分教师座谈、调查问卷等形式构建培训需求库之后，我们梳理了共性的需求高频词，发现骨干教师的需求大概集中在三个方面：课堂教学能力、课程育人能力和研究能力。考虑到培训课时和岗位需求，我们将培训的重点再次缩减，聚焦课堂教学能力。考虑到通用技术核心素养落实的五个方面，我们又将有限的培训课时聚焦在"创新设计"这一学科核心素养方面。通过创新设计核心素养的教学落实，也为其他素养（技术意识、工程思维、图样表达、物化能力）的落实提供思考的视角。

　　由此，我们将骨干教师对于创新设计素养落实的教学问题继续分解，调研具体需求。调研结果及分析如表 6-7-1 所示。

表 6-7-1　关于创新设计素养落实的骨干教师需求调研结果及分析

教师情况	调研问题	做法或困难描述	需求分析	研修重点
已有认知（培训的起点）	您通常如何评价学生的设计方案或物化作品的创新性？	1. 善于发现问题，解决问题的方式方法有创新； 2. 问题来源于真实的生活情境，学生凭借自己的能力能解决的真问题；方案设计科学、合理； 3. 从创新、工艺、结构强度和稳定性、控制、美观等方面考虑； 4. 从功能、色彩、造型考虑； 5. 利用发散思维在设计中多角度思考； 6. 从技术角度（材料特性的使用、工具的利用），从设计角度（设计主题的创意性、设计在实践中的完成度）； 7. 从结构创新、外观设计、材料用料是否合理，安全方面，文化创新，团队合作等方面来进行评价； 8. 从创新思维上、制作工艺上、功能实现上； 9. 一看是否不同于常规的思维和认知方式，二看是否体现出了自己个性化的想法，三看是否有不同于现有相关物品的特点，四看是否采用了特有的工艺、方法等	骨干教师看待评价创新的问题基本涵盖创新意识、创新思维、创新能力、创新行为四个方面。从实际操作层面，基本从问题来源、方式方法、知识能力、思维发展、工艺水平、物化成型、功能实现、团队合作8个视角去评价。内容涵盖比较全面，但评价指标细碎，不够系统	创新能力教学评价

续表

教师情况	调研问题	做法或困难描述	需求分析	研修重点
未知和预知（培训的落脚点）	您在引导学生进行创新设计方面的困难是什么？	1. 如何分层分类引导学生的想法； 2. 如何激发学生的主动性； 3. 信息技术能力、电子知识不够； 4. 材料设备有限，学生时间有限，人数太多，教学引导做不到面面俱到； 5. 对学生的想法自己不能提出很好的建议或想法； 6. 自身缺少创新教学方面的专业知识，在调动学生创新积极性上有困难……	骨干教师在引导创新设计方面都很有意识，也有自己的具体做法，实践方面的困难集中在情境创设、创新知识、分层引导评价三个方面	创新知识深度学习活动设计教学评价

根据调研结果，结合课程标准、学业要求等，我们从培训角度梳理出四个关键需求要素，即创新、活动、项目、评价。把四个关键需求要素在研修课程中定位和联系，就可以构建出此次高中通用技术骨干教师项目研修课程的框架。（见图 6-7-2）

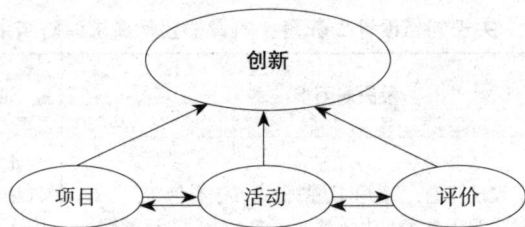

图 6-7-2　高中通用技术骨干教师项目研修课程框架设计

教学项目是教学活动实施的载体，基于项目进行教学活动设计，进而落实教学评价，同时，评价又倒逼活动设计的深度，活动的深度又丰富了项目的内容，双向循环，而项目、活动、评价均指向创新设计的学科核心素养。从项目到创新，横跨的是视角（角度）和逻辑（思路）。

从项目到创新，横跨的是视角（角度）和逻辑（思路）。

三、课程设计

（一）研修主题与目标

基于骨干教师需求，确定研修主题为：创新设计素养提升。

研修目标包括：

（1）认识通用技术学科核心素养的内涵，了解教学项目创新的方法和培养学生创新能力的路径；

（2）理解深度学习、项目学习和评价对于学生核心素养发展的促进作用；

（3）提升落实创新设计核心素养的教学设计和教学实施能力。

（二）研修课程设计

基于上述研修主题与目标，我们设计了具体的研修课程。（见表6-7-2）

表 6-7-2　"创新设计素养提升"项目的具体研修课程

序号	课程内容	研修形式	课时	回应的需求要素和目的	研修路径
1	项目教学与学生创新能力培养	案例式讲座，互动交流	4课时	项目创新	讨论↓学习↓研究↓实践↓反思↓改进
2	深度学习理念在教学中的应用	专题讲座，互动交流	4课时	深度学习	
3	基于项目的教学活动创新设计与实施	案例式讲座，互动交流	4课时	活动创新	
4	"AI+"（人工智能＋）时代创新教育课程的评价	专题讲座，互动交流	4课时	评价创新	
5	指向创新设计核心素养的课堂教学实施	研究课，专家点评	4课时	教学创新	
6	落实创新设计核心素养的方法策略	工作坊	4课时	策略提炼	
7	体现创新设计素养的教学设计	作业	6课时	素养落实	

所有课程均指向创新设计学科核心素养的落实

课程内容回应并涵盖了前期调研的需求重点，从教学项目的创新设计到项目教学的活动设计，再到教学实施的评价设计，均指向创新设计的学科核心素养的落实。研修过程中，我们采用了集中研修、伙伴式研修、工作坊、研究课等多种研修形式，帮助骨干教师形成多元的学习体验。师资队伍方面，也考虑了高校、教研机构、一线学校的专家教师共同组成，为骨干教师提供了多元的视角。

四、研修实施

高中通用技术学科骨干教师创新设计素养提升项目主要按照"做中学""行中思"的理念设计相关课程。考虑到课堂教学实践活动是理论学习转化成教学行为的孵化器，教学设计成型前的研磨、教学过程中的专家同伴议课，以及教学设计的再次优化等环节，特别能体现骨干教师们"做中学""行中思"的特点，因此，我们以研修课程5为例，来介绍该研修项目的具体实施过程。

研修课程5的具体实施过程

课程主题：指向创新设计素养的课堂教学实施

研修目标：

（1）通过聚焦创新设计核心素养的研究课活动，将素养的内涵和表现形式在学科内进行深化；

（2）共同探究学生创新思维的呈现效果与教学设计理念、学生活动的设计、教学组织、教学评价等方面的关联，打造落实核心素养的通用技术精品课；

（3）为课程6以工作坊形式开展的"落实创新设计核心素养的方法策略"提供借鉴的思路和素材，也为课程7完成"体现创新设计素养的教学设计"的作业提供参考和视角。

研修方法：团队研磨、个体展示、评课反思

研修内容：

（1）教师介绍教学项目内容和本节课在创新设计素养落实方面的思考和设计；

（2）项目教学模式下进行课堂教学，按照预想的设计开展教学实践；

（3）发挥团队力量，集体探究，共同完善，更好地培养学生创新思维的发展；

（4）专家点评，高位引领，引发参训骨干教师对于学生创新设计素养的思考。

基本情况：

（1）研究课课题名称：太阳能小车设计方案——创意造型设计

（2）授课教师：北京市十一学校通用技术教师王磊

过程简述：

1.前期准备

与部分骨干教师共同研磨教学设计，摘录研讨发言如下。

授课教师：教学是这样设计的，先引出项目主题，通过案例展示对比，引出驱动性问题"怎样设计具有创意的太阳能小车的造型"。（3分钟）然后，明确学习任务，进行新课讲解，包括造型设计的基本方法、造型设计分析、造型设计的其他方法拓展，如仿生、移植，以及明确用创意设计方法构思造型设计方案。（22分钟）之后，学生构思创意设计方案。（15分钟）最后实施课堂评价。（5分钟）

教师1：对于这节课的设计，我想问两个问题：①学生交流观点、思维互动的机会多吗？②学生活动和问题设计是处于哪个水平层次？

教师2：是不是不要讲那些和车无关的案例？紧密围绕车来讲方法，先让学生自主创意设计，再展示，然后梳理出造型的方法就行？

教师3：我觉得教师讲解占主体了。能不能抛出问题和现象，让学生做，看学生的解决方案，继而发现问题，教师针对问题进行讲解，总结出方法，然后再让学生实践，最后再看学习效果、进行评价？

主持人：方案构思一定要有学生思维的参与，才能有创新设计。学生思维的活跃程度（外显形式）是判定一个教学活动是不是深度学习的重要指标，目前的课堂教学是从输入到输出的形式，好的课会看到学生主体深度学习的过程。

……

研讨成果：初步对创新设计核心素养落实的外在表现进行了聚焦和细化。

2. 课堂实践

教学设计思路：问题情境导入，明确设计要求。（3分钟）学生快速勾画设计草图。（10分钟）师生共同从创意新颖度、功能实现、经济性、科学性等角度进行评价，发现问题。（5分钟）教师进行有针对性的新知识讲解：基础技法+拓展技法。（7分钟）学生再次重构，深入设计。（15分钟）学生展示设计方案，讲解造型的过程，师生互评。（5分钟）

议课发言摘录如下：

授课教师：为了提高学生创新设计的能力，我特意加入了创新技法，学生在有限时间内，设计方案在造型上有了一定创新，效果不错。（部分学生的作品展示见图6-7-3。）

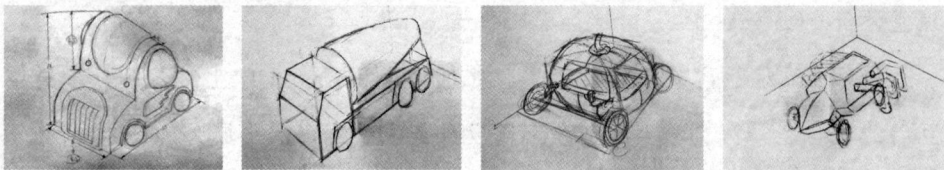

图6-7-3　部分学生的作品展示

教师1：这节课从发现问题到解决问题，创新技法内容为学生创新设计提供脚手架，值得借鉴。

教师2：教师构建了与自我认知的矛盾与冲突，解决冲突的过程实现了深度学习，实现了理解—迁移—评价的过程。

主持人：本项目是半封闭式的，材料、工艺基本固定，希望教师能有效引导学生就造型遵循设计的基本原则进行构思设计。提供了针对性创新技法是本课的一个亮点，除此之外，有没有需要提升的地方？

教师3：学生创新思维的呈现效果与教学设计理念、学生活动的设计有关系，也跟教学组织紧密相关。我觉得教师如果对学生的回答能继续追问，生成性资源会更丰富。

专家：教学评价和教学追问需要提升一下，评价从科学性、实用性、美观性、创新性、经济性五个方面进行，不聚焦创新设计的主题，也不利于学生知识凝练。本节课虽有遗憾，但能在创新设计、思维培养方面梳理出一定的方法策略，很有借鉴意义。

主持人：我们可以用SOLO（Structure of the Observed Learning Outcome，也称"可观察的学习成果结构"）分类评价理论模型和深层学习过程模型对本节课进行反思。（见图6-7-4）

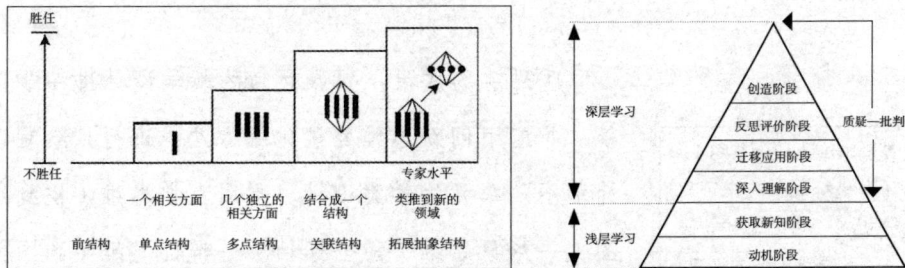

图6-7-4 反思本课所用的SOLO分类评价理论模型和深层学习过程模型

课堂实践后的成果：基本形成了创新设计的价值需求和外在表现，如表6-7-3所示。

表 6-7-3　创新设计的价值需求和外在表现

创新设计	价值需求	帮助学生认识造型设计对满足真实产品的作用和意义；了解并体验造型设计的一般过程，运用问题解决、思维培养、空间想象、推理迁移等策略，培养多创意进行造型设计的能力，逐步形成创新设计素养
	外在表现	根据设计要求和制约条件，运用测量、绘图、预判、推理等设计方法和常用的创新技法，提出各种可能的构思方案；运用评价对造型设计进行识别、预判和分析

3. 课后反思，继续优化

授课教师针对专家和教师们提到的评价设计部分继续优化，修改的过程如图 6-7-5 所示。

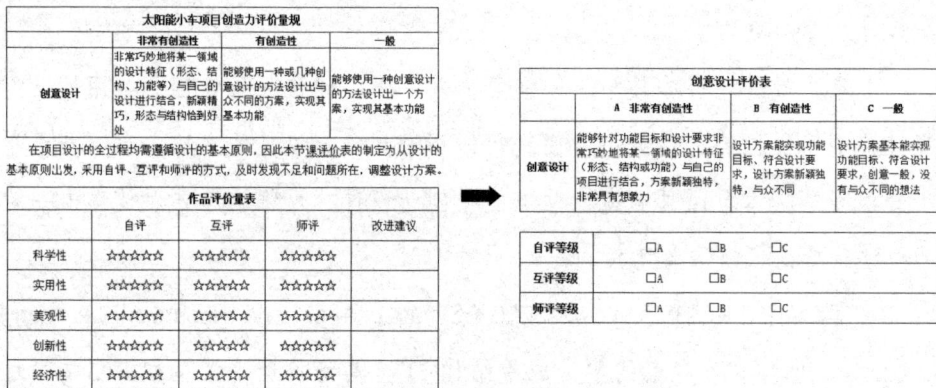

图 6-7-5　授课教师优化前后的评价设计

形成直觉思维（找到草图）—形象思维（画坐标轴）—辩证思维（画图分析）—逻辑思维（画图迁移）—发散思维（画图创造）的过程，更关注"灵感"与"顿悟"的心理加工过程。

反思后的成果：授课教师的教学设计进一步完善，并应用创新思维外显化的方法，进行"绘制设计草图"单元的学案设计。形成直觉思维（找到草图）—形象思维（画坐标轴）—辩证思维（画图分析）—逻辑思维（画图迁移）—发散思维（画图创造）的过程，更关注"灵感"与"顿悟"的心理加工过程。

五、培训效果评估

高中通用技术骨干教师创新设计素养提升项目研修课程密切联系当前课程改革的热点问题，聚焦学科核心素养，在落实核心素养的主阵地——课堂教学开展研修活动。从创新的角度对教学模式进行调整，对教学项目进行优化，对教学方式和评价进行完善，这些都是教学创新的实践探索。培训效果分别从反应评估、学习评估、行为评估和结果评估四个层面呈现。

（一）反应层面

我们通过座谈和调查问卷等形式了解到：教师比较珍惜参加本次研修课程的培训机会，总的体会是针对性强，跟自己教学贴合紧，收益颇大。（见表6-7-4）

表6-7-4 培训结束后骨干教师对整体课程培训的反馈情况统计

项目	培训课程的整体设计	培训内容与工作关联度	对我的启发与帮助	培训日程安排的合理性	对培训的总体满意程度
分值（满分100）	93.21	91.77	94.08	96.69	95.82

（二）学习层面

教师在每个学习阶段几乎全勤，作业及时上交，参与度很高。研究课的质量也得到了专家和同行的肯定。经过研究课的讨论分析，很多老师在学生思维的可视化方面开始深入研究，设计总结出不同策略，在最后的作业提交中，每位骨干教师把创新设计素养分解落实在课堂教学的方方面面。如用草图分析学生的直观思维轨迹，用思维导图分析学生发散思维过程，用设计方案分析学生逻辑思维的收敛过程等，都是学习内化的呈现。

（三）行为层面

骨干教师通过本次研修能够主动带头进行学科核心素养落实的教学实践。比如，北京市中关村中学胡小琳老师在技术论坛的研究课"橡筋动力小车项目——橡筋驱动系统构思设计"中，就引入了逻辑方法——发明问题解决理论，关注学生思维的培养，引导学生学会学习，得到专家的好评，获得了市级教学设计一等奖。北京一零一中学霍莹老师参考了此次骨干教师研修中关于深层学习和评价方式中专家讲座的内容，研发了智能小屋教学项目，用评价即学习的理念设计了整个教学项目过程，特别是在落实创新设计素养方面，形成功能综合多元的智能小屋作品，最终完成"智能小屋测试与评价"一课的设计，并获得市级教学设计一等奖。尽管参加本次骨干教师研修活动人数有限，但教师的思想理念、行为方式都已经开始有所改变。

（四）结果层面

研修活动帮助骨干教师进一步深化落实了通用技术学科核心素养，一批理解新课标理念、有设计研究能力的骨干教师成长了起来。而通过区级教研搭建的骨干教师经验交流平台，又带动了一批教师在素养落实路上越走越远，甚至部分教师自发组成研究小组，聚焦技术方案设计和物化成型效果做创新设计的对比分析。每年通用技术学业水平考试试卷中，学生对压轴设计大题所呈现的设计方案越来越多元，越来越创新。可见，通用技术学科教师的关注和引导起了重要的作用。

我们的思考

1.课程设计的深度是培训口碑和效果的保障。梳理关键需求要素，构建研修课程框架，充实课程内容，组织课程实施，保证每个环节在整体性、自洽性的基础上，向学科深度、教学深度、思维深度走下去，才会出现多赢的研修。

2.研修过程的有效引导是培训者专业能力的体现。研修过程中，要培养骨干教师发现问题的角度和思路，解决问题的知识和能力，培训者应及时发现教师研修过程中的"生成性短板"，及时指导，帮助教师进行闭环式学习实践、反馈调整，助推教师成长。

你的思考

_____

_____

_____

_____

教师专业化是我国教师教育改革与发展的要求和方向。提升中小学体育骨干教师的专业素养，是推进素质教育，落实"健康第一"的指导思想，全面提高体育教学质量的关键。本案例采用跟进式研修模式，在集中研修的基础上，借助"理论—实践—研究—再实践—再研究"的过程，采取积极、有效的措施对骨干教师学员进行后续性跟进指导和互动交流，使学员专业素养得以提升，研修效果显著。

中小学体育："足球教学技能提升"跟进式国际研修

北京市海淀区教师进修学校　胡永恒

一、研修背景

2014 年 11 月 26 日，国务院召开全国青少年校园足球工作电视电话会议，教育部正式牵头负责全国青少年校园足球工作。2015 年 3 月，国务院下发《中国足球改革发展总体方案》，正式开启校园足球发展的新阶段。5 年来，校园足球得到了迅速推进，呈现出蓬勃发展的态势，基本形成了试点区、实验区、特色校、高校专业队、满天星训练营等多位一体的发展格局。

海淀区作为全国首个校园足球综合试验区，不能只满足于完成常规工作，更需要创造性地规划和开展足球群体活动、教学和竞赛，构建具有国际视野、北京精神、海淀文化的校园足球可持续发展体系。而这一体系的构建和发展离不开高质量的体育教师团队。经统计，海淀区中小学体育教师约 1600 人，其中足球专项教师仅占 11%，远远不能满足全区数十万中小学生的足球学习需求。如何打造一支讲政治、懂足球、善管理、有专长的校园足球师资队伍，推动海淀区校园足球的高水平发展，是摆在我们面前的一道难题。

2016 年，海淀区教师进修学校启动了中小学体育骨干教师"足球教学技能提升"跟进式国际研修项目（以下简称"足球国际研修"），并以此为切入点，开展中小学体育骨干教师的连续性、跟进式高端研修，以期培养一批校园足球"种子"教师，以点带面，辐射全区，推进全体中小学体育教师的专业化成长。

二、课程构建思路和实施流程

足球国际研修项目迄今为止已经开展了四期，每一期都沿着"理论—实践—研究—再实践—再研究"的路线开展，形成了调研先行、主题统一、目标递进、环环相扣的课程实施框架。（见图 6-8-1）

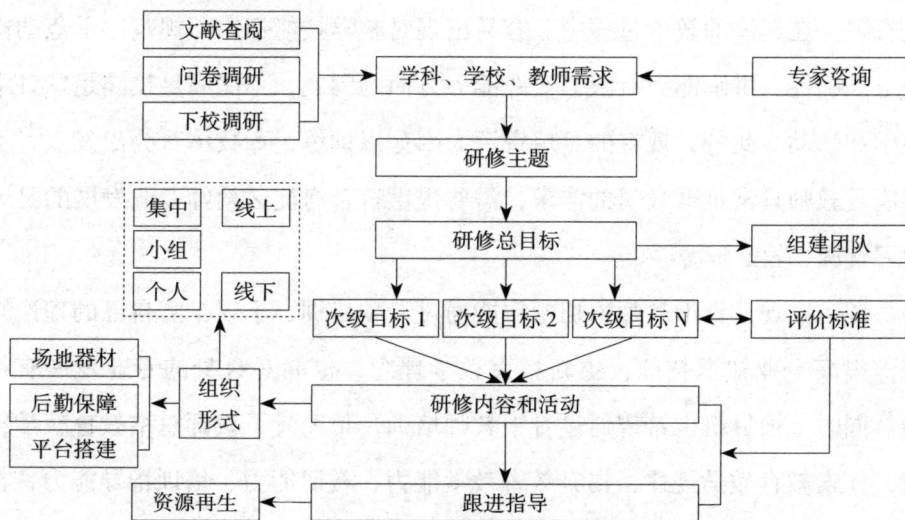

图 6-8-1 足球国际研修课程实施框架

（一）深入调研需求，明确研修主题

新的课程理念和体育与健康新课程标准的实施，给体育教师带来新的挑战，要求体育教师在教育观念、教育方式、教学行为、教师自身角色、核心素养的实施与培养等方面发生改变，而这些方面的改变，需要体育教师具备

新理念、知识和技能，形成体育教师专业素养。

在足球专业出身的教师不足的情况下，我们的中小学体育教师在课堂教学中面临的问题主要包括：如何有效组织课堂教学？怎样合理安排场地和教学内容？如何提高学生的学习兴趣，特别是关注男女生的差异？如何增加学生练习的次数和时间，提高学生的基本技术水平？不少体育教师自身足球基本功较差，对足球不了解，组织教学存在困难。

通过调研，项目组发现，海淀区部分中小学体育教师对新课程改革的要求尚缺乏深刻理解，传统的教学方式根深蒂固，对新课标倡导的教学方式理解不够，教师在教学观念、课程设计等方面有待进一步提高与加强。而大量非足球专业的教师因为缺少相关的足球运动和足球比赛经历，自身足球水平也有限，在具体的教学过程中，容易出现对教学技能运用不规范、示范动作缺乏准确性、讲解能力有限等实践能力方面的问题，不能满足校园足球日常教学和活动。此外，现有的足球资源大部分以训练、竞技体育为出发点，不能满足教师日常足球教学的需求，需要提供符合海淀区教师专业发展的足球学习资源、教学资源。

调研发现，骨干教师迫切希望能通过专项培训，不仅丰富自己的理论知识，提高专业知识技能，更新教育教学理念，也能对自身的专业发展有帮助。同时，项目组也希望通过骨干教师培训，帮助骨干教师总结教育教学经验，探索教育教学规律，提升教育教学能力、教研能力、培训指导能力，在教师全员培训中发挥引领示范作用。

根据调研发现的现状和骨干教师的实际需求，项目组将第一期足球国际研修项目的研修主题定为"教师足球教学技能提升"。

（二）分解研修目标，优化学习内容

围绕主题，结合学科、学校、教师三者的发展需求，项目组明确了研修课程的总目标：通过培训，借鉴国外青少年足球先进教学经验，更新教学理念，丰富完善知识结构，提高教师的足球业务能力和教学水平，为确保上好足球课打下良好基础，提升中小学足球教学质量。

目标的表述越具体，内容设计就会越精准，评价才能有据可依。在上述总目标基础上，我们将研修总目标分解为两级目标，将其进一步细化和具体化。（见表6-8-1）

表 6-8-1　足球国际研修课程目标细化

一级目标	二级指标
借鉴国外青少年足球教学经验，更新教学理念	新课程改革的理念； 国内外足球发展趋势； 校园足球发展的目标、任务及使命
丰富完善知识结构	教师的足球技术水平； 现代足球训练与教学的方法、手段
提高教师的足球业务能力和教学水平	能独立开展足球教学，提升教师的足球专业素养； 创生足球教学相关的课程资源

根据课程主题与目标设定，通过对学员需求调研的分析，项目组对集中七天的培训内容进行梳理，使之结构化，形成课程模块。如足球知识与技能、学生学习足球的特点、足球教学技能、足球教师专业发展、足球教学设计等。项目组不断与培训师资沟通后形成具体培训课程。表6-8-2显示了第一期足球国际研修的具体课程。

表 6-8-2　第一期足球国际研修课程

时间	8：30—10：00 （理论）	10：30—12：00 （实践）	14：00—15：30 （理论）	16：00—17：30 （实践）
第一天	开班仪式及合影； 培训要求； 学员分组	准备活动与放松的重要性	对足球教学中遇到的不同环境如何规划方案	各年龄阶段的练习方法、手段与掌握或达到的技能

续表

时间	8：30—10：00 （理论）	10：30—12：00 （实践）	14：00—15：30 （理论）	16：00—17：30 （实践）
第二天	足球教学与比赛学年及学期规划	运球突破及射门	训练课程的基本任务、原则、规划与准备工作	个人进攻与守门员技术
第三天	教学方法与手段的选择	防守与进攻战术	影响训练与教学的因素	战术目标的分层
第四天	不同类型的教学方法的运用	不同学生的练习方法（一）	现代足球的发展趋势	不同学生的练习方法（二）
第五天	多媒体教学的运用	技战术的选择与运用（一）	合理的资源开发与利用	技战术的选择与运用（二）
第六天	构建符合自身特点的战术风格、练习方法（一）	以个人或小组为单位进行教学设计与研讨（一）	构建符合自身特点的战术风格、练习方法（二）	以个人或小组为单位进行教学设计与研讨（二）
第七天	以个人或小组为单位进行展示（一）	以个人或小组为单位进行展示（二）	以个人或小组为单位进行展示（三）	课程回顾与总结；结业式；学员评估
后续	1. 学员岗位实践，改进足球教学，并提交教学设计文本、教学实施视频； 2. 开展学员足球教学改进案例集体研修； 3. 培训师资远程指导学员足球教学，分析教学案例与解决教学问题； 4. 加工足球教学技能培训系列资源，转化为足球教学技能培训课程，面向海淀区更大范围的足球教师开展线上与线下相结合的混合式研修			

（三）线上线下结合，突出研修实效

从表6-8-1、表6-8-2的研修内容可以看出，研修课程关注理实结合，以基于实践问题的情境式学习为核心，帮助学员通过观察、参与、问答、模仿、体验等方式，在"边练边学"的过程中完成知识建构。

1.构建学习共同体

项目组采用小组学习、任务驱动的方式激发学员的学习积极性和热情，积极调动学员已有的足球教学经验，通过展示、讲解、点评、反思，用文字、图像等可视化的方式，促使学员所学的知识和技能在不同教师、小组之间"循环"起来，实现教学智慧的分享和固化。

日本学者野中郁次郎（Ikujiro Nonaka）于 1995 年在其《创新求胜》一书中首次提出知识转化模型理论，即"SECI"模型理论。他认为，知识存在显性与隐性两大场域，显性与隐性能相互转化，组织创造知识存有四大基本模型：（1）潜移默化（socialization）：隐性知识向隐性知识之间的转化；（2）外部明示（externalization）：隐性知识建构转化为显性知识；（3）汇总组合（combination）：显性知识向显性知识转化；（4）内部升华（internalization）：呈现了组织知识转化"螺旋式上升"的特点。这四种知识转化基本模式，有的发生在培训者身上，有的发生在参训者身上，有的在培训前发生，有的在培训过程中乃至培训后还在发生作用。因此，建立一个获得学员认同的学习共同体，营造共同的学习空间，能够促进教师之间的良性互动，提升研修效果。

简单的分组并不能形成学习共同体，我们通过任务驱动的方式，促进教师之间建立深度"链接"。例如，每个小组在课程培训当天都要完成一份关于足球技战术的作业，第二天派出一名成员进行说课，而后进行现场的技战术演练。

2. 引进高水平师资，拓宽国际视野

项目组邀请西班牙足球高水平专家教练全过程现场示范，对学员实施面对面教学与指导，使学员从真实的足球教学场景中感知、体验国际化标准的足球教学。

3. 线上＋线下，观摩＋研讨，形成多维互动

集中研修均在暑期进行，研修结束时会为学员布置后续跟进的任务及要求。每位学员要完成一份教学设计与课堂教学课例。教学设计中要体现出运动参与、运动技能、身体健康、心理健康与社会适应四个领域目标，每个小组要设计出针对不同学段的教学案例，小学以游戏为主，初中以"游戏＋技术"为主，高中以技战术为主，同时项目组还为学员成立了学科专家指导组。

新学期开始后，学员在上述研修基础上，继续进行 2 个月的教学实践，将集中研修习得的知识技能在实际教学中进行运用。在这一过程中，项目组会组织学员互相观课、集体议课，相互之间取长补短，不断巩固学习共同体。同时，项目组关注收集教师在实践中遇到的困难和问题，聘请相关专家进行实践指导，解决学员困惑。

以 2016 年研修为例，三次实践指导的主题分别为"关注教学组织实施""聚焦课堂，提升教学实效"和"关注学情分析，完善教学设计"。

此外，项目组还充分利用互联网优势，请西班牙教练远程指导，围绕学员出现的共性问题进行在线答疑。（问题如表 6-8-3 所示。）答疑过程中又出现了很多新问题，第二天又组织学员针对新问题开展了进一步的研讨，达成了教学共识。

表 6-8-3　西班牙教练在线答疑问题

编号	问题
1	如何有效提高学生的学习兴趣与积极性？
2	人数多，场地小，有哪些较好的练习方法？
3	女学生教学方法与策略？
4	如何提高学生的控球能力？
5	如何量化教学评价？
6	如何在奔跑过程中控制触球部位始终正确？
7	如何设计有效的小比赛？
8	精讲多练的实施策略有哪些？
9	不同年龄段的目标是什么？

4.关注资源再生与拓展，实现区域辐射

项目组在前期研修基础上，从培训学员中选出 10 名优秀学员去西班牙培训，学员由此进一步了解了西班牙足球体系，体验了西班牙青少年校园足球文化，考察了当地形式多样的青少年足球训练的组织形式，与当地足球教练和中小学体育教师进行了足球教学交流，系统学习了欧洲教练员的培训课程，以及足球的技战术知识、教学方法和教学理念。培训结束回国后，项目组又安排这些优秀学员作为"金种子"，在全区足球教学中发挥示范、辐射、引领作用。

（四）对标设计评价，跟进反馈指导

项目组对照目标设计评价标准，力求研修活动的"教—学—评"一致。借助柯克帕特里克的评价模型，从即时表现到延续效果，从文本作业到教学实践，全面进行指导和评价研修效果。（见表 6-8-4）

表 6-8-4　研修效果评价维度

维度	标准	具体表现	评价方式
学员反应	参与度和积极性	1. 不迟到不早退，全程参与 2. 积极回答问题，主动承担展示任务，积极与讲师互动 3. 按时上交作业	签到、观察、展示
	满意度	1. 培训内容 2. 培训形式 3. 培训师资 4. 学习环境	问卷
学习结果	认识与理念	1. 能够分析本校足球教学的特点和不足，并制定改进措施 2. 能够从多个角度分析某一教学现象 3. 能够归纳、总结所学的理论知识，并进行拓展	书面作业、教学视频
	理解与运用	1. 能够从学情出发，结合足球特点设计某一学年的教学模块 2. 能够在教学中运用 2—3 种提高学生兴趣的策略方法	下校调研、课堂观摩
影响力	拓展与辐射	1. 能将所学有效迁移到其他项目教学 2. 能指导青年教师教学 3. 能在校本教研中承担指导任务 4. 能在区级教研中承担展示任务	教研活动、评优评先

三、研修特色

（一）以提升教师的足球教学实践能力为核心

理论学习和实践练习相结合。通过专题讲座集中培训，学员系统掌握了中小学足球教学和足球人才成长规律，能够科学、合理开发足球教学资源。通过实践练习，围绕培训主题，学员强化了自身足球教学实践能力，提高了足球运动技能水平和教学示范能力。研修中，项目组多次组织练习与研讨，促进骨干教师广泛交流经验，分析解决其在教学实践中的具体问题。学员在理论学习和实践练习的全过程中深层次感悟足球精神，感知足球文化。

（二）注重足球教师的专业发展

研修过程中，项目组邀请体育教师教育专家就国家的体育与健康课程标准，体育教师专业发展标准、规划、路径与方法等进行专业解析，引领骨干教师的专业发展，提升骨干教师的专业素养。

（三）注重实践改进、跟进指导研修和培训课程系列资源的转化与应用

本次研修结束后，学员进行了岗位实践，改进了足球教学，并提交了教学设计文本、教学实施视频。项目组在此基础上组织开展了学员足球教学改进案例集体研修，并邀请培训师资远程指导学员足球教学，分析教学案例与解决教学问题。同时，项目组进一步加工足球教学技能培训系列资源，将之转化为足球教学技能培训课程，面向海淀区更大范围的足球教师开展了线上与线下相结合的混合式研修。

（四）"三跟进"保障研修效果

足球国际研修项目凸显"跟进式"研修特点，做到了人员跟进、活动跟进、评价反馈跟进，同一个团队负责整个研修项目的策划和组织，学习活动遵循成人学习特点、认知发展规律和技能掌握规律，在情境中学、在实践中用、在交流中改，保障了研修目标的达成。另外，新老学员的叠加教学，使

研修内容更加接地气，解决了"国外教学理念本土化"的问题。

四、研修成果及效果评估

（一）研修成果

多人参加区级教学展示评优活动；多人参加北京市"千人百课"足球案例征集活动[①]。其中，北京市第五十七中学（简称"五十七中"）窦震老师提交的案例《足球——拨球》获得"京教杯"一等奖，并代表北京高中学段参加第七届全国中小学体育教学展示活动的现场教学展示；部分教师在学校足球社团中兼任指导，也取得了很好的成绩。研修还促进了学员在教学实践中创新器材与教具的研发与使用，提升了教学的有效性，如育新学校的固定球、五十七中的足球场地伸缩器材。此外，项目组还充分利用教学评比展示的机会，如海淀区义务教育阶段展示活动、海淀区"风采杯"[②]、跨学段联合教研（小学、初中、高中进行同课异构：运球—射门）等，将区内教师的足球教学课进一步打磨，提高教学效果。

（二）效果评估

1. 学员层面

学员的变化主要体现在以下几个方面：敬业精神有了很大提升；教学设计理念更完善（更加针对学生实际、学生兴趣去设计教学计划）；教学准备更精心（每次训练都要提前布置好场地和器材，足球训练之前增加专项的准备活动）；教学内容更合理（从单一的基础练习到更加注重学生的学习兴趣，

---

① 是为提升北京市中小学体育与健康学科课堂教学能力和水平开展的教学优秀课例征集与展示活动。活动坚持从基层做起，上千名教师参与授课、观摩、交流，最终优选上百节课例作为市级优秀课例，充分发挥优秀课例的示范引领作用。同时为配合近几年校园足球、奥运教育和冰雪运动等国家重大战略部署，活动增加了相关专题，鼓励教师关注国家发展需求，提升自身专业素养，促进中小学课堂教学改革的深入实施。

② 是为进一步推进海淀区教师队伍建设，展示海淀区中小学教师促进核心素养发展的教学实践成果，提升教师研究与反思能力，提升教师理论研究水平，整体提升海淀区中小学教师队伍质量而开展的中小学教师教学成果系列展示活动。

以及提高学生练习的密度）；教学方法更有效（利用游戏培养学生的兴趣，有针对性地教适合学生水平的练习，与学生平等交流，教学形式更多样，教学更有耐心）；规划教学更系统，有全局观；关注全体学生和活动的针对性；教学形式更丰富多样；关注真实情境的创设和学生的生成。

例如，有学员在教学设计中做了这样的实践反思：

首先，我力求做到足球准备活动基本都是有球活动，避免学生感觉枯燥。不过，具体结合我校学生情况，在开始部分，我要求学生的速度是由慢到快，强度是由轻到重。在准备部分，我设计了三个练习；其次，我注意到，学生每个练习等待时间尽量要短，每个练习时间不要太长，避免失去兴趣。在整个教学中，我把24名学生分成三组，这样就提高了学生的注意力，同时增加了练习次数，便于其更好地掌握技术动作；最后，足球教学中每次课都应有射门练习，为了提高学生的积极性，我安排的是4对4的小型对抗赛，并且每队设立了两个小球门，便于在对抗中运用所学的二过一配合，体现了教、学、练、赛的教学模式。

2. 学校层面

学员回到学校后，也促进了学校体育工作的开展。例如，海淀区教师进修学校附属实验学校的体育教研组长说："我们的老师在参加完培训后，对于足球的整体认识有了很大的提升，制订了从初一到初三的三年足球学习计划，并且有效调整了高中校园足球课程，使得学校足球工作的开展有了质的飞跃。更值得一提的是，在2017年初中体育毕业考试中，学校初三年级118名男生考生中，选择足球项目的考生占到了将近一半，满分率达到了95%以上，而女生足球项目的满分率甚至达到了100%。"

五、反思与改进

回顾本次研修，项目组发现，仍有四个方面值得进一步改进和提高：一是要明确任务线和时间节点，避免因研修时空跨度大而造成"虎头蛇尾"的现象。二是要加强任务驱动，组长负责，不断巩固学习共同体。可延续集中研修时的固定分组，明确组员的分工职责；同时，借助任务驱动，小组共同完成课题、汇报、展示、微讲座等任务，使学习共同体的研究更加深入；要充分利用好海淀区体育特级教师、市级学科带头人、市级骨干教师、退役专业运动员等优质资源，帮助学员解决在教学实践中出现的问题。三是要强化成果意识，及时提炼总结优秀案例，形成新的资源。四是要努力建设资源平台，为全体教师提供学习、交流、展示的平台和机会，促进资源不断拓展、再生。

我们的思考

1.跟进式研修首先要做好需求调研，做好主题设置，明确任务和时间安排，重视教师的教学实践与反思，深入一线，帮助教师梳理、诊断、转化、深化研修成果，让学员有更多元化的认知和体验，促进学员成长，提高研修的效益。

2.跟进式研修中要注重过程性和效果评价，了解教师的实际情况和发展需求，发挥跟踪指导作用，改进和完善研修课程和研修方式等，推动研修更有效地开展。

你的思考

_____

_____

_____

_____

随着课程改革的深入，骨干教师作为学校教育改革的核心力量，成为当下校本培训的重要对象。同时，骨干教师如何突破自身发展瓶颈，从成熟型教师走向卓越型教师，也是学校教师队伍发展的重要课题。基于此，本研修围绕"项目研究驱动的领导力提升"主题，从骨干教师实际需求出发，为其提供组织规划、课程构建、学科专业、学术研究等方面的校本培训内容，促进骨干教师在提升自身综合素养的同时，充分发挥引领示范作用，进而持续推动学校教育教学改革。

石油附小："项目研究驱动的领导力提升"校本研修

北京石油学院附属小学　肖　英

一、研修背景

校本研修是教师教育的重要组成部分，对促进教师专业成长、素养提升，以及对学校可持续发展，乃至适应国家对人才培养的要求都起着重要作用。北京石油学院附属小学（简称"石油附小"）骨干教师课程面向三个校区的全体骨干教师开展，校长肖英、教学副校长贾素艳带领教学干部和1位北京市学科带头人、6位北京市骨干教师组成课程开发团队，并整合高校专家学者等优秀培训资源，在培训与研究中解决骨干教师真实问题，在问题解决过程中促进骨干教师领导力的提升。

二、需求调研与分析

骨干教师属于成熟型教师，与其他层次的教师相比，他们具有鲜明的专业发展特点，在海淀区骨干教师调研中，学校有33位骨干教师参与。依据

《海淀区中小学骨干教师调研分析报告》并结合学校骨干教师实际进行需求分析研究，我们得出以下结论。

第一，骨干教师价值领导力水平最高，学术领导力水平最低。骨干教师普遍具有较高的教育理想信念，充满教育情怀。就学术领导力水平而言，其对自身所教学科的学科理解和反思研究能力上升空间相对较大。

第二，骨干教师普遍认为自身因素对其专业成长的影响更大。其中，对其专业成长影响最大的三项因素为：自己有发展意向、学校氛围和身体健康。骨干教师认为，课例研修、项目研究、名师工作室研修（导师制研修）、工作坊等是最有效的研修方式。

第三，在骨干教师当中，"保守型"骨干教师占比较大。所谓"保守型"骨干教师，即这些骨干教师的骨干级别一直停留在区级层面上，对自身进一步发展尚缺乏深入思考和明确规划。同时，在对骨干教师调研和访谈中发现，骨干教师在组织和开展活动时，更多关注对专业的理解，对如何更有效地组织活动，最大限度地发挥自身辐射作用，带领其他老师共同进步的能力还有待提升。

第四，骨干教师有着强烈的科研意识，他们明白当前需要重点关注和解决的问题，并且在以往的工作和研究中已经积累了一定的研究成果和研究经验，但是缺乏对此的提升、提炼、整理与反思，使得自身发展走入"瓶颈"。

第五，骨干教师最希望能够解决的也是其自身面临的最主要的问题，在于课程建设、教学能力、专业学习、经验提升等方面。其对期待的具体研修内容的描述主要集中在"理论和实践相结合""贴近教学实际""与日常教学密切相关"等方面。

三、课程设计

（一）研修主题与目标

1. 研修主题

基于以上需求分析，我们将本研修的主题确定为：石油附小骨干教师"项目研究驱动的领导力提升"校本研修，重点聚焦骨干教师的组织、课程、教学、学术领导力的提升。此外，由于项目学习是学校多年来引领教师专业发展的有效途径，因此，本研修通过项目研究驱动骨干教师领导力的提升。

2. 研修目标

（1）提升组织规划能力，撰写发展规划。通过卡内基培训项目[①]等，骨干教师能够撰写研修活动方案并组织规划相应活动，感悟组织、沟通在带领团队中的重要性，掌握组织、沟通的方法与策略。通过骨干教师职业规划课程，骨干教师能够基于自身追求专业发展的多元化、深层次等真实需求，以提升专业理念和实践能力为目标，规划未来三年职业发展的方向。

（2）提升课程构建与实施能力，撰写单元课程设计方案。通过课程构建与提升项目，骨干教师将经历学校课程顶层设计、课程标准与课程方案的制定过程，在对课程初步理解的基础上，以一个单元课程设计为载体，完成课程目标制定、课程内容选择、课程活动设计、实验班课堂实施与评价反思等单元课程设计。

（3）提升单元整体设计能力，撰写单元整体设计案例。根据某一主题，按照单元设计四个关键要素的逻辑关系，应用深度学习、大单元设计的理论，设计能够提升学生核心素养的大单元整体教学设计，并有意识地根据是

---

① 学校定期利用周末或假期2—3天时间，请卡内基培训团队到学校对全体骨干教师40余人，进行中层领导力提升培训，旨在培养骨干教师组织、沟通与协调能力，提高骨干教师带领团队、开展学科培训的实效。

否达成学生素养的提升而不断改进。

（4）提升理解和反思能力，凝练个人教学思想。通过思想凝练项目，在专家指导下，骨干教师对自己的教育思想进行构建规划，梳理个人成长历程，反思自身教学工作，最终完成对教学思想的凝练。

（二）研修课程

在设计研修课程时，骨干教师在真实任务驱动下，经历学习理解—探索实践—反思改进—固化成果的研究过程，实现课程目标、课程内容、课程实施、课程评价的一致性。具体研修课程如表 6-9-1 所示。

表 6-9-1 "项目研究驱动的领导力提升"校本研修课程内容

课程模块	课程专题	内容要点	课时安排
职业规划与团队发展	SWOT 分析[①]	骨干教师在分析自身优势与不足的基础上，制定 3—5 年职业发展规划	4 课时
	研修活动设计	专家指导设计教研组（工作坊、工作室）活动，并完善设计	8 课时
	卡内基培训	在培训前调研的基础上，安排 3 天培训课程，感悟组织、沟通、协调的重要意义，并掌握方法	24 课时
课程构建与实施	课程理解	学习布卢姆认知目标分类理论，阅读国内外核心素养领域专业图书；经历关键素养筛选过程及诠释关键素养过程；理解并制定课程目标	40 课时
	课程开发	课程内容与关键素养的匹配：主题课程开发的理论学习；课程主题与课程目标的匹配。 课程资源的选择：开发主题课程；拓展为系列主题课程；学情分析方案确定；单元教学设计	40 课时
	课程实施	基于关键素养的课程课堂展示：各课程小组在实验班进行课堂展示；记录课堂观察笔记；展示后交流研讨，提出改进方案	40 课时

---

① SWOT 分析即态势分析，就是将与研究对象密切相关的各种主要内部优势、劣势与外部的机会和威胁等，通过调查列举出来，并依照矩阵形式排列，然后用系统分析的思想，把各种因素相互匹配起来加以分析，从中得出一系列相应的结论。

续表

课程模块	课程专题	内容要点	课时安排
课程构建与实施	课程评价	课程实施效果评价：对照课程目标，检测课程内容；对照课程目标检测实施效果，根据检测结果及课程专家点评建议，修改完善课程设计	20课时
单元整体设计与实施	理论基础	培训前的需求调研与规划：关于基于深度学习的大单元设计与实践的需求调查和分析。 相关学习理论与认知：深度学习理论的学习；大单元整体设计的学习；核心素养相关内容的学习。 关于应用深度学习理论开展单元整体设计的方法与策略的学习：深度学习在课堂上发生的条件与方法策略；单元整体设计的四个关键要素及相关认知。 单元整体设计的案例	12课时
	学科实践	构建骨干教师学科共同体：对各个学科素养进行深度理解；确定学科共同体的研究方法。 各学科素养视角下，进行基于深度学习的单元整体设计：确定单元主题及目标的方法与策略；搭建单元整体架构的方法与策略；设计单元学习活动的方法与策略；构建单元评价体系的方法与策略。 行动研究范式下基于深度学习的大单元设计的课堂实践：开展第一轮课堂实践及课堂观察；反思课堂实践，改进单元设计；开展第二轮课堂实践及课堂观察；反思课堂实践，提炼方法策略	36课时
	成果固化	市级骨干教师引路课：大单元设计案例介绍；基于单元整体设计的深度学习示范课。 成果固化：完善和改进单元整体设计案例	16课时
教学思想凝练	基础理论	阅读专家推荐的理论图书，写读书笔记，了解名师成长路径，举行读书交流会	50课时
	课堂实践	导师进入骨干教师班级，听课、反馈，与老师交流，帮助梳理、凝练、建构教育思想	32课时
	思想框架	提炼教育思想主题，根据已有案例和研究成果确定书稿框架	20课时
	撰写书稿	制订撰写计划，阶段研讨修改，完成书稿	50课时

四、课程实施

骨干教师领导力提升课程是在真实任务驱动下，实现了"理论学习—理论指导实践—理论与实践相结合"的渐进式课程体系。在课程实施形式上，本课程面向不同层次、不同学科的骨干教师。因此，在课程实施中，我们坚持全学科培训与分科培训相结合，理论培训与实践培训相结合，专家培训与学员分享交流相结合，以此促进课程的实效性、适切性提升。

1.组建核心团队，统一主题思想

学校组建领导团队，集学校教学主管领导、中层管理人员及各学科市级骨干教师为一体。

2.制订研修计划，确定研修课程

对参与研修成员再一次进行学情调研，了解参与研修的骨干教师的真实需求，并由此修正研究目标，初步制订研修计划，选择、确定研修课程。

3.成立专家团队，组建研修小组

依据研修计划和研修课程聘请相关专家组建专家团队，依据学科成立骨干教师研修小组（工作坊），组建骨干教师与青年教师青蓝小组。研修主管团队做好培训前的各项准备。

4.分层实施计划，推进学科研修

在学校领导、学科小组负责人领导下，依照研修计划分科、分层进行研修活动，采用不同的课程实施形式，强调以参与教师"自主、合作、探究、反思、交流"的活动为主，定期进行交流讨论。

（1）在集体授课阶段，采取混合式研修的方式，通过听、看、议、做、思相结合的多维培训方式，实现交流与共享知识，解决骨干教师教学实践中的实际问题。

（2）在学科培训阶段，着眼于骨干教师的真实发展需求，开发学科专业再提升课程。

一是与高校进行合作，开展菜单式培训。通过"走出去"与"引进来"的方式，突破发展瓶颈。

二是以"深度学习教学改进"项目为载体，骨干教师先行先试。骨干教师通过对"深度学习教学改进"项目的深入理解与实践，提炼、总结成熟的方法、策略，实现自身教育理念和教学行为的转变，逐渐从经验型教师向研究型教师转变。

（3）在课程构建阶段，着眼于骨干教师综合素养提升，与专家合作，通过课程构建与实施能力提升项目，让骨干教师经历学校课程顶层设计、课程标准制定、课程方案设计、课程实施与评价过程，从而培养骨干教师将国家、地方、校本三级课程重建的能力。

（4）在名师个性化指导阶段，采取指导专家一对一指导骨干教师的方式，帮助骨干教师将自己多年教育教学经验进行提炼、固化，形成教育教学特色，为骨干教师长远发展奠定基础。

5. 搭建展示平台，凝练研修成果

针对不同的培训内容，设置不同的课后驱动性任务，促进骨干教师的可持续发展。每位教师需要撰写课后学习总结，然后在团队中分享，促进教师将理论所学落实到实践教学中。不定期组织教师观摩活动，进行展示课、讲座、座谈等多种形式的交流，为骨干教师搭建展示平台，不断丰富和完善骨干教师的教学思想。

五、效果评估

根据骨干教师校本研修课程目标、内容、具体实施情况，确定课程评价内容，制定评价标准，并将过程性评价、结果性评价以及后续性评价相结合，客观、真实反映骨干教师学习情况。具体评价如表6-9-2所示。

表 6-9-2　骨干教师校本研修评价项目、内容及标准

项目	评价内容	评价标准
过程性评价	提交骨干教师三年发展规划	1. 对自身发展的需求分析到位、切合实际； 2. 自我规划符合自身发展实际需求，目标明确，可操作性强
	积极参加教学研讨，参加教学指导	1. 保证出勤率； 2. 研修笔记翔实，能提出自己的观点，反思能力强
	认真参与培训组织的实践与观摩活动	1. 保证出勤率； 2. 实践及观摩记录翔实，能积极提出自己的观点，并有进一步依据自己实际情况进行实践的愿望
结果性评价	提交一份理论学习报告	1. 能深刻认识到所学理论对教育教学工作的重要意义； 2. 能深刻领悟到所学理论的理论体系和学术思想； 3. 能深刻把握所学理论对教学实践的指导作用
	提交一份本学科的单元整体设计案例	1. 指导思想与理论依据符合核心素养的发展需求； 2. 单元主题及单元整体架构体现学生关键能力的培养和素养的提升； 3. 教学内容分析全面、深刻，体现学科本质及学科素养；注重知识之间的联系，有意识形成知识结构体系； 4. 学情分析全面准确，体现学生已有的知识经验和能力基础，能反映出学生学习的"生长点"和"困难点"； 5. 教学目标明确，符合学生实际并能促进学生核心素养的发展，重难点把握到位； 6. 教学活动针对性强，体现学生主体地位，能够促使学生自主学习建构知识体系； 7. 教学特色鲜明，具有代表性
	提交一个单元跨学科综合课程设计及课程实施反思	1. 制定的课程标准基于学生关键能力培养，符合学生年段特征，要求清晰明确； 2. 课程设计方案学生调研深入，对学生学习兴趣、困难、学习方法等分析全面、具体； 3. 课程目标清晰、具体、准确，有可操作性； 4. 课程内容的选择突出学生关键能力的培养； 5. 活动设计体现学生的研究、探索过程，发展学生的能力并提升学生的综合素养； 6. 有过程性评价，并在课堂实施后有对课程的反思和完善
后续性评价	骨干教师所指导的青年教师的成绩	青年教师在原有水平上提升明显，可依据平时教学成绩、教学比赛情况等多方面综合考察
	组织一次本学科的校级主题教研活动	1. 活动主题明确，符合当今教改前沿需求； 2. 活动形式新颖，参与人员积极性较高； 3. 活动成效显著，参与人员有所收获，相应水平有所提升

续表

项目	评价内容	评价标准
加分项	骨干教师承担培训课程	能主动承担培训课程，并在课程实施上有自己的想法

为期三年的骨干教师校本研修课程，使骨干教师组织教研活动、开展学科专业培训能力明显增强。同时骨干教师作为学校校本课程及校本培训课程的核心成员，所开发的校本课程荣获海淀区校本课程评选一等奖，有9个校本培训课程参评海淀区优秀校本培训课程。3名骨干教师在教育部基础教育课程教材发展中心"深度学习教学改进"项目阶段总结会上做典型发言，并为项目实验区做经验介绍。在北京市第一届和第二届"京教杯"青年教师展评中有7位骨干教师荣获一等奖，论文发表在核心期刊。多名骨干教师成为海淀区学科兼职教研员。

六、反思与改进

（一）本课程的评价体系还有待进一步完善

骨干教师的发展是一个长期的实践过程，因此，课程应不断完善培训效果的后续跟踪及评价。培训的效果需要体现在骨干教师后续的工作中，因此建议培训形成后期的跟踪评估体系，全面促进骨干教师将培训成果转化为教育教学的专业能力，真正促进骨干教师不断发展与成长。

（二）课程构建培训课程尚需完全落地

骨干教师课程构建与实施能力提升培训课程，历经两年多的时间，确实经历了许多坎坷。比如，培训课程实施起初，教师们在进行课程开发时更多地关注了教学内容的整合，忽视了育人目标的指向性、连续性。这就直接导致了在前期的课程开发中没能取得理想的效果。因为所开发课程的关联性低，不利于培养具有我校特色的关键素养的学生。随着培训课程的推进，骨干教师构建课程的核心能力都有了明显提升，但我们还需要进一步学习和实践，构建出基于学生关键素养的校本课程，让课程构建培训课程的效果能够真正落地。

我们的思考

1.项目研究培训方式基于学校多年校本研修实际，有着比较成熟的培训经验，形成学校特有的研修文化。

2.基于教师发展需求和学校发展，需要整体规划和设置培训课程内容。

3.项目驱动是让骨干教师研修课程落地的有效方法。

4.通过骨干教师成长，提炼教师成长的有效途径或策略方法。

你的思考

后 记

历时十余年的实践探索与两年多的沉淀梳理，这本《中小学骨干教师研修指南》终于能够付梓，和各位读者朋友们见面了。

说这本书的形成"历时十余年"，是因为早在"十二五"时期，海淀区就开始了学科教师分层培训的探索。就骨干教师这一特定教师群体而言，彼时我们就已有了有针对性的需求调研，在设计课程时强调主题清晰，研修方式上注重培训内容生成与现场互动等。

"十三五"以来，伴随教育领域综合改革的不断深化，我们深感骨干教师发展需求及其成长过程中面临的挑战与压力正在变得越来越复杂和艰巨。于是，结合近五年的研究与实践，基于团队的力量，我们进一步系统梳理和结构化地反思了骨干教师研修工作，从模型建构、机制保障、需求调研与分析、课程体系建设、研修模式创新、校本研修、自主研修，以及实践案例等角度，逐步凝聚起了我们的实践经验和理性思考。这些经验与思考代表了我们阶段性的研究与实践成果，或可对各地开展骨干教师研修和教师队伍建设提供参考和借鉴。

本书主要由海淀区教师进修学校的骨干教师研修团队合力完成。其中，申军红负责全书内容的规划、撰写工作的统筹推进，王永祥、谭文明负责全书编写的组织和统稿工作。具体各章节的撰写情况如下。

章节序号	章节名称	负责人／撰写人
第一章	**教师专业发展的实践建模**	**申军红**
第一节	教师专业发展理论概述	韩民扬 尹博远
第二节	实践取向的教师专业发展六级进阶模型	申军红
第二章	**骨干教师队伍建设的基本环节**	**郝国强**
第一节	对骨干教师队伍建设的理解与认识	郝国强 崔莹莹
第二节	骨干教师的选拔与培养	
第三节	骨干教师的使用、管理与评价	
第三章	**骨干教师专业发展现状与需求**	**王永祥**
第一节	调研路径	王永祥 韩巍巍
第二节	调研结论	王永祥 张镕涵
第四章	**骨干教师区域研修课程体系与研修模式**	**田成良**
第一节	骨干教师研修的理念、原则与机制	张　晓
第二节	区域研修课程体系的建构与实施	田成良

续表

章节序号	章节名称	负责人／撰写人
第三节	众筹型工作坊研修	樊　凯
第四节	浸润式研修	田成良
第五节	传导式研修	王化英
第六节	跟进式研修	胡永恒
第七节	混合式研修	张　晓
第五章	**骨干教师校本研修与自主研修**	**刘　锌**
第一节	骨干教师校本研修	王秀英 迟淑玲
第二节	骨干教师自主研修	刘　锌
第六章	**骨干教师研修实践案例**	**李琳琳** 牛永生 **李　静**
	小学英语："阅读教学课堂提问研究"众筹型工作坊研修	樊　凯
	初中英语："读写教学课堂研究"众筹型工作坊研修	李琳琳 王永祥
	高中语文："整本书阅读教学"混合式研修	赵杰志

章节序号	章节名称	负责人／撰写人
第六章	中学数学："指向核心素养发展的教学领导力提升"混合式研修	马　萍
	中学物理："科学素养与实验技能提升"浸润式研修	田成良
	初中化学："基于标准促进课程整体理解和实施"混合式研修	陈　颖
	高中通用技术："创新设计素养提升"项目研修	张桂凤
	中小学体育："足球教学技能提升"跟进式国际研修	胡永恒
	石油附小："项目研究驱动的领导力提升"校本研修	肖　英

成书之际，我们喜闻作为本书核心内容之一的《基于区域性教师专业共同体建设的研修转型与创新——海淀区中小学骨干教师"众筹型工作坊"实践研究》（详见本书第四章第三节，题目有变动）被中国教育学会教师培训者联盟收录至《中国教育学会教师培训者联盟 2020 年度实践案例集》。在针对骨干教师研修的研究和实践过程中，我们体验着职业幸福和专业自信，也心怀深深的感激。特别感谢与我们并肩前行、可亲可敬的海淀区教师进修学校的领导和同事们，感谢罗滨校长等各位领导对骨干教师研修工作以及本书撰写给予的悉心指导，也特别感谢教育科学出版社刘灿主任和责任编辑郑莉老

师在书稿撰写过程中给予我们的耐心细致的帮助！

　　实践不停歇，研究不止步。囿于我们的研究水平、实践能力，本书可能还有诸多尚需完善之处，真诚地希望能够借图书出版之际，与全国各地的同仁和读者朋友们沟通交流，也特别期待大家在用书过程中，将发现的问题以及意见、建议及时反馈给我们，帮助我们继续改进！

北京市海淀区教师进修学校师训部

2020 年 10 月

出 版 人　李　东
责任编辑　郑　莉
版式设计　杨玲玲
责任校对　贾静芳
责任印制　叶小峰

图书在版编目（CIP）数据

中小学骨干教师研修指南 ／ 申军红等著 ． —— 北京 ：
教育科学出版社，2021.1（2023.10 重印）
（新时代教师培训丛书 ／ 罗滨主编）
ISBN 978-7-5191-2415-1

Ⅰ．①中… Ⅱ．①申… Ⅲ．①中小学－教师培训－指
南 Ⅳ．① G635.12-62

中国版本图书馆 CIP 数据核字 (2020) 第 256392 号

中小学骨干教师研修指南

ZHONG-XIAOXUE GUGAN JIAOSHI YANXIU ZHINAN

出 版 发 行	教育科学出版社				
社　　　址	北京·朝阳区安慧北里安园甲 9 号		邮　　编	100101	
总编室电话	010-64981290		编辑部电话	010-64981357	
出版部电话	010-64989487		市场部电话	010-64989009	
传　　　真	010-64891796		网　　址	http://www.esph.com.cn	
经　　　销	各地新华书店				
制　　　作	宗沅书装				
印　　　刷	中煤（北京）印务有限公司				
开　　　本	720 毫米 ×1020 毫米　1/16		版　　次	2021 年 1 月第 1 版	
印　　　张	17.75		印　　次	2023 年 10 月第 3 次印刷	
字　　　数	205 千		定　　价	59.80 元	

图书出现印装质量问题，本社负责调换。